Les difficultés de communication à l'ère néolibérale:
quatorze considérations sur les défis de la vie contemporaine

コミュニケーションの困難

生きづらさを考える 14 考察

Sato Noriko

佐藤典子

専修大学出版局

目　次

序　章

コミュニケーションは難しい？

　コミュニケーションが「なんとなく、苦手」、と思っている人でも、こ
れまで、コミュニケーションを取ったことがない人は一人もいないはずで
ある。家族や友達、学校、部活、バイト、会社、お店、あらゆるところで、
来る日も来る日も一日にいろいろな人といろいろな形で取ってきたと思
う。しかし、この本を手に取ってくださった方の中には、「（学校や大学での）
コミュニケーションは難しい」「よいコミュニケーションの取り方を知り
たい」「（どうすればもっと）『コミュニケーション能力』が上がるのか」「学
生生活や就職活動は大丈夫だろうか」あるいは「バイト先や会社で求めら
れているコミュニケーションを考えると頭が痛い」「面倒なのでいちいち
人とコミュニケーションなど取りたくない」などと思う人もいるだろう。
では、なぜ、そう思ってしまうのか。社会の中で生活している以上、生ま
れてすぐから現在に至るまで、近親者だけでなく、学校や周囲のあらゆる
人々とあらゆる形態のコミュニケーションを取ってきたのに、なぜ、苦手
意識、あるいは、もっとうまくできるのではないか、正解があるのではな
いかと思ってしまうのだろうか。本書では、まず、コミュニケーションを
人と人との間で行われる社会的相互作用ととらえて考えてみたい。

社会的相互作用とコミュニケーション能力

　大学の入学希望者の面接では、よく、「コミュニケーション能力を身に
つけたい」といった声が聞かれる。就職を見据えて大学生活を送っている
間に身に付けたいと考えているようだ。どうやら、昨今よく聞かれるよう
になった「キャリア教育」を踏まえての発言である。教育学者の中村高康は、
著書の中で、2006 年の文部科学省発行の『小学校・中学校・高等学校キャ
リア教育推進の手引』を取り上げる。そこでは、「キャリア発達に関わる

諸能力」が掲げられ、「能力を4領域8能力に分類し、これらが児童生徒の成長の各時期において身に付けることが期待される能力・態度の例」として示され、これらの諸能力の中に「コミュニケーション能力」も含まれていると指摘する［中村高康　2018：18-19［1］。同様に、経済産業省が「人材育成に関わる課題」として掲げる「社会人基礎力」にも、OECD の手がける PISA（生徒の学習到達調査）の「コンピテンシー」概念（中村によれば能力と同義に使われる）にもこのコミュニケーション能力が含まれている。それだけでなく、成人に対しては、「キー・コンピテンシー」概念があてがわれ、「コミュニケーションや協調性の能力として大まかに見ることができる」ものとされていると中村は述べている［同：20-22］。とはいえ、本書で述べたいのは、「だからコミュニケーション能力が重要だ」「コミュニケーション能力を伸ばそう」ということではない。そもそも、コミュニケーションがどのようなもので、何がどのようになれば、いわゆる「良いコミュニケーション」や「コミュニケーションが取れている」という状態になるのかは、かなりあいまいではないか。測定基準もなければ、結果がどのようになればよいのかもわからないのに、こうした漠然とした疑問だけが湧いてくる。そのせいで時代に取り残されたような気持ちになっているのかもしれない。その結果、自己責任として、うまくいかなかったツケが自分に返ってくる、となんとなく考えている。とはいえ、私たちは、「コミュニケーション」という名のもとに「何か」を確実に求め／求められている。だからこそ、コミュニケーションスキルを上げること

---

1)　政府の提言として示される「コミュニケーション能力」「協調性」「問題解決能力」といった文言は、中村によれば新しいものではなく、これまでも求められてきた「陳腐な能力」であって、新しい時代になったから突如、必要になったものではない。そのうえで、中村が指摘するのは、むしろ新しい能力そのものではなく、「新しい能力を身につけなければならない」といった議論それ自体であり、「新しい時代に必要なのは、○○力だ」といった言説が大量に流布され、それらが消費され続けること、すなわち、こうした言説にいちいち踊らされてしまうことの問題を指摘している。中村高康著『暴走する能力主義――教育と現代社会の病理』筑摩書房、2018、P.24。

が重要と思い込み、スキルとしてのコミュニケーション能力はこうして上げられるといわんばかりのノウハウ本――対人関係においての応答の方法やその意義、また、類型の提示など――がコミュニケーション関係の書籍では主だったものとして喧伝されるのである[2]。しかし、そうしたノウハウ本を読んでも、コミュニケーションが重要だと思い、社会で求められている（と個々人が思っている）コミュニケーションができないことを自分の問題だと思って袋小路に入ってしまったような感覚は消えない。中村も「『コミュニケーション能力があるかどうかくらい、ちょっと見ればなんとなくわかるんじゃないか』という日常感覚も、実は非常に広く社会に浸透しているように思われる」と述べ、「コミュニケーション能力」に対置する言葉として「コミュ障」という言葉の存在とその用いられ方を挙げ、「かなり容易に判断している」[同：55-56]と分析する。これらのことから、本書では、まず、コミュニケーション能力という、よくわからない能力が既に存在していて、それを身に付けていなくてはいけないという暗黙の規範があることに疑いを差し入れる余地がないことを問題としたいのだ。なぜなら、コミュニケーションは「その時、その当事者同士」の間で行われることであり、「いつでもだれにでもあてはまる」正解はないからである。しかし、正解があると思っていることこそがコミュニケーションにまつわる困難の根本原因なのではないだろうか。

本書で明らかにすること

　そこで、本書では、まず、このような「コミュニケーションを重視する社会」において、何が求められ、なぜ、そのような状況にあり、それが何をもたらすのか、また、コミュニケーションそのものが何によって成り立っ

---

2)　ノウハウ本には様々なものがある。話し方のコツが主なものだが、近年では、アンガーマネジメントといった分野や assertive communication など、コミュニケーションをする際の話し手・聞き手の状態（感情の持ち方など）に着目した書籍も数多く出版されている。社会学分野でのコミュニケーション研究には、ハーバーマスやルーマンなどがある（次章参照のこと）。

ていると考えられているのかについて明らかにしたい。また、コミュニケーションの方法論的・技術論的ノウハウについて示すのではなく、かつ、これまでなされてきた細かい定義について検討するのでもなく、前述のように、人との間の社会的相互作用をコミュニケーションととらえ、それがどのように行われているのかについて見ていこうと思う。コミュニケーションが重要と思われているのに、なぜ、難しいとされているのか、そして、難しくなってしまっている近年の背景について社会学や社会思想などの知見から考察していきたい。本書で考えたいのは、コミュニケーションにまつわる昨今のトレンドを把握するための思考枠の見直しであり、メタレベルでの再構築である。コミュニケーションに関して私たちがどうとらえているのか、またそれはなぜなのか探ることを目的としたい。コミュニケーションを切り口として現代の人びとが置かれている環境とそのために表出している現象を通じて、今起きていること——生きづらさの原因——を考える。本書は、以下のような構成となっている。

　まず、第1章では、コミュニケーションがどのように論じられてきたかについて、いくつかの事例を挙げる。また、冒頭に述べた「コミュニケーション能力」と呼ばれるものが、何を指し、それによって何を求めようとしているのか考察した。次に、コミュニケーションというものがこれまでどのように扱われ、研究されてきたかを明らかにし、コミュニケーションが示しているものが何かを見ていきたい。社会学を中心とするいくつかの先行研究——中根千絵、ユルゲン・ハーバーマス、ニクラス・ルーマンを取り挙げ、コミュニケーションをどのようにとらえているかをまとめている。

　次に、第2章では、ソーシャルメディア[3]の出現によるコミュニケーションの変化について述べている。インターネット上にのみ存在する人間関係

---

3)　インターネットにおいて、個人を主体にした情報発信や情報交換を可能にするメディアの総称。SNS（ソーシャル・ネットワーキング・サービス）、ブログ、ソーシャル・ブックマーク、口コミサイトなど。https://www.merriam-webster.com/dictionary/social%20media#:~（以下、ウェブサイトの情報は、2024年5月13日時点ですべて確認済み）

もあり、「第二の世間」と言われて久しいが、対面ではない分、本音が言えると思われていたものの、実は、対面とは異なり、匿名の場合などは容赦なく相手を批判し、それにより多くの問題が生じている。その結果、現代は、「大きな物語」が終焉を迎える一方で、人間関係もフラット化され、ポストトゥルースの時代と言われるまでになった。このような21世紀のコミュニケーションについて考えてみたい。

　第3章では、今日、コミュニケーションという言葉で語られる社会的相互作用が、極限まで単純化されて、時には、二者択一化されてしまっているのではないか、また、その結果は自己責任に帰されてしまい、このことが、生きづらさにつながっているのではないか、と仮説を立て、いくつかの研究や先達の言説から見ていきたい。同時に、前章で述べた、ソーシャルメディア上のコミュニケーションの特徴は、物事について詳しく説明するようなコミュニケーションではなく、単純化され、時には、記号化されたコミュニケーションが大勢を占め、内容に誤解が生じることも少なくない。そのような中では、結論を急ぐことによって、「良いか悪いか」といった二項対立に単純化されて対話がやり取りされてしまうことがある。こうしたコミュニケーションのあり方を探っていきたい。

　第4章では、言葉によらないコミュニケーションについて考察する。言葉以外に、見た目やしぐさ、行動そのものが言葉以上にメッセージを伝えていることがある。このような観点から考えると、言語によるコミュニケーション以上に非言語コミュニケーションの方が多く内容を伝えているという説もある。これについて、非言語コミュニケーションとはどのようなもので、どのような効果があるのかについて、さまざまな人類学上の研究成果や哲学者の対談などをもとに考えていきたい。

　第5章では、現代人がもてはやす感覚の一つとしての自己肯定感について考えてみたい。自己肯定感は、大変肯定的な言葉であるのに、なぜ、この言葉が目の前に現れると、不安な気持ちになり、落ち着かなくなるのか。それは、自分には自己肯定感がないかもしれないという根拠のない思い込みなのであるが、なぜ、このように考える人が少なくないのか。また、近年、人びとの行動規範に、「迷惑をかけない」というものがある。人と異なっ

ている、多様性を容認するという前提とはうらはらに「迷惑をかけない」といったキーワードはよく使われる。この規範をコミュニケーションに導入することで、私たちは、何をしようとしているのか、明らかにしたい。

第6章では、非対称な社会的関係におけるコミュニケーションについて見ていきたい。どちらか一方に負荷がかかっている、対等ではないコミュニケーションがある。それは、誰かに何かをさせる目的で行われている。人間は皆、平等という建前だが、社会的な役職や役割によって立場上、相手の指示を受け入れなければならないことがある。それゆえ、その役儀柄、自分が相手より人間的にも上だと勘違いして、権力や権威を振りかざす場合もあるだろう。その際、受け手側に非があるとされれば、自己責任と言われかねない。このような時のコミュニケーションはどのようなものであると言えるのか、哲学者、國分功一郎の示す「中動態」という概念から考える。

第7章では、コミュニケーション上の構えの違いについて考えてみたい。コミュニケーションを対人関係のやり取りととらえた時、コミュニケーションの不全感が起きる前の段階、つまり、実際に、人とやり取りをする時の対人の「構え」の違いのようなものや前提の行き違いがコミュニケーションを難しくしている要因の一つなのではないかと仮説を立てたい。ここでは、社会学者ピエール・ブルデューのハビトゥス概念と文化資本概念を用いて、この構え、前提の違いによるコミュニケーションの不調が、人びとの力量不足によって生じているといったありがちな自己責任論に堕することなく、むしろ、何が原因であるのかを見ていきたい。また、構え＝前提の違いの例として、ジェンダーに関する事例を取り上げたいと思う。

次に、第8章で論じるのは、コミュニケーションと感情の関係についてである。なぜ、これほどまでに感情が重視されるのか、ポジティブ心理学という疑似科学や幸福をテーマとした産業に巨額の投資がされるのか。感情や幸福を重視している現代のコミュニケーションがもたらす人々の——逆説的ではあるが——負担感は、あらゆるもの、たとえば、感情さえも商品化し、労働にも取り入れることが資本主義の時代において顕著となった。それは、新自由主義的合理性の定着によって、自らを律し、幸せを求めな

10

くてはならないからである。最も価値ある感情として誰もが幸せを求め、無尽蔵に湧く“よい感情”をやり取りし、幸福感の中で、「リスク回避を自己責任化」させる。このようなあり方がコミュニケーションにどのような影響を与えるのか、探っていきたい。

　第9章では、自身のコミュニケーションでありながら、他人軸で発想する傾向について考えたい。なんでも人のせいにしたり、自分が悪くないと考えたりするスタンスはどのような仕組みで発想されるのか、社会心理学などで考えられている「原因の帰属」を考えるいくつかの研究から見ていく。また、自分のものさしで物事をとらえず、自分の考えでコミュニケーションをとりたがらない傾向について、事例を挙げ、さらに、「他律」と「利他」をキーワードにしながら論じた。

　第10章では、「心」のとらえられ方について取り上げる。というのも、コミュニケーションをとる上で、個人の「心」が重視されていると思われがちであるからだ。とりわけ、昨今の、すべてを明るみに出すこと、隠されていることを明らかにすること、心の中をすべてさらけ出すことが望ましいコミュニケーションと思われている傾向について「心の闇」「心の傷」をキーワードに精神分析の理論を援用して考える。その際、インターネットによるコミュニケーションやソーシャルメディアなどが一役買っていることにも併せて言及し、その理由についても明らかにしたい。

　さらに、第11章では、第6章での自己責任論をさらに広げて、人間が意志を持って行動し、責任を取ると言う時の意味の深層を中動態理論を援用して考察したい。人が、社会的立場や空気を読んで意に沿わないリアクションをしてしまう時、そのコミュニケーションで何が起こっているのか、コミュニケーションが苦手とされる発達障がいと呼ばれる状態の事例からコミュニケーションのあり方を検証して明らかにする。さらに、意に沿わないコミュニケーション——自覚があってもなくても——をするうちに、本人が望まない帰結ですら自己責任という形で押しつけられてしまう状況について考える。

　第12章では、消費行動をどのようにとらえるかによって、単なる購買行動ではなく、自己表現やコミュニケーションの手段となっていることに

ついて論じる。「見せびらかすためだけ」の消費はいかなる社会的意味を持ち、さらには、人間関係構築において何をもたらすのかについて、古典的な研究などを参考にしながら探っていきたい。併せて、インターネットやソーシャルメディアが現代の消費行動に及ぼしている影響についても論じる。

　第13章では、人々が必ずどちらかに分けれてしまう性別がコミュニケーションにどのような影響を与えているのかについて考えたい。性別は、女らしさ、男らしさといったジェンダーによって社会的にその在り方が決められてしまっているのが現状だ。それは、ジェンダーならではの役割分業を決定しているのだが、その強固な役割ゆえに、依存症といった副作用をもたらすことがあるという説について紹介する。また、ジェンダーは、親子や恋人といった親密な関係におけるコミュニケーションのあり方も決定してしまう。とりわけ、距離が近すぎることによって生じる問題、とくに、美徳とされる「相手に尽くす人間関係」は、時として、共依存と呼ばれる嗜癖を生じさせることもある。これらの点について、ジェンダーによる影響について明らかにしながら考察をおこなう。

　本書は、以上のようにコミュニケーションを事例にして、コミュニケーションに潜む困難の中に表面的には個人の自由を標榜しながらも、今日の社会的な趨勢――それは、感情を重視することが自明となっているコミュニケーションや労働のあり方（感情労働と言う）や自己肯定感至上主義、共感ストレスといった自罰的な価値観の醸成――によって困難に陥っている場合も、それについては、自己に帰結してしまうのはなぜなのか、その仕組みについて考察した論考を集めたものである。とくに、表向きは、多様性を認めるとは言われているが、現実の社会のありようは、自分の価値観を実際に持つことを許されるほど寛容ではない。このような社会を生きる中で、どうしても、他人軸の価値観をそれと気づかぬうちに、あるいは戦略的に自覚して身につけざるを得ないのである。このような社会のありようについて考えてみたい。すなわち、自分のせいではないのに、そうせざるを得なくなっていて、その事実が巧妙に隠され、あたかも、自分が自ら招いた困難のように見えるのは、何が原因か探るというものである。本

書では、ノウハウについての直接的な言及はせず、主としてコミュニケーションの方法論、技術論に頼りたくなるほど、コミュニケーションを上手に行いたいと思っているが、できないでいる（と思っている）のはなぜか、その重要性あるいはその必要性を感じているのに、不全感があるのはなぜか、を考えていきたいと思う。

第1章　コミュニケーションと理論

Ⅰ．コミュニケーションの論じられ方

　これまで、コミュニケーションに関する研究は、言語によるものを中心に考えた場合、言語研究者などから伝達や意図を前提とする現象と見なされ、「送り手が意図して情報を伝達する」と考えられてきた。しかし、人類学などの異文化研究の事例などから見れば、コミュニケーションは、言語によるものだけとは限らず、身体的なものの場合、それには当てはまらないと考えられる。なぜなら、人類学者の北村光二によれば、「意図的に何かを伝えあう」ということだけでコミュニケーションが成立するとは限らないからである。[1]もちろん、言語がコミュニケーションの少なくない部分を占めていることも事実であろう。とはいえ、言語以外の身体的な部分（身振りや表情、佇まいなど）も含めて考えれば、このコミュニケーション観では通用しない（詳細は、第4章）。コミュニケーションは、いまだ言語を話せない、生まれたての赤子ですらその養育者と意思を通わせていると考えれば、とりたてて、「コミュニケーション」に言語が必要と考える必要はないのではないか。では、上記の言語以外、身体的な部分以外のコミュニケーションとは何か。たとえば、アンガーマネジメント協会理事長でアンガーマネジメントの講師である戸田久実は、内容を伝えるだけではなく、感情までも乗せなくてはならないと述べる。[2]昨今のコミュニケーションは、ハイコンテクストの日本では、その内容の文字通りのメッセージだけでなく、相手にどのように届いたかまでを発話者が確認すること

1)　北村光二著「コミュニケーションとは何か」『季刊人類学』京都大学人類学研究会編、1988、19（1）PP.40-49。
2)　戸田久実著『アサーティブ・コミュニケーション』日本経済新聞社、2020。

が求められる自己責任型だ。言葉や文章に表れているメッセージだけでなく、その下のメタメッセージにまでしっかりと責任を持つことが自明視される、重量感のあるコミュニケーションが主流となっている。それは、多くの場合、表のメッセージだけでなく、戸田が「感情や価値観のすり合わせが必要な時代」［戸田久実　2020：27］と述べるように、感情のあふれたコミュニケーションが主流になっていると思われているからに他ならないのだ。

　さらに、年齢を重ねていけば、それを能力として切り売りすることが要請される社会に生きていることも事実である。たとえば、昨今のコミュニケーションに関する書籍の売り上げランキングを見ても、『コミュニケーションの〇〇力』『コミュニケーションの〇〇する技術』など、コミュニケーションを道具的にとらえているかのように、内容ではなく、記号的ノウハウ、技術的方法論で何とかこなそうとするトレンドが見受けられる。その著者の幅も社会科学系の研究者だけでなく、カウンセラーからマナー講師に至るまで、あらゆる職種の人がコミュニケーションに関する書籍を出版している。それだけでなく、ユーチューバーもその一翼を担っている。このような百花繚乱のコミュニケーション本がノウハウを謳うことで、売り上げを伸ばしているのだ。

コミュニケーション能力とは何か

　こうした、コミュニケーションに関する「〇〇力」のうち、最も有名な言葉が、「コミュニケーション能力」であろう。序章の冒頭でも述べたように、教育や就職活動の分野でもコミュニケーション能力について論じられている。たとえば、文部科学省では平成22年度（2010年）に「国際社会を生き抜く異文化コミュニケーション能力、世代間コミュニケーションの問題を克服する能力、そして、楽しい学校生活を送るための人間関係を形成していく能力、多様なコミュニケーション能力」を育成するため、「コミュニケーション教育推進会議」[3]を設置した。平成22年から23年にか

---

3)　文部科学省 (mext.go.jp)「コミュニケーション教育推進会議」。

けて 1 年間に 4 回ほど開かれたこの会議は、「国際化の進展に伴い、多様な価値観を持つ人々と協力、協働しながら社会に貢献することができる創造性豊かな人材を育成することが重要です。また、近年、子どもたちが自分の感情や思いをうまく表現することができず、容易にキレるなどの課題が指摘されています。このような状況を踏まえ、子どもたちのコミュニケーション能力の育成（以下、コミュニケーション教育）を図るための具体的な方策や普及のあり方について調査・検討を行うため、『コミュニケーション教育推進会議』（以下『推進会議』という）を設置します」と記されている。

　中でも、その会議資料の 2 に「コミュニケーション能力、規範意識、社会参画の態度等の育成について」とタイトルがつけられている。[4]この中に出てくる「コミュニケーション能力」は、日本経済団体連合会が実施したアンケート調査結果（平成 23 年 9 月）[5]を引用したと書かれていて、それによれば、企業が採用選考時に重視する要素の第 1 位は、「コミュニケーション能力」で、8 年連続で第 1 位となっていると文部科学省は、1 ページ目に記しているのだ。[6]しかも、その担当課は、「初等中等教育局教育課程課」であるから、10 代未満および 10 代の義務教育過程の段階ですでに、経団連のアンケート結果を意識している。それだけでなく、コミュニケーションに関する能力の育成を求める社会的要請が高まっていると考えており、子どもたちの個々の多様性よりも、子どもたちが組織でどう働くかを考えて教育していると言えるだろう。とはいえ、文科省は、「コミュニケーション能力」の定義はしていない。同じ資料の後半の 19 ページ（30 ペー

---

4)　　文部科学省（mext.go.jp）「資料 2　コミュニケーション能力や規範意識、社会参画等の態度の育成について」。

5)　　調査対象は、2011 年 3 月卒業の新卒採用者、実施時期：平成 23 年 7 〜 8 月、調査対象：（社）日本経済団体連合会企業会員のうち 1,274 社で、回答状況は、545 社で回答率は 42.8%、製造業 45.0%、非製造業 54.0%、従業員数 1,000 人以上が 75.8%、1,000 人未満が 22.9%、業種・企業規模の無回答が 1.3%。

6)　　これは 2011 年時点での連続記録であり、2018 年になるとこれを更新し「コミュニケーション能力」が最も重要だと考える企業が 16 年連続で最多となっている。

ジ中）にようやく「コミュニケーション」と書かれ、定義らしきものが羅列されている。それによれば、「語彙を豊かにし、表現力を育む」「自分の思いや考えを伝えようとするとともに、相手の思いや考えを理解し尊重できるようにする」「自分の思いや考えの違いを整理しつつ、相手の話を聞き、受け止めることができるようにする」「相手の話に対して、状況に応じて的確に反応できるようにする」とされているにすぎないが、序章で挙げた教育学者の中村高康の言うように、では、どう測ればよいのかという疑問は残ったままだ。

Ⅱ. 社会学を中心としたいくつかの理論研究

　これまで、社会学では、コミュニケーションに「それ用の能力」があることを前提とすることなく、さまざまなかたちでの社会的なやりとり、対人関係として論じてきた。

　その中で、誰にでもいつでもあてはまる「コミュニケーション能力」を考えずとも、そもそも、相手の存在、もっといえば、相手との関係性を考えることで、その行為に意味が出てくる。つまり、相手との関係性の中でその行為の意味が変わってくるのだ。たとえば、「おなかが空いているか？」という質問を「自分の親」「先生・上司」「友人」にされた場合では応答のニュアンスが変化するのではないか。もちろん、「おなかが空いているか否か」自体、そのものの応答に変化はないかもしれないが、答え方に何らかの変化が出てくるだろう。つまり、相手が自分にとってどのような存在であるかによって意味づけは変化する。なぜなら、意味づけを含めたやり取りが求められていることを知っているからだ。このように考えれば、コミュニケーションは、お互いに伝えあう言葉以外に何らかの意味をやり取りしていると考えられる。では、どのような意味をやり取りしていると考えられるのだろうか。いくつかの研究からコミュニケーションにおける社会的な意味づけをどのようにとらえてきたのか見ていきたい。

タテ社会の人間関係

　さて、そのコミュニケーションを形成する人間関係についての研究には、社会人類学者、中根千枝（1926-2021）の『タテ社会の人間関係』[7]がある。コミュニケーションをおこなう人間の立場をどのようにみなすかによってその役割に求められる人間関係が決定し、その範囲の中でコミュニケーションが要求されると考えられているのだ。中根によれば、集団の特性として、資格を中心としたものと場を中心としたものがあるが、資格を前提とした欧米やインド[8]の社会は、身分制が廃止されたとは言え、伝統的に階級社会であり、日本のような年功序列社会で儒教的な社会——人生経験、年齢による上下関係、目上、目下を重視する——とは異なり、上司の役職に就いている者に対してはたとえ年下であっても、目上に対するようにふるまう。一方、日本は場を前提とした社会であって、年下の者に役職がついていたとしても欧米やインド社会のようなふるまい方はされない。現在では、年下で役職がついていたり、年下の上司は増えてきたりしているものの、それよりも年齢や経験（年数）がものを言う価値観がある。「長幼の序」[9]といった価値観もまたそのようなあり方を規定する。また、ウチとソトの区別——たとえば、自分の子どもについて語る時、「ウチの子が」などの表現——があることも特徴的だ。場が前提となる日本社会では、さまざまな資格の人たちが集まるが、その資格の違いを超えて一つにまとめ

---

7)　中根千枝著『タテ社会の人間関係　単一社会の理論』講談社、1967。

8)　インドでは、カースト制度は法律で禁止されているが、根強く社会に残り、差別的な行為は日常的になされている。たとえば、2019年、カースト制度のさらに下の身分とされるダリット（不可触民）の結婚式で、（不可触民が作った食事は誰も食べないため）上位カースト者が食事を提供したが、その者たちの面前で食事を食べたダリットが上位カースト者に殺される事件があった。しかし、上位カースト者に仕事や生活を依存している貧しいダリットは、犯人についての証言を拒んだ。以下のウェブサイトを参照のこと。https://www.bbc.com/japanese/features-and-analysis-48331964

9)　孟子によって提唱された五輪と呼ばれる儒教における五つの道徳法則の一つ。年長者は、自身より年少者を労わり、また、年少者は年長者を敬うことである。しかし、現実には、後者の、年長者を敬うことの方が重視されている。

るには、序列関係が必要になると分析する中根の研究は現在も有効と言える。そのため、場の中でタテの関係になり、社会がタテ社会となっていると考えたのだ。つまり、インドのような、年齢ではなく、役職重視の社会と異なり、日本のコミュニケーションのスタイルは上下関係の中でとらえられていて、そこには仕事においても役職の軽重は年齢の二の次となる傾向がある。それゆえ、若年者が、その役割ゆえに年上に何か指示的なコミュニケーションをすることが受け入れられづらい側面がある。それが、日本が「タテ社会」と言われる所以なのである。

ハーバーマスのコミュニケーション論

コミュニケーション研究の嚆矢ともいえるドイツの社会哲学者ユルゲン・ハーバーマス（1929-）であるが、彼は『公共性の構造転換』（1962）[10]において、「公共性の中身は『批判的公開性』と市民による『監査』、公衆の『合意』」と表現していた事柄を『コミュニケイション的行為の理論』（1981）では、コミュニケーションという概念でとらえ、「強制や誘導ではない、『批判可能な妥当要求を掲げて』相手の承認を得る」コミュニケーション的行為によって、了解志向的な社会的行為が可能となると考えた。というのも、彼は、近代以前は、問答無用の強制力のある権力によって、強制されて何かをすることは一般的であったが、近代以降、特に、第二次大戦以降は、人々が話し合いにより、いわゆる「コミュニケーション的合理性」によって、強制無き合意を作り上げることができるようになったからである。それゆえ、近代以降は、問題が生じたとしても、これによって打開できると考えた。ハーバーマスがこの理論を提唱した当時は、近代批判、とくに、次章「『大きな物語』の終焉とポストモダン」の項などで述べるポストモダン思想が盛んとなった時代であったが、ハーバーマスは、自身の理論によって、理性の力を信じ、共に考え、根拠を出し合って合意することを目指した。もちろん、合意を作り出すことの難しさは理解して

---

10) ユルゲン・ハーバーマス著、細谷貞雄他訳『公共性の構造転換』未来社、1994。

いるが、それに関しては、可謬主義(「これこそが唯一絶対の正しい世界観、価値観だといった考えを放棄しなければならない」)の立場を取る。絶対の真理はなく、誰もが、ある価値観からすれば誤りうる、偏っている、あるいは不十分であるといった哲学の考え方である。

　ハーバーマスは、近代社会を以下のようにとらえている。①税を生み出す市場と権力を行使する官僚制からなり、利害の一致を基礎とする「システム」と②価値や規範に基づく合意を基礎として形成されるような人々が日常生活を送る「生活世界」の両者だ。その中で彼の理論は、言語的コミュニケーションを通じた相互理解のメカニズムに依拠しながら価値や規範の生成を説明しようとしたところに特徴がある。そして人々の合意形成は、言語メディアを用いたコミュニケーションによって生活世界で行われると考えた。そのアイデアとなっている背景には、市民がカフェやサロンにおいて意見を交わし、その内容が新聞・雑誌などの活字メディアを通じてさらに公開された場で論争を繰り広げ、社会的合意を繰り返していったヨーロッパにおける初期市民社会の姿にある。しかし、①のシステムと②の生活世界がそれぞれの役割を適切に果たしているのであればよいが、現代は、①のシステムが肥大化し、②の生活世界を圧迫していると指摘し、これを「システムによる生活世界の植民地化」と述べ、批判した。

　しかし、社会学者の飯島祐介によれば、ハーバーマスは「近代それ自体を否定しない。近代はかえってコミュニケーション的行為における合理性の潜在力を解放されるかぎりで肯定される」[友枝敏雄他編　2022：237]。この「コミュニケーション的合理性」とは、「究極的な強制を伴わず議論によって一致でき、合意を作り出せる重要な経験に基づいている」こと、すなわち、「強制なき合意」によって「ただ個人の主観に過ぎなかった考えを克服し、相互による主観性が保証される」結果、生じる合理性と定義した。

　では、この近代の合理性とは何であるのか。そもそも、近代以前の宗教がすべての価値観の中心となる社会では、個々の人間が主体的にやり

---

11)　友枝敏雄他編『社会学の力——最重要概念・命題集』有斐閣、2017。

取りすることは考えられなかった。それゆえに、ハーバーマスは、まず、社会学の父と言われるデュルケーム（1858-1917）の提唱する宗教社会学を挙げ、「儀礼の執行は、コミュニケイションによって遂行される共同の交感に役立ち」「聖なるものは規則に従って現実化される規範的合意の表現」として繰り返し、合意が更新される［ハーバーマス 1986：262］[12]と述べる。これについて、社会学研究者の川本彩花[13]は、ハーバーマスのデュルケーム社会学への言及が、それにとどまらず、デュルケームが法の発展を「法が聖なる性格を払拭し」、すなわち、宗教や呪術から解放された過程ととらえているとのハーバーマスの指摘を取り上げる。それによれば、法体系の中心が刑法から民法へと移行したこと、従来考えられてきた「強制法」のみが人々の行動を規定できるという考え方からデュルケームがコミュニケーションによる合意を示唆していたからだとハーバーマスは分析するのだ。というのは、従来の国家権力が宗教などの「聖なる後ろ盾」を持っていたものの、近代化に伴い、「宗教による一般的な基本合意」が失われ、「集合体の統一は今やコミュニケイション共同体の統一として、政治的公共性のなかでコミュニケイションを通じて達成された合意の上にうち立てられ、維持されうる」からである。近代国家はこのようにして「正統化の聖なる基礎から、政治的公共性においてコミュニケイション的に形成され、討議によって明確にされる共通意志という基礎へと自らを切り替える」［同：308-309］。そこで、従来の「聖なるものへの畏怖の念による儀礼」が社会的統合を果たしていた時代、つまり、宗教が支配していた中世などの時代は、それが神聖なものとしての権威を持ち得ていたが、そのような時代から、人間のコミュニケーションによる合意形成が自明となっていく過程で、コミュニケーションにより形成された合意こそが権威とな

---

12) ユルゲン・ハーバーマス著、藤澤賢一郎他訳『コミュニケイション的行為の理論　中』未来社、1986。

13) 川本彩花著「ハバーマス：コミュニケイション的行為」デュルケーム／デュルケーム学派研究会著、中島道男他編『社会学の基本　デュルケームの論点』学文社、2021。

るとハーバーマスは指摘した。なぜなら、言葉そのものが拘束力のある合意を生み出すのだが、それは、もともとコミュニケーション的行為に内在していた「合理性の潜在力」が働き出すようになるからである。

　社会学者の浜日出夫によれば、ハーバーマスは、「独自の行為類型としてコミュニケーション的行為を導入」し、「コミュニケーション的行為」とは、「言語を媒介として自己と他者との間で相互了解をめざして行われる相互行為」とした。話し手は、自らの発言が客観的事実と一致しているという「真理性の主張」、所属する集団の規範にとって正当であるという「正統性の主張」、発言と同じことを思っているのだという「誠実性の主張」といった要素を持ちつつ相手に発話する。聞き手は、これらの主張に同意することもできれば、拒否することも可能だ。その場合は、また、同様の形で発言の応酬を行い、合意を目指すと浜は分析する［友枝敏雄ら前掲書2017：27］。また、同じく社会学者の友枝敏雄によれば、「ハーバーマスの提唱するコミュニケーション的行為の前提は、コミュニケーションによって合意に達することができ、真理は、この合意によって保証される」と考えた［同：16］。真理とは、それまでは神が保証してきたものである。ハーバーマスは、フランクフルト学派第二世代だが、その研究の初期において、キリスト教的な価値観から理性は、自然や人間を支配するための道具に過ぎない（道具的理性という）、つまり人間がその力によって作るものではなく、神によって最初から与えられていたと考えていたものの、人間の理性には、コミュニケーション（対話）的理性があると考えるようになった。つまり、相手に自分の考えを押し付ける道具としての理性ではなく、対話のための理性（「争わずに話し合おう」など）があると考えたのである。人とのやり取りにおいて、言葉を単なる道具として見るのではないということを意味する。そのため、こうした対話を実現するためには、「公共圏」といった異なった階層の人々が対等に議論する環境が必要だと考え、その公共圏の具体例として、先に述べたように、18 世紀の「フランスのサロン、ドイツの読書サークル、イギリスのコーヒーハウス」[14]に注目した。

---

14)　宇都宮京子他編『よくわかる社会学』ミネルヴァ書房、2020、P.199。

そして、このような場での議論が新聞など、当時、興って広まった活字によるメディアで紹介されるとそれをもとにさらなる議論が積み重なり、公権力に批判的な意見など、さまざまな意見が形成された。公権力に対する力を持たない市民一人ひとりがそれに対抗する力を蓄える場所と考えられたのが、公共圏である。しかし、マス・メディアの中心がテレビになり、民間放送がスポンサーの意向を反映したり、公共放送が政府のプロパガンダを意識的にか、無意識的にか、放映したりするようになると、市民は一方的に情報を受けるだけとなり、公共的な討論を生むはずの公共圏はすたれていった。インターネットの出現は、新たな公共圏の出現と思われたが、今となっては、その匿名性による発言は無責任なものも多く、公共的な討論の場と言えないと考えられるようになってきた。

社会が先か個人が先か

社会学理論は、近代化以降の社会の担い手としての人間の行為に照準を当てているが、それは、かつての身分制の時代が、その身分であれば、その人間の行為がおのずと限定されてきたことと異なり、ある程度、自身の意志でその行為を遂行することができるようになったと考えるからである。すなわち、それを役割と考えれば、「取り換え可能」といった発想を持っている。もちろん、個人にとっては、その役割と自身は一体化し、いちいち、「この役割だから、このように答える、このようにする」と考えていない。しかし、一人ひとりの対等な行為する人間と社会のメカニズムが互いにどのような影響を与えているかについて考えることは、コミュニケーションを考える上で重要なことであろう。

ドイツの社会学者ニクラス・ルーマン（1927-1998）は、社会が全体で個人が部分だというそれまでの社会学の見方そのものを乗り越えなければ、社会の問題は見えてこないと考えていた。そして、その活動の初期に「生の人間そのものではなく、人間が行う行為が社会の構成要素だ」と強調している。その後、行為に替えて「コミュニケーション」という言葉をキー

概念とした[15]。社会をどう見ることができるかを考えた時、多くの人は、人間が社会を構成していると考えるだろう。このような考えにおいては、あたかも、社会の中に人間がいることを人間が社会の外から観察できているような錯覚を持つ。しかし、ルーマンの理論では人間（の意識）は社会から独立していて、社会システムによって社会が機能すると考える。というのは、個々人の頭の中は互いにわからないのであるから、コミュニケートできないと考え、人間が行うコミュニケーションそのものがつながることで、コミュニケーションのネットワークが形成され、それを「社会システム」とみなしたからである。社会は人間ではなく、コミュニケーションを通じて生成されるコミュニケーションによってのみ生成されると考えたのだ。そして、生物学の「自己産出」（オートポイエーシス：さまざまな要素と要素のネットワークを通じて要素が作られ、自分自身を構築する）概念を援用して、コミュニケーションが次々と生み出されることによってコミュニケーションを構成要素とする社会が存続し、社会システムが機能するとした［ニクラス・ルーマン　1993：345-350］。

　そもそも、アメリカの社会学者タルコット・パーソンズ（1902-1979）は、社会をシステムとしてとらえようとし、社会システム論を展開したのだが[16]、その理論では、社会の構造に人間が機能的に貢献していると考えていた。一方、弟子であるルーマンは、パーソンズの社会システム論が、非常に不安定で、常に「別の可能性」を持っていると考えられるのに、パーソンズ理論が、社会の均衡性に過度に期待し、均衡を支えると考えられている究極的価値を暗黙裡に想定してしまっていることを批判している[17]。この「別の可能性」をルーマンは「コンティンジェンシー（偶有性）」と言う。社会学者の大澤真幸によれば、ルーマンの「偶有性」概念は、起きたことが

15）　ルーマンの社会システム理論は、ニクラス・ルーマン著、馬場靖雄訳『社会システム　或る普遍的理論の要綱』（上・下）勁草書房、2020 で論じられている。

16）　パーソンズの社会システム論に関しては、タルコット・パーソンズ著、佐藤勉訳『社会体系論』青木書店、1974。

17）　ルーマンの目から見たパーソンズ理論の批判については、ニクラス・ルーマン著、佐藤勉監訳『社会システム論』（上）厚生社厚生閣、1993、第三章第一節。

起きなかったあるいは起きなかったことが起きたかもしれないなどの意味であり、「要素の間の関係（コミュニケーションの接続）も他でありえた」ことを示す。また、ただの「偶有性」ではなく、「二重の偶有性」すなわち、「自他の関係の中で偶有性を考えている」こと、「私の選択が他でありうるだけでなく、私と関係している他者の選択も他でありうる」という考え方が特徴的である。とはいえ、大澤は、そもそも、「偶有性」は二重でしかありえないという。なぜなら、他者がいてこそ、「私が他者だったら、あるいは他者が私だったら」という考えが成り立つからである［大澤真幸2019：557-559］。パーソンズは、「二重の偶有性」について、期待の相補性という考え方から、予め価値観が共有されているので、お互いの期待を予測し、「二重の偶有性」を回避できると考えたが、ルーマンは、共通の価値観はないものの、むしろ、「二重の偶有性」があることを互いにわかっているので、人々がそれを解消しようとし、コミュニケートすることで新しい社会秩序を生み出し、回避可能であると考えた［ルーマン前掲書：176-180］。

　ルーマンによれば、この不安定で別の可能性が常に起こりうるような（複雑性のある）社会システム、すなわち、社会の中のあらゆる「意味」——言語、貨幣、法律、制度など——はコミュニケーションを通して体験され、その意味が再生産される。コミュニケーションとは、「相互浸透をとおしてのシステム間関係を前提とした」［同：342］一つひとつのつながりで、あるシステムが維持されていくありかたそのものである。それゆえ、コミュニケーションというのは、次の瞬間には思っている以外の可能性に進んでいくこともある。たとえば、会話においてもそれぞれが意識して言葉を発しているが、その言葉が発語された瞬間に発語者の意識を離れ、相手に届き、それを受けて、自身の意識に取り入れて応答する。これら一連の言葉のやりとりも、どこにどう行き着くかは当事者にも予測はできても最終的にはわからない。それゆえ、社会システムの安定性というのは、絶えず、それ以外の可能性を制御しなければ、実現せず、その安定性は当たり

18）　大澤真幸著『社会学史』講談社、2019。

前のものではないとしている。たとえば、犯罪など、社会システムを不安定化させる要因を抑制するには、行為を限定する力によって、「別の可能性」を常に否定し続けることによって成り立つと考えた。

ルーマンの「複雑性の縮減」

　こうした社会システム論を提唱するルーマンは、そのシステムの内部にいれば、（それが何かはある程度、予測でき、）予測不可能性は少なくなるので、複雑性は縮減されていると考える。社会学者の三上剛史によれば、予測できず、どっちつかずの状態を脱することを「脱パラドクス化」と言い、「それを可能にするための基準を与える各種の媒介物が『メディア』」［三上剛史　1995：194-195］だとして、ルーマンの理論を整理する。メディアは、外部の他のシステムの複雑性、すなわち、他の可能性、偶有性を減らし、人々の理解を助ける。たとえば、「コミュニケーション・メディア」の中の「メディア」のうち、一つは、「流布メディア」言語、文字、出版、電子メディアであり、二つ目が「成果メディア」で貨幣、権力、真理、愛となり、これは、それぞれ、経済、政治、学問、家族というそれぞれ違ったシステムに属している。そのとき、メディアというものが、それぞれのシステムのコミュニケーションが接続されるときの通路になる。学問というシステムでは、コミュニケーションは、真理という通路を通って接続するなどして、複雑性が縮減されると考えた。

　このように、ルーマンの理論は、世界の複雑性を縮減させ、不確定性を回避するために、社会は意味的選択によって世界からの境界を作り上げ、意味的選択の内容を伝達するコミュニケーションに基づいて動機づけを行い、秩序化をはかる体系として成立するという理論である。たとえば、近年、問題になっている飲食店従業員などによる飲食店での不衛生な態度（施設・設備の汚損や異物混入）のソーシャルメディアでの投稿・拡散（「バイトテロ」という名称もある）を思い出していただきたい。通常、飲食店で食

---

19)　三上剛史他著『社会学の世界』第3部2章「ルーマンのシステム理論」八千代出版、1995。

事をする際、その準備段階を見ていることはないので、使われている食器や調味料の管理状態を知らない。しかし、一般的に、私たちは、初めて入った飲食店でも（当然、従業員は全く知らない人であろう）、使われている食器等は衛生的に管理され、異物が付着・混入されていることは、さしあたり想定していない。このように、その体系に固有の意味のおかげで、社会の中には、無限の複雑性つまり可能性がある中から特定の組み合わせを意味あるものとして選択し、ほかの組み合わせを選ばないこと、つまり、「飲食店で異物が混入している可能性をいちいち考えもしない」ため、世界の複雑性が縮減する。言い換えれば、「初めて入った飲食店でも安心して（というよりは何も考えず）食事をすることができる」のだ。こうした関係性をルーマンは、前掲書で「信頼」[20]と言った。それは「射程のかなり長い戦略」［ルーマン前掲書　1993：198］である。コミュニケーション研究においては、その「縮減された複雑性」をお互いがいかに理解できるかという点も考察の対象になるだろう。

20 世紀型コミュニケーションからインターネットによる 21 世紀型のコミュニケーションへ

　これまで、いくつかの理論を見てきたが、社会的相互作用としてのコミュニケーションがどのように行われてきたかという共通点がある。しかし、上記のコミュニケーション研究は、20 世紀に行われたものであり、21 世紀に世界的に普及したインターネット上のコミュニケーションは念頭に置かれていない。とはいうものの、対面であれ、インターネット上であれ、そこに共通点はある。違いがあるとすれば、第一は、現在は、対面とインターネット上のコミュニケーションが併用されているという点である。20 世紀には、紙面や電話によるコミュニケーションはあったが、基本的に対面のコミュニケーションが想定されていた。また、第二には、インターネット上のコミュニケーションは、従来の人間の行動範囲を超えている点や想

20）　他に「信頼」については、ニクラス・ルーマン著、大庭健、正村俊之訳『信頼──社会的な複雑性の縮減メカニズム』勁草書房、1990。

定外の人々、たとえば、一生、対面では会うことがないかもしれない人との　コミュニケーションを可能にした。それは、距離的なこと、海外はもちろんのこと、移動なしには出会うことのなかった異なった地域に住む人だけではなく、異なった世代、出会うことが想定されないような異なった属性の人々との出会いを可能にした。たとえば、幼児であっても、地球の反対側に住んでいる、おそらく対面で直接会う可能性の限りなく低い相手と英会話のレッスンをオンラインですることも可能なのだ。また、高齢者と若者が共通の趣味によってインターネット上でつながることもある。こうしたこれまでなかったインターネットを通したコミュニケーションのあり方について、次章で考察してみたい。

第2章　ポストトゥルース（Post-truth）とソーシャルメディア

一億総評論家社会でのコミュニケーション

　日本では、多くの場合、SNSと呼ぶいわゆるソーシャルメディアにおけるコミュニケーションは、日々、欠かせないものとなっている。それは、単なる情報のやり取りなのではなく、誰もが簡単にそれを見た上での反応を絵文字や「いいね！」1つで返せるように、——否、むしろ、こうした機能があることによって、返さなくてはならないあるいは、返ってくるべきと強迫的に思い込んでいる人もいるだろうが——なっている。承認を得ながらでないと生活できないと思っている人も多いのかもしれない（そのようなことはないのだが）。そして、そこでのやりとりで繰り広げられるのは、できる限り情報を縮小し、少ない文字量、写真、動画によるコミュニケーションである。また、インターネット上の情報の氾濫は今となっては語る必要もないほど自明のものとなっているが、実は、その中で正解とされるあり方は、情報の数だけあるわけではなく、ほんの数個しかない場合も少なくない。このように見ていくと、コミュニケーションは人の数だけ、というのは、建前に過ぎないのではないのか。正解が人の数だけではなく、せいぜい数えられるくらいで、それ以外の選択肢はない。その一方で、他人に向けられる厳しい目線は、一億総評論家と言ってもいいくらいだ。ある意味、意見を誘導するようにソーシャルメディアがパッケージのようにそれぞれの事象について模範解答を作ってしまっているかのように思える。誰もが同じ入り口なのでとっつきやすいが中はそんなに分かれていない。その人らしさは出ないし、もともとそういう多様性を認めるコミュニケーションも幼少時に習っていない。だから差別化できないジレンマが表現だけを過激にしてしまう。

　一億総評論家社会は、一億総フィードバック社会でもある。何かあれば、

すぐに炎上する。故意に物議を醸すであろう内容を投稿・発言をすることもあるだろうが、投稿者・発言者は本人にとって正解もしくは問題ないと思われる内容を投稿・発言しているはずなのに、なぜか、炎上する。それは、投稿者・発言者が自分自身は間違っていないと思う態度に対して、読み手・聞き手側は、屁理屈であれ何であれ、それ以外の可能性や例外的な考え方、端的に言えば、自分の存在をアピールしたいからなのか。

　一方で、投稿者側もおそらくその時代の文化や法制上、正論を投稿・発言している場合であっても、一旦、炎上すると投稿を取消し（削除し）、主義主張を場合によっては180度変えて謝罪する。表現の自由は、保障されていないのだろうか。このような炎上は、二項対立でモノを考えるしかなくなっている現代の作法かもしれない。誰もが、答えはAかBのどちらかで、正解は一つとは思っていないであろう。しかし、結局、言い負けた方は、自身の主張を撤回、引っ込めてしまわざるを得ない。その圧力のようなものは、何でできているのか。その正当性はどこから出てくるのか。そもそも、なぜ、このような二項対立的な思考法に陥っているのだろうか。この問に答える前に、このような問がいつどのようにして生まれてきたか、つまり、二項対立で物事を——こう言って良ければ拙速に——考えるようになったのか、その思想のルーツから探っていきたい。とりわけ、ポストトゥルースといった時代のキーワードなども含め、それが何を指しているのか、近年のいくつかの現象から考えてみたい。

ポストトゥルースの時代におけるコミュニケーションの拙速さ

　2016年、イギリスのEU離脱（ブレグジット）やアメリカ大統領選でのトランプ陣営勝利など、世界の政治が大きく動いた。オックスフォード英語辞典は、その年を象徴する言葉（Word of the Year）として「ポストトゥルース（Post-truth）」を選んだ。実際、イギリスやアメリカのこのような動きが現れる以前から、真実やそれに基づいた知への不信が蔓延しているとして、ポストトゥルース（Post-truth）の時代と呼ばれるようになっていた。それは、世論形成において、客観的な事実よりも、感情的な訴えや

個人の意見のほうが重視されている状況を意味しているからだ。実際、反知性主義であるとも言えるのだが、この言葉が含意するところは、どこかに客観的な事実があり、正しいことが存在していると想定されていることでもあるだろう。そして、こうした動きは全世界的に見られる。

　このポストトゥルース概念だが、このような状況を作り出す原因の一つにポストモダン思想があると誤解されている。そこで、このように、「かつての最先端の思想が詭弁の道具と（思われるように）なってしまった」時代の背景を考えることで、現代のポストトゥルースがコミュニケーションにどのような影響を与えているか考えたい。

「大きな物語」の終焉とポストモダン

　そのポストモダン思想であるが、いかなる思想であるのか、簡単に説明したいと思う。フランスの哲学者ジャン゠フランソワ・リオタール（1924-1998）は、その著書『ポストモダンの条件[2]』（1979）の中で「大きな物語は終焉した」と述べたが、その大きな物語とは、知識人や科学者や技術者がつくりあげてきた、近代社会がそれ自体を維持し、正当化するための広く共有された、社会全体を一律に方向づける物語のことである。「知識人は終焉した」といった発言とともに 80 年代に話題になった。伝統社会では、人間集団は階級や身分が地域や血縁に結び付けられていたが、近代では、啓蒙主義に端を発するような理性という普遍性によって社会をより良い方向へと導く信念を持ち、その理性的な主体が合意によって共同体を形

---

1)　このような状況が生まれた背景のひとつに、ソーシャルメディアの普及によって、誰でも簡単に世の中に対して個人的な意見を表明することが可能となったと同時に、多くの情報を瞬時に流通・拡散できるようになったことが挙げられる。個人的な考えの影響力を増殖させた一方で、フェイクニュースと呼ばれる事実と異なる情報が短時間で世界中に流布されてしまう状況も招いた。その結果、テレビやラジオ、新聞、雑誌といったマス・メディアの影響力は相対的に低下し、客観的事実が軽視されるようになった。

2)　ジャン゠フランソワ・リオタール著、小林康夫訳『ポストモダンの条件——知・社会・言語ゲーム』水声社、1989。

成し、進歩を信じ、ある種の理念、すなわち、科学の進歩、資本主義、民主主義、労働の解放、教育の平等、民族独立などを目指してきた。リオタールは、これに対して、近代以降の大きな物語がその自明性、信頼性を失った状態を「ポストモダン」という語で表した。各自が社会において断片にすぎないことを自覚して、決して「正当」や「正解」を議論しないですむ物語がありうると考え、これを「小さな物語」と呼んだ。小さな物語は、大きな物語の前提を疑問視し、たとえば、大きな物語では自明であった「西洋中心史観」を否定し、抵抗するものとして、ポストコロニアリズムなど、植民者が語る歴史ではなく、被植民者が自己の経験を語る物語などが例に挙げられる。そして、「大きな物語」で語られてきた歴史の普遍性を懐疑的に見ることで新しい物語を発見しようとする試みである。

　このように、「大きな物語」が終焉したポストモダンとよばれる時代、1995 年に物理学者のソーカルは全く意味のない内容で論文を創作し、投稿したところ、掲載されてしまった（いわゆる「ソーカル事件」[3]）。ソーカルはこのいい加減な捏造がうまくいった（論文の査読が通ってしまう）ことで、学術論文やそれを機能させるはずのアカデミズムといった権威そのものを嘲笑した。この現象について、哲学者の大橋完太郎、千葉雅也、宮崎裕介は、鼎談で以下のように議論を繰り広げている[4]。宮崎によれば、90 年代になって、かねてからもてはやされていたフランス現代思想やアカデミズムでの言説の使用もいい加減な単なる流行現象なのではないかと

3)　ニューヨーク大学物理教授のアラン・ソーカルが 1996 年、カルチュラルスタディーズの学術雑誌『ソーシャルテキスト』に「境界線を侵犯すること——量子引力の変形解釈学へ向けて——」という論文を投稿したのだが、それは、ポストモダンの大家の言説を引用し、故意に無意味な議論を捏造しただけのパロディ論文であったにもかかわらず、掲載されてしまったことがあった。それは、大物知識人の言説が引用されていれば、その論文も適切なものであるという思い込みがあったことを証明しただけでなく、学術界がいかに権威主義的であるかということを示した。
4)　『現代思想　いまなぜポストモダンか』「フラット化する時代に思考する　ポストモダン思想再考」青土社、2021、vol.49-7。

いったバックラッシュ⁵⁾が起きているからこそ、生じたことなのであるとい
う。たとえば、日系アメリカ人の文芸評論家ミチコ・カクタニ（1955-）は、
「学界における公式見解の失墜に中心的役割を果たしたのは、ポストモダ
ニズムとして広く括ることのできる思想の集まりだった」と述べ、「ポス
トモダンの概念は、物語の伝統を覆し、ジャンルの境界や、大衆文化と高
尚な芸術との境目を破壊した」［ミチコ・カクタニ　2019：36］との見解
を述べる。そして、トランプ政権の政治手法――「フェイクニュース」や
「オルタナティブファクト」を多用し、ソーシャルメディアによって世論
を誘導する方法――がなぜ起きたかについて、ポストモダンといった、あ
る種の学問的権威のせいで相対主義や冷笑主義に陥っているがゆえに起き
たと批判した［大橋完太郎・千葉雅也・宮﨑裕介　2021：8-9］。すなわち、
カクタニの論は、ポストモダン思想のせいで、トランプ政権のようなポピュ
リズムが起きているかのように読めるのだ。このような議論に対して、宮
﨑は、「現状ではポストモダンはポストモダンと言われているものが何か
を問わないための言葉です。だから『ポストモダン』と言うことによって
不必要な論争を寄せつけてしまって、それをいちいち問い質しても結局ポ
ストモダンのことはよくわからない」と言い、自らはこの語を使わないと
述べている。鼎談相手の一人、千葉雅也も自身の研究を「ポストモダン」
と呼ばないとし、現代思想は、そもそも「二項対立でどちらを採るかとい
う通常の――矛盾律に従うようなタイプの――議論」ではなく、「構造主
義の『構造』といわれるものとは一体どういう存在者なのかということが
大きな問題になる。物理にも還元できないし、言語的な構築物でもないよ

---

5)　バックラッシュとは、ある思想や考え方に対する反動・揺れ戻しを指す。人種
や人権、ジェンダーの平等といった権利擁護の動きに対してそれを認めないとし
て反対する態度、動き。ジェンダーに関しては、江原由美子のエッセイ「捻じ曲
げられたジェンダー」ウェブサイト「トイ人」上の toibito.com/articles/
6)　ミチコ・カクタニ著、岡崎玲子訳『真実の終わり』集英社、2019。カクタニの
著書では、ポストモダンがこれまでの歴史を「大きな物語」として捉えたせいで、
ポピュリズムに陥り、フェイクニュースなどが蔓延するようになったと一律に断
罪しているように読める。

うな何かある構造という抽象的レベルを設定する」ものだと主張する。つまり、「構造主義以来、文化や自然では割り切れないような次元を問題にしている」のであって、「構造という存在を、曖昧に考えた結果ではなく、二項対立とは別の論理としてきちんと名指しているのだ」と指摘する。このようにして、単純化された二項対立図式ではとらえきれない、いわゆる時代区分的にはポストモダンととらえられる、構造主義などの現代思想について分析する。そして、千葉は、現代思想を「対戦カードゲームみたいなやり方ではなく、もっと総合的にアプローチして、一つのイズムで押し切るのではなく、問題の割り切れなさを重視」［同：9-10］しているという。しかし、千葉によれば、「政治では大雑把に左と右という分かれ方があり、さらに細かく賛成か反対かでぶつかります。日本でもますます二極分化が進んでいるなかで、この問題には実は両義性があると指摘すると『状況にコミットせず冷笑しているだけで、現実改革に踏み出そうとしていない』と批判される」［同：10-11］のだ。「大きな物語」のあり方に疑問を持つようになってから時間が経ち、幅広く議論することが求められているようになったかのように見えても、結局は、二項対立の中で答えを出すことが頻繁に要求されている。しかも、その問いがそもそも、不適切であったり、極端であったりすることもあるのではないだろうか。であれば、そのどちらにも頷けない可能性はありうる。それゆえ、「論破」と言われる現象が横行するなど、すぐに意見を言って、すぐに終わらせてしまうのではないか。

ポストモダンとリベラリズム：リベラルの否定はリベラルか？

それゆえ、現代は、リベラリズムやジェンダーなど、多様なものを認める社会風土ができてきているように見えて、実は、「多元的なものを擁護できる楽観的な時代ではなくなっている」とし、「差異に基づく集団の係争のなかで、アイデンティティの自己規定と発信を極端なレベルまで徹底しないといけない」ような状況が近年続いていると鼎談者の一人である大橋完太郎も指摘する［同：12］。これに関連して宮崎は、「リベラリズムのパラドクスとしてよく言われる問題」——リベラリズムそのものを（リ

ベラリズムの一環として）否定する人がいたらどうすればよいのか——を
取り上げる。従来は、「許容しながら妥協を重ねつつ互いに自己修正を図っ
ていく、というある意味では楽観的な議論が優勢だった」のに、「今は規
制すべきだという意見のほうが大きい」と述べている［同：12-13］。た
とえば、トランプのツイートによって国会議事堂に支持者が押し寄せ、国
会機能が停止したり、トランプのツイッターのアカウントが停止されたり
した、一連の「Ｑアノン事件」によって、「リベラリズムを否定するもの
を規制しないと暴力が支配する世界になってしまうから、規制は絶対に必
要だ」［同：13］など、極端な結論を拙速に求めすぎることとなってしまっ
た。そのため、結果的に、リベラリズムを批判する者はリベラリズムの中
であっても規制しなければいけないという自己矛盾に直面している。この
ような現状に対して、千葉は、「問題は、これはリベラリズム自体を否定
している、という判断を、いつ、どの段階で行なうかということです。最
近は何か少しでもアンチリベラルらしきことを言うと、その人はリベラリ
ズム全体を拒否しているのだというラベリングが拙速に行われる状況が強
まっている」と分析する。本来、自由を守る、すなわち一人ひとりの権利
を活かすためのリベラリズムにとって、それを「守るための排除というの
は重たい判断だったはずなのに、それが乱発されるという事態」、とりわけ、
「現代思想に親しんでいるはずの人たちが容易に排除の判断を下す風潮」
を憂う［同］。また、大橋によれば、「SNS で言いがかりをつけてくる人」
は、「匿名ないしは偽名としての発信者が大多数」だが、大橋が問うのは、
「パブリックなものが匿名の人によって形成されてよいのか」といった疑
問で、「多くの人生は無名のまま過ぎますが、それが、匿名であることと
同義なのか」と問う。すなわち、匿名で他人を攻撃する人がいることにつ
いての問題提起であるのだが、「匿名による意見は散弾銃のようにやって
来て、普通に議論をすること自体がストップしてしまうという状況が生じ
る」と指摘する［同］。相手が匿名といったいわゆる安全地帯にいる状態で、

---

7)　Ｑアノンと呼ばれる極右組織による陰謀論とそれに基づく政治運動のこと。
　　https://www.nytimes.com/article/what-is-qanon.html

しかも、無数の武器を抱えている状態では、穏当に議論することは、不可能と言えるであろう。ある種、匿名の暴力と言えるのではないだろうか。

さて、このような一知半解のような社会の流れは、いかにして起こっているのか。そもそも、人々の認識において、物事の原因や要因についてどのように考えているのか。何か、癖や傾向のようなものがあり、それがある種の極端さを生んで結果的に差別的なコミュニケーションを生んでいないだろうか。次の項では、ステレオタイプをキーワードにして、具体的な事例から考えてみたい。

ソーシャルメディアとステレオタイプ

ポリティカルコレクトネス[8]といった言葉やリベラルであるべきといった風潮を受けて、社会規範の中で、性に関する「あるべき姿」も以前よりは緩められてきたように思われる。前述の鼎談で大橋が述べていたように、一方で、バックラッシュと呼ばれる揺り戻し現象が起き、解放されたはずの「性の自由なあり方」があらゆる方法で否定されていることも事実だ。もちろん、原則として、言論の自由はあり、思想・信条は自由なのだが、それを他者に有無を言わさずに押し付けること（伝統や習慣、常識といった規範を振りかざして馬鹿にしたり、貶めたりするなどして否定し、言葉を含めた暴力――もしくはそれを匂わせるなども含め――で沈黙させること。具体的には第9章を参照のこと）に無自覚であることは少なくない。そこで、私たちが必ず、当事者となっている「性」についてそのあり方がいかにしてさまざまな問題――とりわけ、違いを指摘するだけでなく、一方の優位を自明視し、他方を貶め、差別化することを意識的にもしくは無意識的に――もたらしているか、例にとって考えていきたい。

差別的な構造――この場合は、女性への差別だが、その他にも、人種、宗教、障がい、性的マイノリティなどによる――は、実際、どのようにし

---

8) ポリティカルコレクトネスとは、他人を不快にさせるような言動、特に性、性別、人種に関する言動を避けること。https://dictionary.cambridge.org/dictionary/english/political-correctness

て始まったのか、アメリカのジャーナリストのジェシカ・ノーデルは、無意識のバイアス、すなわち、アンコンシャスバイアスとは何かということを歴史的な認識から現在に至る事例を含めて具体的に示している[9]。とくに、性自認の問題にとどまらず、伝統的な性別役割分担、人種、容姿、経済格差等々あらゆる分野における「無意識のバイアス」によって、本人が望んでいないにもかかわらず、それこそ、意識せずになぜか偏った行動をしてしまうことを問題とする。ただ、意図せず、悪意がないことが多いゆえに、すぐに克服することは困難であろう。特効薬はなく、まずは現状を理解して、悪意がなくても人を差別することがあることを知ることが第一歩なのではないかと言える。つまり、前提条件が、当事者と対峙する人と異なっているのだが、それが、意識されないでいる不幸な出来事になってしまう可能性があるのだ。そこで、ノーデルが挙げるのが、マスコミュニケーションの事例である映画産業の事例である［ノーデル　2023：56-60］。ある映画を宣伝する際に、黒人、白人のステレオタイプ的な嗜好性をもとにして（この人種ならこういう広告が好きだろうからそのような広告を打つことで映画を見てもらえるだろうという考え方によって）広告を人種別に二通り作って人種別にソーシャルメディアで流したエピソードだ。

　ユニバーサル・ピクチャーズは、ソーシャルメディアのフェイスブックで「民族親和性」による分類を利用してターゲティング広告を打った。2015 年 4 月公開の映画『ストレイト・アウト・コンプトン』の予告編である。伝説的ヒップホップ・グループ N.W.A. の伝記的音楽映画だ。フェイスブックが白人と分類していれば白人向けの映像に、黒人その他と分類していれば黒人向けの映像に誘導される。人種によって異なる映像を見せて、訴求力を高めようという戦略だ。ノーデルはアメリカのジャーナリストで作家のアナリー・ニューイッツのフェイスブック上の指摘「それらは、『まったく別の映画の予告編みたいに見える』」を引用する。黒人と見なされた人には、自分たちの音楽を非暴力の抵抗であると表現し、次の世代をイン

---

9)　ジェシカ・ノーデル著、高橋璃子訳『無意識のバイアスを克服する　個人・組織・社会を変えるアプローチ』河出書房新社、2023。

スパイアしたいと語る。地元の若者たちとハグし、白人マネージャーが「アメリカでもっとも危険な場所で、彼らの声は世界を変えた」と語る。一方、白人と見なされた人には、黒人女性が銃を振りかざし、パトカーのサイレント点滅するライト、バーで強い酒をあおる黒人男性、警察官がメンバーの一人に手錠をかけ、上半身を車のボンネットにたたきつける場面。道路にうつぶせに抑えつけられる黒人たちの画。白人マネージャーが「彼らはアーティストだ、人を外見で差別するな」と警官に抗議するといった映像だ。[10] つまり、黒人と分類された人には、黒人が音楽という穏当な手段で成功し、地元の、おそらくそれほど社会的には成功しているとは言えない人にも分け隔てなく付き合う人格者で、彼らも成功者を尊敬しているといった、黒人の出世譚として描かれている。それとは逆に、白人と判定された人に対しては、黒人といえば、暴力と過度の飲酒で身を持ち崩している者が多いといった偏見が導入部分に差し込まれたコマーシャル映像を見せる。こうした使い分けにより、人種別ターゲティングが興行成功の一因であったことをユニバーサルのマーケティング責任者が認めている。これは、人種という、「前提が異なると思われる人々」が、どの情報を取捨選択するかが決まっているといった偏見が作り出したマーケティングであり、偏見が作り出しているのだが、偏見が文化に溶け込んでいるので、それぞれの人種にとって違和感がない。そして、違和感がないことによって、その偏見のバイアスすなわち偏りがますます広がるという効果があるのだ。その偏見が人種といったカテゴリー化[11]されたくくりの中にあるイメージを作り、同時に、そのイメージ自体が更なる偏見を生み出すのだが、それは、

---

10) それでは、白人、黒人どちらにも該当しない文化圏である日本でどのような予告編が流れたかというと、それは、両者が入り混じった広告で、どちらかというと、白人向けのように感じられる。地元での黒人同士のやり取りのシーンはなく、サイレント警官とパトカーが映し出され、複数の黒人が道路に後ろ手に拘束され、並べられたところを白人マネージャーが「彼らはアーティストだ、人を外見で差別するな」と警官に抗議するといった映像であった。https://www.youtube.com/watch?v=gr5Mw0nik20

11) 詳しくは、第13章、第14章を参照のこと。

第 7 章で取り上げる社会学者ブルデューの言うように、まさに社会における文化が構造化される構造であり、構造化する構造であるといえる状況である。ソーシャルメディア全盛の今日、それは、さまざまなカテゴリーに分かれて自分に合った（と自分が思っている）ジャンルに次々と誘導される。それに疑いは抱かない。カテゴリー化は、雑多な個々の違いをいくつかの恣意的なカテゴリーに恣意的に分けてしまうので、実際にそれがそうであるかは、考えないうちに次々と人々の頭の中を通り過ぎる。カテゴリー化は、「こうである→こうであるべき・はず」といったステレオタイプの入り口であり、ステレオタイプは、規範化と親和性が高い。よって、種々雑多なはずの私たちのあり方やコミュニケーションは、たった数個の流行に分類されてしまう。そして、究極的には、ありかなしかの二元論に持ち込まれてしまうのだ。ハリウッドにおけるマーケティングの場合だけではなく、ソーシャルメディアは、差別を助長する。パーソナルメディアゆえに、それが可能である。なぜなら、フェイスブックなどは、個人が事細かに特定でき、その人の属性に合った細やかな広告が打てるのだが、その人にある意味で「割り当てられた差別」を諫められることはないからだ。しかし、その細やかさはどんなに細やかであっても、その人そのものではないがゆえに、あくまで「そのように分類され」ただけで、それ専用のバイアスでできている。しかし、そのことに割り当てられた者は気づかない。バイアス（bias）とは、「偏り」「偏見」「先入観」などを意味し、認識の歪みや偏りを表現する言葉として使われる。学校生活、仕事の現場だけでなく、研究者がデータ分析をする際にも、その所属する文化内の常識や慣習により、バイアスが認知のゆがみとして作用し、ステレオタイプを再生するのだ。海外の映画やドラマでは、白人は大体が主人公でヒーロー、黒人は犯罪者として描かれるケースが多い。そして、「こうしたカテゴリー化を学習する」→「その後、実際に、黒人が逮捕されている映像を見る」→「やはり、黒人は犯罪をおこないやすいものだ」、として人々の頭の中で再生され、こうした認知が集積されることで、社会的に常識となり、構造化されるのだ。ブラックライブズマターと言われる一大ムーブメントのきっかけとなったアメリカの警察官が無抵抗の黒人を犯人として射殺する事件が

あった。[12] このような思い込みによる白人による黒人への暴力は、白人の冤罪より黒人の冤罪の方が7倍多いという事実[13]を前に、黒人の逮捕が間違っているかもしれないといった思いすら浮かばない。しかし、こうした考えに社会学的思考はくさびを打つことができる。それは、なぜ、このように、ステレオタイプ化が進むのかについて考察することができるからである。人は、認知を簡単にするために、ある程度、物事を予測して日々の事柄を判断している。一度経験したことは、経験していないことより、行動がスムーズだ。それは、行ったことがないところより行ったことがあるところに行く方がスムーズにできることを考えてもらえばよいだろう。経験していることや常識や慣習は、今起きていないことに対して予測し（つまり、意識せずともバイアスをもって）、その予測通りのことが起きることに「快」を感じるのだといった実験結果をノーデルは紹介する。一方、人は、予想が外れるつまり、ステレオタイプが裏切られると不快に思うと言われる。そこで、同じくノーデルの著作からそのような事例を紹介したい。心理学者ウェンディ・ベリー・メンデスの実験［同：58-60］[14]は、白人とアジア系の学生を集めて、ラテン系の学生（実験協力者で役者）と共同作業をするというものであった。ラテン系の学生の一部には、「社会経済的にステータスが高いタイプ（父親が弁護士、母親が大学教授、夏休みはボランティアやヨーロッパ旅行をするといった設定）」つまり「アメリカ人のステレオタイプを裏切るようなラテン系のタイプ（有色人種なのに社会経済的ス

---

12) https://www3.nhk.or.jp/news/special/international_news_navi/us-election/presidential-election/2020/demonstration/demonstration_01.html

13) ミシガン大学ロースクールなどの調査チームは、アメリカで発生した殺人などの重犯罪のうち、黒人が冤罪になる確率は白人の7倍に達するとの調査結果（2022年9月）を発表した。また、アメリカでは警察による黒人差別など初動捜査など捜査段階での対応だけでなく、司法制度においても不平等が根強いことが分かった。https://www.law.umich.edu/special/exoneration/Documents/Race%20Report%20Preview.pdf　P.8 など。

14) Mendes Berry Wendy et all., Threatened by the Unexpected : Physiological Responses During Social Interactions with Expectancy- Violating Partners in *Journal of Personality and Social Psychology*, 2007, PP.698-716.

テータスが高い）」と、残りは、「ステータスの低いタイプ」に分かれて作業したのだが、前者の「ステータスの高いラテン系、つまり、アメリカ人のステレオタイプを裏切るようなラテン系」と共同作業するタイプは、「脅威に直面しているような生理的反応を示した。血管が収縮し、心拍数が上昇した」と述べている（さらに、好感度も低いと評価した）。つまり、有色人種として低い位置に置かれているはずのラテン系の学生が、自分たちと同じか、もしくはそれ以上に社会経済的に恵まれている――ブルデューの言葉を使えば、文化資本、社会資本、経済資本のすべてを持っている（第7章参照）――場合、それが、自分たちがいつもステレオタイプとして低い位置に見ている存在であるゆえに、ただ、マジョリティとして恵まれている存在よりも更なる脅威になり、不快に思ってしまうのだろう。前述のように、予測は常に当たるわけではない。しかし、私たちは、予測する。このように、人をある特徴から判断して、単純化し、カテゴリー化することは、見えていなかったものを見えるようにする効果がある。つまり、社会的な常識と異なるカテゴリーに対して不快感を示す人が少なからず存在することをあぶりだしたのだ。しかし、そもそも、この例のように、人種といった概念、たとえば、黒人を一つの集団と見なすのは、15世紀になってから[15]で、であれば、ある人々を身体的特徴から黒人、有色人種と見なすカテゴリー化は、ある時期から意図的に行われて来た［同：72-74］。それは、違いを強調することで、自らを安全地帯に置き、差別を助長させるからである。こうしたカテゴリー化を経て、私たちは、「ありがち」なステレオタイプを生み出す。そのカテゴリー化（何をそのカテゴリーに入れるか、あるいは新しいカテゴリーを作って入れるのか、また、それを自明とするプロセスを経てカテゴリー化する）がすでに恣意的な訳であるから、ステ

---

15) ノーデルは、歴史学者イブラム・X・ケンディを引用する。ケンディによれば、「ポルトガルの年代記作者ゴメス・デ・ズーラが1453年の文章でアフリカ系奴隷の競売の様子を詳しく記述している」その中で、「『全員がみじめな人種』としてひとくくりにされた」。また、歴史学者のデイヴィッド・ブライアン・デイヴィスも「まさに奴隷制こそが反黒人的なレイシズムをつくり出した」と指摘しているとノーデルは記している［同：72-73］。

レオタイプとして、自明性が増すと、その自明性の力を以って、その考えの正当性を難なく主張し、自己強化、自己正当化をする。つまり、自身の考えと合致した情報を偏重する確証バイアスとして機能させるのだ。ステレオタイプは、ステレオタイプとして、すでに機能しているがゆえに、ステレオタイプとなっている訳であるから、それを証拠づけるような情報がなくても、確証バイアスとなりうる。「男は○○だ」や「女は○○だ」がそれである。そして、こうしたステレオタイプ化されたディスクールがあると、コミュニケーションは省略され、ステレオタイプが強化され、それ以外の考えが許されなくなり（その例に当てはまらない者、モノ、コトを）、排除する規範となる。ゆえに、単純化された思考が強化され、コミュニケーションにもそれが現れるのだ。

価値観の異なる人々はどうコミュニケーションを取るか？

　また、前項のように、カテゴリー化によるステレオタイプの生成と流布はソーシャルメディアによって加速している。2017 年に発表されたコミュニケーションを専門とするコソボの社会学者ラビノット・クヌシェフチによる、イギリスの社会学者アンソニー・ギデンズ (1938-) へのインタビューで、ギデンズは、「過去 300 年にわたるグローバリゼーションという名の世界的な規模の社会的相互依存は、主に 2 つの影響力によって推進されてきた。それは西側諸国の経済（および軍事）力の拡大とコミュニケーションの強化であり、この 2 つのプロセスは密接に関連している。（中略）今日では、デジタルコミュニケーションの台頭により、これらのプロセスは大幅に加速され、最終的には、それは西側中心ではなく、真にグローバルとなった。そして、デジタル時代の到来により、グローバル化は促進され、私たち個人の生活にも深く浸透している」とし、「われわれは国際的な過負荷 'cosmopolitan overload' に苦しんでいる」と述べた。[16] では、この「国

---

16)　https://economicsociology.org/2017/11/15/giddens-we-are-suffering-from-cosmopolitan-overload-and-a-huge-task-lies-before-us-to-create-responsible-capitalism/

際的な過負荷」とは何であるのか。これについてギデンズは、「過去に類を見ない、流動的な世界が生まれた」ことだと答える。それに代表される事柄が遠隔のコミュニケーションであり、そのほとんどを占める「デジタルコミュニケーションは多くの場合、力を与え、解放をもたらす。しかし、それはまた、不安定で不確実な未来を生み出し、既存のイデオロギーの分裂を解消するのではなく、むしろそれを強化することにも役立ってきた。日常的に強烈なコスモポリタニズムの世界で生きることは難しい」と論じている。つまり、ステレオタイプの強化だ。というのも、新しい時代のコミュニケーションは、「世界が本質的によりコスモポリタンになると同時に、逆行する流れ——強力なイデオロギーや分断への回帰が存在している[17]」からだと分析する。といって世界に、かつてのアメリカのような強大な力を持ち続けている国は、今はない。このように、世界の中心がどこなのかわからない現状を、ギデンズは、「世界のある地域から別の地域に物理的に移動するかどうかに関係なく、私たち全員が現在、移民であるという感覚」だと述べる。だからこそ、「私たちのほとんどは、デジタルテクノロジーを通じて、多様な文化や意見と日常的に接しており、コンピューターの能力が大幅に向上したことにより、距離はもはや瞬時のコミュニケーションの障壁ではなくなった」。そして、大衆同士がソーシャルメディアによって事実ではない情報やそれに基づく意見をやり取りし、知らず知らずに浸かりながら、さらに、それを次の人へと流していく日常が現代である。

　ソーシャルメディアは、前述の宮崎によれば、「マネタイズの論理」により、「PV を稼ぎ[18]、それを介して支持を目に見える形にして宣伝し、さらに収益を上げる」ことが日常になっており、自由なコミュニケーションが

---

17)　私たちは多くの場所でナショナリズムの回帰と、宗教原理主義の出現を含む国際的価値観への疑問を目にしている。こうした力は、一見、奇妙な方法で組み合わされることがある。たとえば、イスラム国は一種の中世的神権政治だが、その目的を推進するために最先端のデジタル技術を利用しているといったことである。近代に敵対するような価値観を持っているものの、その維持のために、近代の技術を使っているように、近代にどっぷりつかっているのである。

18)　PV（ピーブイ）とは、Page View の略で、www におけるアクセス数の単位。

実践できているとは言い難い。それは、第10章で示す「心の露出」の話のように、いわゆる「SNSのプラットフォームがそのまま金儲けの道具になっていて、人びとは否応なくそれに動員されざるをえない」と指摘する。つまり、自己開示をして、本音を言っているとは限らないにもかかわらず、PVを稼ぐために、心にもないことを言ったり、おこなったりしていることもあるのだ。とはいえ、そのマネタイズの仕掛けがなくなったとして、「もっと穏当な意見を言うはずか」は別の話で、千葉によれば、「二項対立よりも微妙な問題を考えられる人はやはりそれなりに何か教養の修練を積んだ人」［大橋ら前掲書：14］だという。言いたいことを組み立て、相手に分かるように話し、また、相手の話を受け取るといったコミュニケーションは、特に、議論になれば、なおさらその訓練の必要があるだろう。

　また、ソーシャルメディアの登場で、千葉によれば、セクシャルマイノリティの認知などは民主的に機能した結果、進んだと言えるのではないかと分析する。しかし、その一方で、こうした「社会的包摂が進むことで規範化が同時に起きること」を批判し続けている［同：15］。すなわち、新しい社会的包摂は、新しい社会規範となり、新しい別の社会的排除を生じさせるのだ。というのは、あるセクシャルマイノリティ擁護の基準や環境保護の基準を作ることで、その基準から漏れた場合に保護されず、排除されるといったことは、少なくないからだ。もちろん、そのたびごとに見直すことが、民主主義の手続きと言えるが、それを億劫がらずに、議論していくことは一人でできることではなく、大変困難である。そのような問題提起をしながらコミュニケーションを継続することは可能なのだろうか。

　これに対して、千葉は、異なるマナーを持つ、AとBを設定する。そのAとBの戦いでは「彼らはマナーを守らない」。このような事態を回避するため、メタマナーという考えを導入することについて述べている。それは、価値観が異なる人とどうコミュニケーションをするのかというしかけで、「他の価値観があることを認めた上で相手を殲滅しようとしない」ということだという。例を挙げるなら、「リベラリズム自体を否定する人は排除せざるをえないというとき、その排除においてマナーは発揮されていない」。それゆえ、「リベラリズム自体を否定するのはメタマナーの否定

46

なのだからそれは暴力的に止めるしかないではないか」という意見に対しては、それは、「リベラリズム自体を否定している、という判断が早すぎる」のだと説明する。なぜなら、「根本的に価値観が違う人と何とかして一緒に生きていこうとするときに要求されるのがメタマナー」だからである。「それ以前にメタマナーの時点で寛容になり、尊重することができれば、状況の悪化は抑止できる」。宮崎も「各々のこだわりもあるしいろいろざこざも起きるけれどすぐに SNS で公開処刑して存在を殲滅するようなことにまでにはならないようにする」などして、メタマナーが機能するようにすることの意義を説く。さらに、千葉は、「そのためにはまず自分がマナー A の中に埋没しているという意識を持ったうえで俯瞰する視点が必要」だと主張する。なぜなら「自分が採用しているマナーの正しさのなかでばかり生きているから、そこから離れて見ることができなくなっている」からだ［同：16］。

　しかし、状況は、それほど、楽観的ではないのかもしれない。来る日も来る日も、ネット上では、誰かの何かの言動が炎上している。むしろ、その炎上をむしろ、追い風にして、ダークヒロイン／ヒーローとして、悪名は無名に勝ると言わんばかりに注目されることもある。大橋によれば、そこでは、マナーを守って、相手を尊重し、自身の言動に対して、反省と熟考する人は排除されている。他方で反省や熟慮をしない人の声だけが急進的に大きくなり、その動きが加速するといった悪循環が存在する。文筆家の武田砂鉄が『わかりやすさの罪[19]』において、「シンプルに暴言を叫べば時代の寵児になれる」と述べている。すぐに、全否定したり、声の大きかったりする人が勝つのだ。

　また、暴力的なコミュニケーションだけでなく、「勉強した人が難しいことを言っている」といって、いわゆる正論と言えるようなことや論理的に組み立てられた議論の排除は、ポストトゥルースの時代において、反知性主義としてみなされることは、珍しくない。大橋がポストモダンは、「知が権威だった時代に生まれた」ものであると説明するように、現在は、こ

───────

19)　武田砂鉄著『わかりやすさの罪』朝日新聞出版、2020。

れを当時のようにありがたがる風潮はないのだろう。千葉は、この一連の動きを「すべてがフラット化していく」［同：20］と分析しているのだが、すべてがフラット化する中で、開放感はあるのかもしれないが、そのような着地で満足せず、結論を急がず、お互いのメタマナーを尊重しながら、二項対立に収まらないように緻密な議論を積み重ねることを地道なコミュニケーションでおこなうことであれば目指せるのではないか。

第3章　「ありか／なしか」の二項対立とコミュニケーション

コミュニケーションは、曖昧さを排除する方向性へ

　昨今、企業では、「コンプライアンス」が必要とされ（それも表面的に整えるだけではなく、実行されているかどうかまで厳密に）、個人の生活においても、ソーシャルメディアでのちょっとした言動に目を光らせ合っている。「口を滑らす」や「内輪のことだと思って言った・した」ことがすぐさま、非難の対象となり、匿名のはずであっても、個人が特定され（時には誤認され、別人の場合もある）、一瞬の何気ない行動が——場合によってはその一部分が切り取られて——その一生に影響を与えてしまうこともある。何かと文句を言われないように、小さくなって生きていこうと思っている人も少なくないのではないか。今よりもある種、大らか、もしくは混沌が許されていた時代の「今の二分法に当てはまらないもの・こと」が切り捨てられてしまっていると言えるのだろう。とりわけ、コロナ禍において、衛生上の要請とあいまって一層の秩序化、管理化が求められていた。どちらにも当てはまらないものは、どちらに当てはまるか検討される以前に、考察の対象にすらならないこともあった。だからこそ、何か問題や不祥事と呼ばれる事柄が起きた時、その問題の個別性、具体性、背景は捨象され、とりあえず規制を増やして対処しようとする。事実、コロナウイルス感染者が激減しても、一律に体温を測定するように要請される場はなかなかなくならなかった。「さしあたり」「念のため」しておこう。「何のために？」「誰のために？」「かつて強く要請されたから」など、今の時点で何が一番重要かといったことは特に考えずに、何となくそのように行動する人もいるだろう。このような知らず知らずのうちに思考停止をしている（あるいはさせられてしまっている）中で、物事のいろいろな可能性を考え、それらを否定せず、人々とコミュニケーションを取ることは可能なのだろ

うか。

　前章で紹介した哲学者の千葉雅也は、フランスの思想家ジル・ドゥルーズ (1925-1995) とフェリックス・ガタリ (1930-1992) の考える「リゾーム」という概念が、世界全体をより開放的なものとしてとらえるための新たな考え方や概念を提示しているのではないかと指摘する。リゾームとは、植物の根茎の意味であるが、ここで言うリゾームとは、多方向に広がっていく中心のない関係性を示す表現である。ドゥルーズ＋ガタリによれば、「リゾームのどんな一点も他のどんな一点とでも接合されうるし、接合されるべきものである。これは一つの点、一つの秩序を固定する樹木ないし根とはたいへん違うところだ」［ドゥルーズ＋ガタリ　2010：23］[1]と述べている。そのような着想から、リゾームは、あちこちに広がっていくと同時に、あちこちで途切れることもある、と考えられていて（「非意味的切断」と言う）、その意味するところは、「すべてがつながり合うと同時に、すべてが無関係でもありうる」［千葉雅也　2022：74］[2]のだ。千葉の解釈では、「すべてが関係している」ということが言えたとしても、それは、「すべてのことに責任を取らなければならない」という発想につながりがちだが、「すべてが関係していると同時に、無関係でもある」と考えれば、コミュニケーションにおいて一人がすべての責任を負わなくて済むのだと考えることができる。千葉は、このような例を挙げる。たとえば、誰かを介護する必要があるときに、それを担う人がそれだけをすることになれば、その人の生活は破綻する。また一方で、介護される人にとっても、介護を受けることが必要とはいえ、それが生活のすべてに及ぶと、場合によっては「監視されていると感じるようになってしまう」のではないか。よって、日常の人間関係においてもつながりがあっても一定の距離、「より強く言えば、無関係性がなければ、我々は互いの自律性を維持できないのです。つまり、無関係性こそが存在の自律性を可能にしている」［同：75］。当然のこと

　1）　　ジル・ドゥルーズ＋フェリックス・ガタリ著、宇野邦一他訳『千のプラトー　資本主義と分裂症　上』河出書房新社、2010。

　2）　　千葉雅也著『現代思想入門』講談社、2022。

ながら、多くの困難な状況にある人に対しては、より関わりが必要と考えられている。しかし、その点ばかりが強調されてしまうと、そのあり方に付随する「密着感」のようなものが、千葉が懸念する「監視や支配に転化してしまうという危険性」を生むのであろう。その危険性を排除するために、千葉は、「関わりすぎないということを言う必要もある」［同］と結んでいる。それは、断絶と同義なくらい「関わらなくてよい」というのではもちろんなく、あくまで、「関わりすぎない」のだと強調して、昨今の「ありか／なしか」の二分法により、「包摂か排除」の二択に切り替わってしまう風潮にくさびを打っている。

正常と異常／包摂と排除が意味すること

　たとえば、フランスの哲学者で思想史家のミシェル・フーコー（1926-1984）は、その著書『狂気の歴史』（1961）の中で「正常」と「異常」という二項対立に疑問を投げかけていた[3]。というのも、この両者は、現象が変われば、状況が変われば、その物差しは代わるゆえ、どこにどうその線を引くのか常に恣意的なものであると言えるからである。たとえば、コロナ禍の各国の体制を見てもよくわかるのではないか。どの国の人間にとってもコロナウイルスの脅威は変わらない（持病や体調によっても異なるであろうが）。もちろん、それぞれの国が対策に割り当てられる資源は異なり、有限であることも知っている。そうであったとしても、各国の体制はおよそ異なっていた。それは、なぜか。何を正常（非感染）とし、何を異常（感染）とするのかの物差しが異なったからだ。ここで、考えたいのは、「何が正常か」といったことを特定することなのではなくて、多数派（数が多いかどうかではなく）が主流になってしまうということである。それに対して、その基準からはみ出たものが「異常なもの」として取り締まりの対象となるのだ。このように書くと、異常なものが排除されているといった想像をもたらすが、異常とされた「もの・こと」は、マイノリティとして

---

3)　ミシェル・フーコー著、田村俶訳『狂気の歴史　古典主義時代における』新潮社、2020。

単純に排除されるとは限らない。それは、逆に「寛大な措置」として、ラベリングされ、保護され、「何かを施され、あるいは、することを約束させられ」、それを条件に「包摂」の対象となるのだ。それゆえ、「異常なもの」として、すぐに反対側に置かれるのではないが、といって、「正常なもの」に取り込んで"もらえる"こともない。

　前述の千葉は、発達障害と呼ばれる状態を事例として挙げる。かつて「『風変わりな子』とか『こだわりがある子』と思われていた人たちが、『コミュニケーションの障害がある』、『人の心をうまく先読みできない』などと捉えられるように」なり、「マジョリティの社会のなかでうまくサバイブできないと価値づけされ、括られる」。その後、何らかのケアを受けるようになることが多いのだが、それは、「主流派の世界のなかで主流派のやり方に合わせて生きていくことが前提」なのである。そして、「そのやり方に合わせて生きていく訓練」について、千葉は、「マジョリティとは異質な人をマイナスに見る価値観が前提となっているのに、マジョリティに合わせるためのケアが受けられてよかったねというのは倫理的におかしい」［千葉前掲書：90］と述べる。社会に適応するためのサポートがある程度必要だとしても、「もっと多様にバラバラに生きて構わないのだったら、発達障害と言われる状態はそんなに問題視するものだろうか」と千葉は問題提起する。先ほど取り上げたフーコーによれば、17世紀中ごろに監獄のシステムができ、犯罪者の隔離が始まるが、その後、修道院が病院として機能することによって、病人を隔離する場所から、近代化の過程で、治療して社会に戻す機能が付随してくる[4]［佐藤典子　2022：161-166］ようになる。それは、人を簡単に排除しないだけであって、社会が人に「優しく」なったのではなく、あくまでも「統治が巧妙」になったことを意味する。なぜなら、千葉が言うように、「ただ排除しておくのだったらコストがかかるばかりだけれど、そういう人たちを主流派の価値観で洗脳し、多少でも役に立つ人間に変化させることができるのであれば、統治する側か

4)　佐藤典子著『看護職の働き方から考えるジェンダーと医療の社会学——感情資本・ジェンダー資本』専修大学出版局、2022。

らすればより都合がいい」[千葉前掲書：92]からである⁵⁾。

　千葉によれば、二項対立からの脱却、それは、単なる相対化にとどまらない。相対化して終わりではないのだ。あくまでも、相対化した後、現時点で考えられていない考察を引き出し、切り捨てられるものをできるだけなくす方向にもっていく。それをフランスの哲学者ジャック・デリダ（1930-2004）は、「脱構築」という言葉で表すのだが[同：25-28]、千葉の説明によれば、それは、①まず、二項対立において一方をマイナスとしている暗黙の価値観を疑い、むしろマイナスの側に味方するような別の論理を考える。②対立する項が相互に依存し、どちらが主導権をとるのでもない、勝ち負けが留保された状態を描き出す。③そのときに、プラスでもマイナスでもあるような、二項対立の「決定不可能性」を担うような、第三の概念を使うこともある[同：42]。たとえば、「毒にも薬にもならない」といった表現があるが、それは、同じ物質・物体が「毒にも薬にもなりうる」からであり、「毒」ととらえるか、「薬」ととらえるかは、場合による。しかし、二項対立を脱構築するということは、常識として物体Xが、通常、「薬」ととらえられているのであれば、それが主流となり、もう一つの属性とされる「毒」の部分は浮かび上がってこない。こうした考察の方法は、「善と悪」といった単純化された問題提示の中の複雑な事象を単純化せずにありのまま分析することを助けるといえるであろう。千葉によれば、「どんな内容であれ、何か主張するときには必ずA vs. Bという二項対立を使っている」[同：43]ことはあまり意識されない。たとえば、何かを評価する際に、「善いこと／悪いこと」と決める際に、「善いことが『大事』だ」という「常識」を「脱構築」という概念で壊そうとしているのだ。なぜなら脱構築、すなわち、それまで「善いこと」「本質的なこと」とされてい

---

5)　これについては、第8章に記した「善く生きるための心がけ：フーコーの言う『規律訓練』からレジリエンスに至るまで」の項の慎慮主義的な「新自由主義的主体形成」を参照のこと。

6)　ジャック・デリダの「脱構築」概念については、以下の書籍がある。ジャック・デリダ著、高橋允昭訳『ポジシオン』青土社、1992。ジャック・デリダ著、藤本一勇、立花史、郷原佳以訳『散種』法政大学出版局、2013。

たことを批判することによって、別の視点を獲得し、今まで考えられていなかったことを考えうるからである。と同時に、二項対立によって、隠されていたことが明らかになる可能性があるからだ。

排除は内なるものの排除にほかならない

ではなぜ、この二項対立は存在するのか。もっと言えば、なぜ、二項対立で物事を理解し、対立するものを排除しようとするのか。その効能は何であるのか。哲学者の柄谷行人（1941-）は、実は、異質なものは、外部にあるから異質なものとして存在するのではなく、内部からのある種の要請によって、内部にこそあるという。「人類学者や文化記号論者は、共同体の外にある他者（異者）について語っている。しかし、そのような異者は、共同体の同一性・自己活性化のために要求される存在であり、共同体の装置の内部にある。共同体は、そのような異者を、スケープゴートとして排除するし、また『聖なる』ものとして迎え入れる。共同体の外部と見える異者は、実は、共同体の構造に属しているのである。したがって、この意味での他者は、なんら他者性をもっていない。異者は超越者であったり、おぞましい（アブジェクト）ものであったりする。しかし、フロイトがいったように、そうした超越性は、もともと内在的なものである」[柄谷行人　1993：36][7)]のだ。つまり、内部が他者を必要とし、排除の対象を作り出すことで、内部を穏当に維持できるという意味である。全員が違っていて、比較もしなければ、そこに差は生まれないし、排除も生まれない。これまで、同調圧力とともに、他者に協調することを是としてきた日本においては、現在でも、他者の意見にむやみにとらわれず、確たる信念をもって生きることは難しい。だからこそ、生存できるぎりぎりのところまで――あるいは、今日では、場合によってはその先に――簡単に追い詰めてしまう。そして、追いつめられた方も、簡単に生きることをあきらめてしまう。しかし、千葉のドゥルーズ＋ガタリ分析のように、リゾームのような柔軟

---

7)　柄谷行人著「交通空間についてのノート」『ヒューモアとしての唯物論』筑摩書房、1993。

性を持って考えていくことで単純な二項対立をはねのけていくことはできるのではないだろうか。

準安定状態とは何か

二項対立だけでなく、その間にある無数の可能性について考えてみたい。ドゥルーズには、その博士論文『差異と反復[8]』から導かれる「差異」という概念があるが、それは、ある一つの同一性とまた別の同一性のあいだの「差異」ととらえるものではなく、同一性の手前でさまざまな方向の多種多様な動き、ダイナミズムのことを言う。同一性があるものととらえられるものも、実際は、その次の瞬間には別のものになりうるのであり、このことをドゥルーズは、「準安定状態[9]」と呼んだ。永遠に普遍ではない同一性をこのようにしてとらえ直すのであるが、たとえば、私たち人間は、同じ人間として変わらないとも言えるが、常に変化（たとえば、老いや考えが四六時中変化するなど）の中にある。そのように考えれば、「生と死は混じっていると見るべき」なのである。千葉によれば、重要な前提は、「世界は時間的であって、すべては運動のただなかにあるということ」［千葉前掲書：66］であり、「ものを概念的に、抽象的に、まるで永遠に存在するかのように取り扱うことはおかしいというか、リアルではない」と分析する。であれば、どのように考えることが妥当なのか。それについて、ドゥルーズ自身は、「生成変化」と「出来事」という言葉で表現し、「あらゆる事物は、異なる状態に『なる』途中である」と考えているのだが、それは、千葉の説明によれば、「事物は、多方向の差異『化』のプロセスそのものとして存在しているのです。事物は時間的であり、だから変化していくのであり、その意味で一人の人間もエジプトのピラミッドも『出来事』なのです。プロセスはつねに途中であって、決定的な始まりも終わりもありません」［同：66-67］と述べ、時間感覚の恣意性を指摘する。よって、「す

---

8)　ジル・ドゥルーズ著、財津理訳『差異と反復』河出書房新社、1992。

9)　哲学者ジルベール・シモンドンが科学用語から哲学に援用した概念であると紹介されている。千葉前掲書 P.65。

べては運動のただなかにある、変化の中に」あり、本当の始まりや本当の終わりはないのだと考えることができる。千葉は、このドゥルーズの考え方から、「すべては生成変化の途中であると考えたとき、すべてを『ついで』でこなしていくというライフハックになる。すべての仕事をついでにやる」[同:68]ことができると提案する。強い意志を持って臨まなくても、すべきことはすることができるというのだ。たとえば、占いや自己啓発は、答えが一つだと決めつけてそれを行わせようとする。千葉いわく、「『ああではなくこういう生き方をしなさい』と言われると人は安心する。ところがそれは長く効力を持たないので、またその手のアドバイスが必要になる」[同：70]。こうして、外からの力を常に必要として、自らを律していくあり方、すなわち、第6章と第11章で展開する「意志と責任」や「中動態」の話にも関連するのだが、千葉は、「多様な関係のなかでいろんなチャレンジをして自分で準安定状態を作り出していけ」ということがドゥルーズ＋ガタリの思想だと述べ、その効能について過去といちいち決別せずに始められることのメリットを説く。相手の顔色をうかがって落ち込む必要もなければ、一大決心をして、自分に言い聞かせて意気込んでそれを始める必要もない、加えて、その思想は、「『本当の自分のあり方』を探求する必要なんてないのだ、だからいろんなことをやろうじゃないか、いろんなことをやっているうちにどうにかなるよ」[同:71]というドゥルーズのメッセージであるとし、人を行動へと後押ししてくれると千葉はとらえている。

自由な関係を作るために

では、いかにして、その、「ひとつの求心的な全体性から逃れる自由な関係」を作ることができるのか。その際に必要なのは、自由であるからこそ全体化されず、つねに断片的でつくり替え可能であるということであると千葉は述べている [同：76]。そのように全体性から逃れていく動きをドゥルーズ＋ガタリは、『千のプラトー[10]』で、「逃走線」と呼ぶ。国家が求

---

10) ジル・ドゥルーズ＋フェリックス・ガタリ著、宇野邦一他訳『千のプラトー
資本主義と分裂症』河出書房新社、1994。

心的な全体性で、その外部にノマド（遊牧民）の世界が広がっているという考え方である。そして、このノマドは、自由に放っておかれたいからこそ、それを取り込んで組織化しようとする国家的・領土的力に対しては、激烈な攻撃性で対抗する。よって、ドゥルーズ＋ガタリは、このノマドのことを「戦争機械」とも呼んだ。

　インターネット黎明期、90年代当初には、解放的な人間関係を可能にするとの理想があった。しかし、今日、インターネット上の発言は、残念ながら融通の利かない二元論も少なくなく、一つの価値観で人を逃れようもないところに追い詰めることもある。千葉は、これを「道徳の小競り合い」と呼ぶ。こうした争いから「デタッチ＝遊離して、だけれども互いに対する気遣いを持つ」ことが重要だと主張し、その気遣いは、「他者の管理」にならないようにするという非常に難しい按排を説く［同：76-78］。それは、人と距離を取るのだが、取りすぎず、必要な時にその人が、援助ができる（受ける）距離にあることである。もし、距離を取ることを否定するのであれば、それは、新たな管理体制を生んでしまうと考えるからである。実際、こうしたことをドゥルーズは懸念していたと千葉は紹介する。晩年、ドゥルーズは、管理社会について言及していたが、そのうちの一つが、イタリアの左翼思想家アントニオ・ネグリ（1933-2023）によるインタビューである。ネグリは、「コミュニケーション社会によって新たなコミュニズムを考える可能性」について尋ねるが、ドゥルーズは、コミュニケーションについて否定的な答えを提示する。「さきほどの御質問は、管理社会やコミュニケーション社会の時代になると、新たな抵抗の形態が生まれるのではないか、そうなれば『自由な個人による横断的な組織』として構想されたコミュニズムが実現する可能性も出てくるだろう、というものでした。どうでしょうか。あるいはおっしゃるとおりになるのかもしれません、しかしそのことと、マイノリティが発言しはじめる可能性とは無関係なのではないでしょうか。言論も、コミュニケーションも、すでに腐りきっているかもしれないのです。言論とコミュニケーションはすみずみまで金銭に侵食されている、しかも偶然そうなったのではなく、もともと金銭に毒されていたのです。だから言論の方向転換が必要なのです。創造

するということは、これまでも常にコミュニケーションとは異なる活動でした。そこで重要になってくるのは、非＝コミュニケーションの空洞や、断続器をつくりあげ、管理からの逃走をこころみることだろうと思います」［ドゥルーズ　2007：352］[11]。確かに、インターネットを利用するすべての人が情報を発信することができるようになった。そして、千葉いわく、「人々は道徳感情によってひじょうに強く刺激されるので、そこを刺激すればメディアは簡単に商売ができる。まさにコミュニケーションは金銭に毒されきっている」［千葉前掲書：80］。インタビューを受けた当時、つまり、ドゥルーズの生前は、インターネットで誰もが情報の発信者となる時代ではなかった。しかし、現代の状況を喝破し、昨今のインターネット全盛期、ソーシャルメディアの発信力を予言するかのような回答であった。「政治家がこんな不正（その時点で疑惑であっても）をした」「著名人が○○をした」など、その真偽や当事者の弁明・説明などの受容もなく、すぐに断定し、断罪する。それは、ひとたびそのように情報として消費されれば、撤回されることはない。このような懸念を先取りするように、ドゥルーズは、非―コミュニケーションの妥当性について述べたと考えられる。といって、すべての関係性を遮断するという発想はドゥルーズには、ない。リゾームの関係を持ちながら、場合によっては、コミュニケーションを遮断する用意が必要だということである。常につながらないでいることの自由。これを、選択できる自由と書いてしまうと、それは、おそらく正確ではないだろう。なぜなら、現代の新自由主義の社会では、遮断はさせず、選択するように仕向けられている（誘導されてしまうため）からである。しかし、それにはっきりと抗う権利はある。そのため、単なる「選択」ではなく、はっきりと「自主的に選択していい権利」とわざわざ言ってもいい。これは、至極当然のことを言っているのであって、その時の状況、その人の事例によって対応をその都度、その都度、考えるべきだということに過ぎない。それは、いわゆる「『鉄板』の対応」というものがこの世のどこかにあっ

---

11)　ジル・ドゥルーズ著、宮林寛訳『記号と事件：1972-1990年の対話』河出書房新社、2007。

て、いつでもどこでも誰に対してでも同じ対応をすべきだ、と言っているのではないのだ。誰に対しても正解である答えなどないのであるから、それは、コミュニケーションを行う当事者同士が互いに負担にならないように、やり取りをすることをドゥルーズの思想は教えてくれている。

　決めつければ、そうでない可能性を排除してしまうし、かといって「何でもあり」にしすぎるとバラバラになって不安な気持ちになる。時には、近寄って関係し、時には、少し距離を取ってみる。そうでないと、「こうしないとこうなってしまうよ！」といったその場限りの無責任な断定にすがりたくなってしまうこともあるだろうし、さらに、それを無自覚に他人に広めて被害を拡大させてしまう。それだけではなくて、その行き着く先には、実力行使であれこれ決められ、それに逆らわずにいれば、いつの間にか群れとなってしまう。しかし、これらの議論から言えることは、どうつきつめても、きりがないし、どう考えても、とらえ損ね、どうやっても確信は持てないのだからと開き直って相手とコミュニケーションすることもできると思えることではないだろうか。

第4章　言語によるコミュニケーションと非言語コミュニケーション

　第2章の冒頭で述べたように言語によるコミュニケーションは減少／縮小傾向にあり、エビデンスを分かりやすく提示するといった単純化されたコミュニケーションが増加しているが、そのような中で、言語を使用する以外のコミュニケーションは果たしてどのように存在するのかについて、以下で考察したい。

言語によるコミュニケーションの難しさ

　言語によるコミュニケーションの難しさというと、難解な言葉を操るイメージがあるが、現在では、「内輪のノリ」にいかに乗り、一方で、インターネット社会でそれが急拡大している現状に乗り遅れないということが考えられるであろう。

　コミュニケーションにおいて、言語は情報の解像度も高く、言語でなければ伝わらない情報もあり、言語によるコミュニケーションが最も多くの情報を伝えられると考えられている。言語によるコミュニケーションの最大のメリットは本人不在であってもそれが伝わるということである。何年も前に亡くなっている人の書いたものを読むことも、場合によっては聞くことも見ることもできる。映像も音声言語も書かれた言葉も時空間を越え、外国語であっても習得すれば内容を理解できるのである。とりわけ、人類史上、書き文字の発明、伝達は画期的なことであり、公教育においても、言語を学ぶことがまず必要と考えられている。しかし、言語を記すコミュニケーションの場合、相手に伝える行動の前に、自分自身にそれを問いかけ、その答えを考える自問自答のプロセスがあり、メタ認知（自分自身を客観視）することで、相手に届く前に自己完結してしまう可能性のある手段でもある。その当人の思考や感情がそのまま発露として言語化されてい

ると思いがちであるが、実は、万人が言語をその標準的な規則に従ってい
わゆる正しく使えているかという点では、言語の習得という点を見るだけ
であっても、それがある一定のレベルに達している者ばかりではないこと
は容易に想像がつくことである。また、たとえ、一定のレベルに達してい
たとしても体調やその時の状況といったコンディションにその認知が左右
されるなど、不確定要素が多いことは知っておくべきだろう。また、他方で、
用法の変化や新しい語の誕生などは、時代を経るたびに起こることであり、
言語自体もその使用において影響を受けることもある。このように考えて
くると、その時々で正しいと考えられる言葉を使うことで、確実なコミュ
ニケーションが取れているように錯覚してしまうが、コミュニケーション
のやり取りの中で、言語化できる情報は（もっと言えば、言語化したとし
ても、その通りに受け取ってくれる情報は、といった方が良いかもしれな
い）、実は、ほんの一部であり、それ以上に言葉以外のことが情報となっ
て読み取られ、様々なことを伝えている。本章で記す非言語コミュニケー
ションとは、言語以外の伝達の手段であるが、この特徴としては、意図す
ることではなく、意図していないことも伝えてしまうことがあるというこ
とであろう。もっと言えば、意図したことが伝わっていないこともあるで
あろうし、意図していないことが意図していない形で伝わってしまい、そ
のことに気づかない場合もあるであろう。このようなことはいつでも起こ
りうることである。以上を踏まえて言語の有無がコミュニケーションにど
のように影響を与えているのか、さまざまな場合を想定して考えてみたい。

非言語コミュニケーション

　非言語コミュニケーション、非言語的コミュニケーション（NVC）
nonverbal communication[1]とは、書き言葉や話し言葉（発話）を使用せずに、
情報を伝達することである。非言語コミュニケーションは、顔の表情、ジェ
スチャー（周辺言語と呼ばれるもの）、体の姿勢や位置など、さまざまな

---

1)　ブリタニカ国際大百科事典 https://www.britannica.com/topic/nonverbal-communication

方法で行われ、主に、相手への態度（まなざし、うなずき、手振りなど）、服装、時間の守り方（たとえば、定刻より前に待ち合わせ場所に到着していること）などによって示される。非言語コミュニケーションは、表示の仕方は、ぼんやり意識する程度のもので指摘されて初めて気づくタイプのものから、あからさまなものまであり、またする側も、自分をよく見せようとする自己提示（もしくは自己呈示）[2]を目的にした印象操作を行うため、意図的に行われることもあれば、思いがけず、それを表明すること、表明する気はないが、相手にそう受け取られる場合など、いずれにおいても、それが、コミュニケーションをおこなっていると特定することは難しいという特徴がある。

非言語コミュニケーションと異文化研究

　非言語コミュニケーション研究の嚆矢であるとされるアメリカの人類学者レイ・L・バードウィステル（1918-1994）は、「現在、推定されるのは、会話や相互作用において、30 〜 35％が言語によるものであろうが、文化ごとの分析により、少なくとも残りの一部のコミュニケーションは客観的に観察されるものだ」と述べている。[3] ここでいう文化ごとの分析とは、カメラ、テープレコーダー、ビデオフィルムなどを駆使して撮ったバードウィステルの記録のことで、人間行動を客観的に観察することをいう。それだけでなく、後述する言語教育学者マジョリー・フィンク・ヴァーガスによれば、バードウィステルの研究では、「二者間の対話では、ことばによって伝えられるメッセージ（コミュニケーションの内容）は、全体の 35 パーセントにすぎず、残りの 65 パーセントは、話しぶり、動作、ジェスチャー、相手との間のとり方など、ことば以外の手段によって伝えられる」［ヴァー

---

2)　ありのままの自分ではなく、自分を意図的に良く見せ、良い印象を与えようとすること。佐藤典子編著『現代人の社会とこころ』弘文堂、2009、P.77。

3)　Ray L. Birdwhistell., *Kinesics and Context: Essays on Body Motion Communication*, Univ. of Pennsylvania Press Philadelphia, 1970, PP.157-158.

ガス　1987：15]⁴⁾と主張しているという。

　その後の同分野の研究では、アメリカの人類学者エドワード・T・ホール（1914-2009）の記した『沈黙のことば』の出版（1959）が挙げられるであろう。ホールは、アメリカ政府や民間企業において海外勤務する要因の選抜・訓練にあたってきたのだが、その際、異文化間のコミュニケーションが困難になる理由は、言語の違いなのではなく、非言語情報のやりとり、すなわち言葉で表される以外の部分での行き違いに気づいていないからではと考えるようになった。そして、非言語コミュニケーションの重要性を指摘した。

　ホールが挙げる例は以下のようなものだ。アメリカとギリシア間の協定策定の際、交渉がうまくいかない理由を協定そのものによる行き違いではなく、両者の進め方そのものが原因であり、それによって、策定が停滞しているのではないかと考えたのだ。というのは、第一に、アメリカ人は、率直で、まわりくどいやり取りを避け、明快な表現こそが実直だと思い込んでいる（これをローコンテクストという）。一方、ギリシア人にとっては、率直さというのはむしろ他者への配慮のない態度であるとみなされており、人間としての繊細さの欠如を示す、成熟していないことを表し、相手を当惑させるものだと考えられていて、相手との関係性の中で、相手の様子を見ながら徐々に距離を埋めることが是とされる（ハイコンテクストという。これについては、第1章「I．コミュニケーションの論じられ方」、第8章「共感疲労・共感ストレスとは何か」の項参照）。第二に、アメリカ人はあらかじめ策定のための時間を決め（つまり、締め切りを設定し）、原則的に大まかな合意に達すれば、細かな事項の立案・起草は、小委員会に任せるという方法が主たる進め方であった。ところがギリシア側のやり方は、小さなことまで全関係者の前でとり決め、最終決定までには期限を決めずに必要な時間をかけて会議をおこなうものであった。そのため、アメリカのやり方は、ギリシア側の疑念を生んだ。このような誤解の結果、

――――――――――

4)　マジョリー・F・ヴァーガス著　石丸正訳『非言語コミュニケーション』新潮社、1987。

全く進展が見られず、互いに相手方の行動を批判して終わってしまったのである。それまでホールの訓練は、外国の言語、歴史、政治、習慣にまで及んでいたのだが、ホールの本のタイトル通り、"The Silent Language"、「沈黙のことば」にまでは及んでいなかったので、それぞれの非言語的情報——コンテクストの違いなど——が明らかであったならば、「お互いに相手方の行動を非難するような外交交渉」にはならなかったであろう［エドワード・ホール　1966：9-10］[5]と考えた。このような苦い経験を踏まえ、それぞれの「社会的前提」を共有していれば、こじれた結果は回避できたと仮説を立て、文化についての理解と文化の総体をコミュニケーションとして取り扱い、それぞれの文化がどれほど生活を規定しているか、一連の研究から明らかにしようとした。[6]

プロクセミックスとは

　その後のホールの研究では、著書『かくれた次元』[7]の中で、「Proxemics プロクセミックス（知覚文化距離）」［ホール　1970：3］[8]という語を作り、観察によって、人の空間の利用の仕方に意味があることを指摘。社会的・個人的空間とその知覚、さまざまな民族・文化における空間観念の相違を示している。それは、自己と他者の距離を4つの空間ゾーン（密接距離、個体距離、社会距離、公衆距離）に分類し、それぞれに意味づけをおこなうものである。その意味するところは、人は人との距離によって、人間関係、行動の違い等を生み出しているが、「ちがう文化に属する人々は、異なる言語をしゃべるだけではなく、おそらくもっと重要なことには、ちがう感覚世界に住んでいる」［同：5］と述べていることである。この考え方から導き出されたプロクセミックス概念は、それまでの時代の「ヨーロッ

---

5)　エドワード・T・ホール著、國弘正雄他訳『沈黙のことば』南雲堂、1966。

6)　　理論や概念は異なるが、社会学者ブルデューの一連の文化資本、ハビトゥス研究も同じ根を持つ研究だと考えてよいと思う。次章参照。

7)　エドワード・T・ホール著『かくれた次元』みすず書房、1970。

8)　『沈黙のことば』においても10章で取り上げられている。

パ語がすべての言語のモデルだと思っていた」認識をあらため、自文化中心主義的な認識から離脱し、1920年代、多くの人類学者が提唱した「それぞれの語族はそれなりに独自のもので、一つの閉じた系」である［同:4］という考え方に則っている。もっと言えば、「言語とは、単に思想を表現する媒体以上のもの」で、「言語は思想形成の一つの主要な要素」であるというテーゼであり、「人間によるこの世界の知覚というものは、その人のしゃべる言語によってプログラムされている」という言語学の主張を文化の差異にまで拡大して提示したのである［同：4-5］。

メラビアンの法則とは

　70年代以降、非言語コミュニケーション研究では、アルメニア系アメリカ人の心理学者アルバート・メラビアン（1939-）の法則が注目を浴びる。その著書、*Silent Messages* [9]において示した考えは以下のとおりである。Face to Face Communication すなわち、対面でのコミュニケーションの場合、その要素は、「言語＝Verbal」「聴覚＝Vocal」「視覚＝Visual」の3つの要素に分けて考えられる。それによれば、通常は、この3つの要素は統一されたメッセージ（意味）を送っていると考えられている。しかし、問題は、これらが統一感のないメッセージを送っている場合である。その場合、結果的に矛盾したメッセージになる。ではこうした時、受信者はそのメッセージをどのように受信するのであろうか。たとえば、口頭のメッセージでは、言葉として、「あなたは悪くないよ」と言っているとする。しかし、口調や声のトーン、表情などが暗かったり、目線を合わせなかったりといった場合、上記の3つの要素が矛盾していると感じさせるだろう。メラビアンはこのような場面を想定して実験をおこない、メッセージの受信者は3つの統一感のないメッセージを情報として、どの回路からどの程度受けとっているか調査した。その結果、受信者が受けるメッセージ伝達に占める割合は、表情（Visual）が55%、言語（Verbal）そのものが7%、

---

9)　Albert Mehrabian., *Silent Messages: implicit communication of emotions and attitudes*, Wadsworth Pub. co., 1981.

声の調子（Vocal）が 38％であった。メラビアンの実験では、この「表情」と「声の調子」といった非言語コミュニケーション（38 ＋ 55 ＝ 93％）のほうが、実際に伝えている言葉（7％）よりも信用されるという実験結果となった。これは、「メラビアンの法則」（7・38・55 のルール）または、「言語情報＝ Verbal」「聴覚情報＝ Vocal」「視覚情報＝ Visual」の頭文字を取って「3 V の法則」と呼ばれている。すなわち、私たちが相手に何かを伝える際、表情豊かに話をするのと、無表情で話をするのとでは、相手に伝わる内容（の印象）が異なる。それは、人が言葉の意味（言語情報）だけではなく、話すスピードや声のトーン（聴覚情報）、顔の表情や身体のしぐさ（視覚情報）からさまざまな情報を受け取って――伝える側にその意図がなかったとしても――いるからである。そのことを実験によって明らかにしたのがメラビアンの法則なのだが、メラビアン自身が述べているように、この研究は、「誤解されて」伝えられていることもある[10]。というのは、メラビアンが実証したのは、発せられる言葉と目に見える態度や表情に統一感がない、あるいは、矛盾があった場合であって、その場合に、優先されるのが、言語情報ではなく、視覚（55％）・聴覚（38％）・言語（7％）という割合になるということを実証したのであり、「言語によるコミュニケーション」＜「非言語コミュニケーション」を証明しようとしたのではないからだ。よって、「話の内容よりも見た目や外観の第一印象が重要」ということを実証したのではないのである。とはいえ、非言語コミュニケーション研究は、グローバリゼーションが進み、情報に垣根がなくなった現代社会の中では、その存在は自明視され、重要性が増してきている。上記のようなことだけではなく、非言語コミュニケーションは、結婚指輪の有無や化粧など人工的なモノが意味を持つコミュニケーションもある。たとえば、タトゥーは、現代は、実際に施術せずともシールを付けるなど、気軽に行われるが、江戸時代では、犯罪者に入れ墨を施したように、ファッションとは異なった意味を持つこともある。あらゆることが読み取られて

---

10)　メラビアンのサイレント・メッセージについては https://www.kaaj.com/psych/smorder.html を参照のこと。

メッセージとしてコミュニケーションが行われている。こうした非言語コミュニケーションの存在についても一つずつ振り返って考えてみれば、興味深いであろう。

非言語コミュニケーションの形態とその機能

それでは、ここで、非言語コミュニケーションの形態について整理してみたい。アメリカの言語教育学者マジョリー・フィンク・ヴァーガス (1935-2013) は、非言語コミュニケーションを9つに分類している。[11]

1．人体（たとえば性別、年齢、体格、肌の色などメッセージの送り手、受け手が与える遺伝的な様々な身体的特徴がメッセージをもたらしている）
2．動作（人のポーズや動きによるもの）
3．目（アイコンタクト、目線、目つき）
4．周辺言語（話し言葉に伴う、声の調子や声の性質）
5．沈黙
6．身体接触（相手の身体に接触すること、またはその代替行為による表現）
7．対人的空間（コミュニケーションのために利用する空間）
8．時間（文化によるものと心理的な二つの次元での時間）
9．色彩

上記のように、言葉以外の情報が伝えられているのだが、たとえば、2の「動作」においては、静寂が必要とされる場、声が出せない場（水中など）で、動作のみで、無音で意思伝達をすることを指す。また、首を縦に振って賛同を表したり、肩をすくめたりして賛成を示さないことも可能だ。[12] も

---

11) ヴァーガス前掲書、P.16。ただし、括弧内の説明は、原書に合わせて訳している。
12) 首を縦に振るという表現は、日本では、「首肯」という賛同の意味を示すが、ギリシアやブルガリア、イタリア南部などでは、賛同の意味を表さない。

しくは外国語を話せないときなどに、身振りなどで道順を示すこともあるだろう。周辺言語（paralanguage）[13]は、発話者の言語以外のメッセージを指す。ヴァーガスは、周辺言語について「力のこもった叫び声、悲鳴」や「泣き声、単調音、声に出してひと息つくときの呼吸音」［ヴァーガス前掲書：96］など多種多様なものがあると述べている。そして、周辺言語は、発話において、イントネーション、間、リズム、アクセント、大きさ、強さ、速さなど、発話者の感情や心理が込められている。また、それは、一方向的なことではなく、聞き手の状況、様子において変化することも重要な要素である。他に、発話における「音」状のものだけではなく、書き言葉においても、句読点、「！」「？」、記号や顔文字などの組み合わせも周辺言語としての機能を果たしていると言えるであろう。これは、その文化において使い分けられるものであり、言語そのものと同じように、意味を共有していることを前提として機能するのである。

非言語コミュニケーションは、いつでも行われ、意図せず何かを伝える（伝えない）

　気をつけなければならないのは、非言語コミュニケーションはどこにでも存在しているということだ。なぜなら、返事をしないことや無言でいることもメッセージになってしまうからである。つまり、意図せずに無意識に行われることもあり、他者にメッセージを送らないでいることは不可能と言えるであろう。その反対に、こちらが明確に送ったつもりであっても、相手側がメッセージに気づかないことも少なくない。

　また、外見すなわち服装（正装や喪服）や姿勢、対話の仕方（立っている相手に座ったまま話をするなど）という意味では、たいてい、その伝える情報――意図しているかいないかは別として――は最初に登場してしまう。そして言葉ではないという意味で、信用されやすいという性格をもつ。たとえば、顔を用いた慣用表現、「目は口ほどに物を言う」「顔色を窺う」など、感情（すなわち、真に意図していること）が顔（の表情など）に出

13）　para はギリシア語で、beside, beyond を意味し、「〇〇と関係がある」の意を示す。

るなどと広く信じられているからである。実際、喜怒哀楽は、顔の表情に出ることで、相手にこちらの意図を伝えてしまう（もちろん、それとは逆に、「ポーカーフェイス」といった言葉もあるように、当てにならないとも言えるのだが）。総じて、読み取ろうとする側の意識によって読み取られる側の意図することが——たとえ、全く意図していなくても——あるようにもしくはないように思われるのだ。ただ、言語メッセージが欠如している場合は、誤解を受けやすい。

　さらに言えば、前述のホールが指摘するように、「異なる文化に属する人々は、ちがう言語をしゃべるだけなく、ちがう感覚世界に住んでいる」のであるから、「感覚情報を選択的にふるいわける結果、あることは受けいれられ、それ以外のことは濾しすてられる」。つまり、「ある文化の型の感覚的スクリーンを通して受けとられた体験とはまったくちがう」のである［ホール　1966：5］。

　とはいえ、インターネットやソーシャルメディアの普及やエビデンス主義といった今日の現象は、コミュニケーションのあり方を変えた。異文化であってもある程度は共通の認識が得られるようになったとも言える。「いいね！」や顔文字、記号一つで、相手にこちらの意図を伝えることができるようになったと考えれば、限定され、単純化されることで、より多くの人が、そのコミュニケーションの場に参加できるようになったとも言える。外国人とであっても伝え合えることが増える。単純化されることは多くの人に開かれたという意味でもある。しかし、このまま言語が単純化され、数値に置き換わる流れの中では、失われてしまうことがあるのではないか。そして、ただ、失われるだけソーシャルメディアコミュニケーションをどう取ったらいいのかすら、わからなくなってしまうかもしれないのである。さらに、安直なコミュニケーションの中に自らを没入させてしまった場合、孤立を深め、自分を見失ってしまう可能性すらあるであろう。本章では、言語がコミュニケーションにどうかかわってきて、今、どのような状況になっているのか考える。まず、二人の哲学者、國分功一郎と千葉雅也の対談から見ていきたい。

窮屈なコミュニケーションとエビデンス主義

　國分の考えるコミュニケーションは、第 3 章における「排除はうちなるものの排除」の項でも取り上げた柄谷行人が「交通空間」と呼んだ、かつての「『ムラ社会』的なものの対極にある、ある種のオープンスペースを意味していた」ように、「発表して伝える」という意味で使われていると思っていた。ところが、今では、むしろ、対極の「ムラ社会」の方を指し、その「クローズドコミュニティの中でのノリにうまく乗れている」とコミュニケーションが成功したことになっていると指摘する。國分いわく、この 20 年くらいの間にこのような変化があり、今日「コミュ障」という語に表れるような問題性が出現したというのだ。そして、このことは、たとえば、発達障害という言葉が世間に定着し、いわゆる世間の発達と（主観的に）異なると思われる子どもたちが、次々と診断を受け、その数が圧倒的に増加していることと無関係ではないと國分は考える。一方の千葉は、幼少期、大家族的な環境にあったことから、コミュニケーションとは、むしろ、國分が言う「ムラ社会的なモノ」を指していて、たとえば、「親戚間で本音と建て前が異なる場合にそれを踏まえてどう行動するか」といったことがコミュニケーションだととらえていた。それゆえ、今日、「コミュ障」と言われている「いわゆるコミュニケーションの障害は、ムラ的コミュニケーションを規範化する社会によって規定されている面がある」と國分のコミュニケーション観に同意する［國分功一郎・千葉雅也　2022：111-113¹⁴⁾］。つまり、インターネットの出現以降、「他人の目を気にして忖度するようなタイプのコミュニケーションがネットの拡大によって爆発的に増えた。結局はそれは、ムラ社会的感性の爆発的拡大である」というのだ。このようなインターネットの閉じられた同調圧力の世界について語るとき、必ずと言っていいほど、「そもそもインターネットは、誰もが発信できる平等な可能性を開くはず」だったといわれるが、むしろ、現実社会以上に、第二の世間として、よりムラ的な閉鎖性が強化されている。サイ

---

14)　國分功一郎、千葉雅也著『言語が消滅する前に　『人間らしさ』をいかに取り戻すか』幻冬舎、2021。

バー空間でも現実の世界以上に、「空気を読み合い」、その一方で、いかに
おのれが優れているかの競争も付け加わるのだ。

　さらに、國分は、昨今のエビデンス主義がこの傾向を強めていると指摘
する。というのは、言葉ではなくて「極限まで種類を切り詰められたパラ
メータに従ってのみ評価が行われ物事が進んでいく。エビデンス主義の特
徴の一つは、考慮に入れる要素の数の少なさ」［同：114］に原因がある
からだという。そして、その背景にあることは、「言葉そのものに基礎を
置いたコミュニケーションの価値低下」で、「人を説得する手段として言
葉が使われず、『エビデンス』のみが使われていく」ことであり、ドイツ
の哲学者ハンナ・アーレント（1906-1975）が言っていたような政治のイ
メージである、「みんなが言葉でやり合ってその中で一致を探るというも
の」が難しくなっていること、つまり「言葉による説得と納得はかつての
地位を失ってしまっている」からなのだと分析する。このことについて、
千葉も、「言葉で納得することと、エビデンスで納得するということは違
うこと」とし、「エビデンスの勝利は言葉の価値低下なのだということが、
まずは共有されなければならない」と述べる［同：115］。

　そもそも、エビデンスとは何か。千葉の定義によれば「ある基準から見
て一義的なもののことだと思います。多様な解釈を許さず、いくつかのパ
ラメータで固定されているもの。もちろん代表的には数字です」。だから
こそ、昨今、流行の「論破する・した」の局面では、コミュニケーション
を終わらせてしまえる（それがコミュニケーションの勝利と勘違いしてい
る）と考えるのかもしれない。こうしたエビデンスに対するものとして、
千葉は言葉を挙げ、「解釈が可能で、揺れ動く部分があって、あいまいで
メタフォリカル（隠喩的）」［同］だと定義する。物事は単純化されてしま
えば、無くなってしまうという意味もそこには含まれている。しかし、エ
ビデンス主義者には、メタファーがない。それゆえ、簡単にわかった気に
なる。だからこそ、数字や少ない言葉で表すことにこだわってしまう。少
ない情報だから分かった気になっていることを自覚していないからなので
ある。

　このように、二項対立について論じた第3章でも記したような「ありか

なしか」をインターネット上のものも含めて多くの情報の中から瞬時に判断することが求められていると言えるだろう。國分もこの「コミュニケーション過剰社会の中でどうするべきか」という問いを立てているのだが、それに対して千葉は、「コミュニケーションの圧力がネオリベラリズム[15]との関係で高まっている。剰余価値の一つの形態として、コミュニケーションが消費されている」とし、「コミュニケーションの消費的―生産者として生きることを強いられているという状況がある」［同：133］と分析する。國分は、「コミュニケーションという言葉は独立した主体が対峙する図式をどうしてもイメージさせる」［同:135］と述べるが、それについて、千葉は、「別個の主体間のコミュニケーションというイメージが強いのは、自分の実存の私的所有が非常に強まっている時代だからだ」と説明する。「自分の身体や言語の純粋な私的所有はできない」にもかかわらずである。國分も「行為を私的所有物と見なすのが現代の感覚なわけです。行為など私的所有できるわけないのに、意志という概念を使って私的所有物にする。この私有制に反対しなければならない」［同：136-137］[16]と言う。それを両者は「行為のコミュニズム」と呼んでいるのだが、千葉は、コミュニケーションで悩むということは、「行為を私的所有するネオリベ的主体としてもうまく振舞えなければ、他方では行為のコミュニズムに身を投じることもできないというダブルバインドがあるのではないか」と仮説を立てる。というのは、たとえば、教育において「熱い教師と一体になって『一緒に考えようぜ！』みたいなことになる（笑）。それはウザいと思う人もいる」。それに対して「『先生立ち入らないで』という閉じこもりがあって、そうなったとき、自分の殻を守りながら賢く言葉を使って適当にやっていくネオリベ的主体になれるかというと、そうもなれないという苦しさがある」［同：

---

15) ネオリベラリズム（新自由主義）とは、「小さな政府」とも言われる。国家（政府）の介入を最小限に抑え、市場原理に基づいた自由競争を促すことで経済成長を目指す考え方。それと反対に国民の格差是正のために政府が介入すべきという考え方が「大きな政府」である。

16) 意志について展開される國分の考えは第11章に詳述する。

138］からではないかと分析する。このように、どちらに行っても行き止まりのような閉塞状態の中にコミュニケーションは存在している。

言語によるコミュニケーションには限界があるのか？

LINE やインスタグラムなどのソーシャルメディアの流行は、コミュニケーションに言葉は不要だと示しているのかもしれない。絵文字で感情や表情を伝えれば十分だと思っている人もいるだろう。それは、「言語の弱まりとともに、イメージを使った、直接的な情動喚起の時代へシフトしてきて」いて、「それと並行してメタファーや無意識の弱体化が起こっている」からだと前述の國分は述べる［國分・千葉前掲書：152］。それについて千葉も「言語がしち面倒くさい存在であるのは、それが直接的な表現ではなくて、常に間接的で迂遠なものであるから」であって、「言葉が何かを指すときには、また別の言葉が惹起されて、意味作用が少しずれていったりする。直接現実に関わるのではなくて、あいだに挟まる衝立のようなものとして言語がある。つまり言語というのは、直接的満足の延期であり、もっと簡単に言うと、我慢」そして、「その直接的満足の延期が、メタファーの存在に通じている」と分析する。つまり、千葉によれば、現代は、「純粋合理的に、自分の体型管理のために必要なグラムレベルの栄養素を、すぐにコンビニで調達して摂ることができる。そこに何の我慢もありません」。この点について、國分は、「フロイト的に言い換えれば、我慢というのは現実原則ですね。現実原則というのは快感原則の実現の延期だから。人間は快楽原則だけでは現実に対応しきれないから、いやいやながらも現実原理を受け入れていくというのがフロイトの前提だったし、そこでは両者の相克の中で人間が成長することも当然視されていた。これが当たり前でなくなったということ」［同：152-154］だと主張する。[17] これは、第 10 章で引用する精神分析家の立木康介の言う「露出文化」において、「テ

17）これについては、國分はドゥルーズがフーコーに宛てて書いた書簡で快楽と欲望について比較して論じていることを引き合いに出している。國分・千葉前掲書、P.153。

クノロジーのせいで、あまたの情報が身体を駆け抜け、記憶が記録に、特徴が情報になり、空っぽな器となってしまった」という分析に通じる。また、千葉は、「21世紀は情動的転回ということが言われている」と指摘するが、それは、「人間は必ずしも理性で統御されるものではなくて、いままで下に見ていた情動によってモチベートされる部分が大変大きいことがわかってきた」からである。もちろん、それだからと言って、「『情動を理性で支配すべき』」と考えるのではなく、「いかに情動と言語のエコノミーを適切に作っていくかが大事」であって、「情動的なものに力点を置きすぎると、言語の弱体化を加速することになる」［同：156-157］と危惧している。なぜなら、非言語コミュニケーションで伝わる情報は少なくないものの、言語によってこそコミュニケーションは、豊かに、複雑になり、多様性を容認し、相手との違いを認識することができるようになるからである。

第5章　　自己肯定感とコミュニケーション

自己肯定感のもやもや

多くの人が自己肯定感は、いいことだと思っている。しかし、たいてい
の人がもやもやする。なぜなら、他の人はどうか知らないけれど、自分は
そんなに高くない、もしくは、とても低いと思うからである。気になるけ
れど、自分にはそれほど縁がないもの、という位置づけだろうか。では、
なぜ、いいことのはず（言葉の中に「肯定」という言葉も入っている！）
なのに、「低い」や「縁がない」と思ってしまうのだろうか。それは、「自
己」は「肯定される」つまり「上がっていること」が当たり前で、それが
前提の話であるからだ。それゆえ、誰であれ、今の状態、すなわち、あり
のままの自分ではだめと言われているに等しいと思ってしまう。だからこ
そ、高くない自分がだめだということを突き付けられている、そんな気が
してしまうのだ。だから、むやみに上げようとすればするほど、（目標も
なく、方法もないので）下がった気になる。もしくは、下げないようにし
ようとすれば、それはそれでつらい。そこには、実体がないから当たり前
のことなのであるが。

　そもそも、自己肯定感とは何か。自己なのであるから、ありのままの自
分に対して、自分がそう思えばよい、ということになるだろう。しかし、
たいていの場合、人は、自分に虚勢を張って嘘をつくことはうまくできな
い。ゆえに、自分でそう思うことはなかなか難しい。であるなら、肯定感
というものは、どのように持てばよいのだろうか。そもそも、自己肯定感[1]

---

1)　　関連する語として、プライドが挙げられるが、多くの場合、自己肯定感の高さ
　　とプライドの高さは反比例している。自己肯定感が低いとプライドが高い場合が
　　多い。自己評価の低さを他者からの評価によって埋める行為によりプライドを高
　　め、それで補うのだ。

というものは、以前からここまで日本で中心的な概念として存在していただろうか。たとえば、自尊心という言葉はすでにあった。しかし、日本では、自尊心を高く持とう！　というキャッチフレーズはアメリカなどの西洋諸国ほどは、強調されていなかったのではなかったか。それでは、なぜ、近年、日本でこれほどまでに、そして、自明のこととして自己肯定感なるものがもてはやされるようになったのだろうか。

自己肯定感を是とする社会と自己責任

自己肯定感を是とする社会は、「そう思えないのは、頑張っていないからだ」と言ってもっともっとと、「前向き」な努力を要求する。それでうまくいかないなら責任を押し付ける。それは、常に無限の努力を強いられるというだけでなく、絶えずそこに意識を向けておくように要請されているという意味であり、全方向にアンテナを張りめぐらせることが求められるような感覚である。誰もがそれを目指さなくてはならない。人びとが生きづらくなってしまう理由は、そこに、なんとなく、正解があると思えるからなのである。ゆえに、そこに行けない人は自己責任により、「退場」となってしまう。そうした価値観がいわゆる「共有」されているから、たとえば、周囲の環境に問題があるだけなのに（変えれば何の問題もなくなるのに、変えさせないで）不安感をあおる。やがて、自己責任だと押し付ける、といった流れにつながっていく。その推進力が、第2章で論じたソーシャルメディアであろう。そのループの中に簡単に入ってしまい、抜け出せなくなる。自己肯定感が上がらないのは、社会がその時、提示する正解にそう簡単には自分自身が合致しないからなのだ。そもそも、自己肯定感が叫ばれること自体が、自分なりに答えを持っているといることを是とするのではなく、「その時々の正解を今持っている」ことを重要とする価値観であり、そのやり方に従うことが自己肯定感の上がる唯一の方法だからである。それゆえ、その時々の正解を短い間実践することは可能であって

2)　増田貴彦著「『異文化』を知ることで育む人間力」佐藤典子編著『現代人の社会とこころ』第10章　弘文堂、2016、PP.234-254。

も、長い間し続けることは事実上、不可能なのだ。なぜなら、私たちは一人ひとり違うからである。

迷惑をかけているか、いないか、自己点検する社会

たとえば、「人の役に立つ」行為は、すぐに自己肯定感を上げられる行為である。他の人の役に立っているか。否か。しかし、ずっと役に立ち続けることは難しいことであるし、もとより、それが役に立っているか、いつも他人が認定してくれるわけでもない。「人の役に立つこと」を探しているうちに、ついには、自分を見失ってしまうこともある。なぜなら、「人の役に立つこと」は他人の基準だからである。では、その対極にあるようなことは何であろうか。さしあたり、「迷惑」はどうであろう。迷惑になっていないか、今日の社会では、それが、行動の大きな基準になっている。しかし、場合によっては迷惑であるかもしれないけれど、それは、①相対的なものであるし、②よほどのことがなければいいし、ずっと迷惑かけているかどうかを心配する人は、おそらく、通常はほとんど迷惑をかけていないし、③迷惑をかけていないかを行動基準にするのは、そもそも、生きていて窮屈であろう（ここで確認しておきたいことは、いわゆる、敢えて行う迷惑行為は他者にとって迷惑なのであろうが、「迷惑をかけるかもしれない」と思うこと、すなわち、そのように「自己点検」することが、「迷惑そのもの」であることはそれほどないという意味である）。なぜこのような価値観が——場合によっては、その当事者を実際に起きている事実以上のリアクションによって苦しめてしまう可能性があるにもかかわらず——蔓延しているのだろうか。

近代法の原則

アメリカの人類学者でアナーキストのデヴィッド・グレーバー（1941-2020）の著書『ブルシット・ジョブ　クソどうでもいい仕事の理論』（岩波書店、2020）の翻訳でも知られている社会思想史研究者の酒井隆史によれば、かつて、キリスト教の時代には、「秩序を乱すこと、モラルに違反することは、同時に神の秩序を乱すことであり、違法と見なされた」[酒

井隆史　2014：140]³⁾。しかし、「割れ窓理論」──「ちょっとした道徳的な乱れ、ルール違反、秩序の乱れが、やがて大きな犯罪につながっていく」──や「髪の乱れは心の乱れ」といった考え方があるが、「近代法は、むしろ秩序の乱れと法の乱れをひとまず切り離してとらえ」「別のものとするのが近代法の出発点」[同：139-140] だと述べる。すなわち、近代法は、「法と秩序を厳しく区別」している。たとえ、「秩序のレベルを乱すことがあっても、その人間が違法行為を犯していなければその人間に対して司法のレベルでは触れてはいけない」というのだ。これは、近代法の原則に反するからであり、「予防拘禁や予防という発想が、近代法の中から出てくるということはあり得ないわけで、それは常に司法の外から出てくる」と指摘する。そして、近代法には、「デュープロセス主義（適正手続き条項）」があり、どんなにその被疑者に被疑の妥当性が高くても、弁護士を付ける権利、裁判を受ける権利など、抗弁をする権利があるというものだ。これらの手続きなしに有罪にすることはできない。これは、無罪推定の原則ともつながる。しかし、実際の今日の社会はどうであろう。いったん、──それが実際には関係がなかったとしても──疑いを持たれた時点で、何であれ、有罪判決と同じくらいのダメージを、法的処罰とは無関係に社会的に被り、場合によっては社会的に抹殺されるに等しい状態にもなるのだ。酒井は言う。「秩序と法の境界線がどんどんあいまいになりつつある」「同」。それゆえ、誰に対しても、疑われないように、嫌われないように、迷惑をかけないように小さくなって生きていく。

何が迷惑行為なのか

　実際、昨今の子どもへの教えは、「人に迷惑を掛けない」と言われることが多い。大学の社会学の授業で、「社会規範とは、どのようなものだと思うか」と問いかけると、「人に迷惑をかけないことやその基準」と書かれた答案が多かった。幼少期から家庭や学校でよく言われてきた言葉なの

---

3)　酒井隆史著「匿名性　ナルシシズムの防衛」公益財団法人たばこ総合研究センター編『談　100 号記念選集』水曜社、2014、PP.137-151。

だそうだ。確かに、的外れな答えだとは言い難い。しかし、一方で、それは、「法律、制度、慣習、常識」といった「社会規範」が遵守された結果であって、迷惑をかけないこととイコールではない。迷惑をかけないことそのものを目的とした行為ではないのだ。なぜ、このようなずれが生じたのだろうか。「人に迷惑をかけない」といったことを子育ての基準としているご家庭は多く、何をどのようにすれば迷惑なのか——もちろん、犯罪に近いような端的に迷惑な行為というものは従前から存在し、慎まなければならないことであるが——近年、「迷惑」という語は連発され、明らかに迷惑でない時にも「予防的に」用いることで、一種のコミュニケーションとして、社交辞令のような「失礼します」くらいの軽い語感で機能する便利な言葉に昇格しているのではないか。

　先日、ある大学である教員とそのゼミ生数名とエレベーターに乗り合わせた際、その数名の学生が私の講義を受講しているとわかった際にその乗り合わせた教員が私に「うちの学生がご迷惑をおかけしていると思いますが……」と話しかけてきたので、とっさに「そんなことないですよ」と言ったのだが、これはいったい何の話であったのだろうか。もちろん、その学生が迷惑行為を実際にした事実もない。単なる社交辞令にも思えるが、教育の現場で、教育を受ける学生たちを前に、そのようなことを言う意味は何なのだろうか。教育を受けることは、教育する側に迷惑が掛かることなのだろうか。ここで心配したくなるのは、教員が学生に教えることを教員が「迷惑」だと考えていると学生にとらえられたら困る、ということである。前述のように、社会学の授業内でも学生は、社会規範をイコール「迷惑をかけないこと」だととらえていることがある。その上、先ほどの教員はなぜか教員と学生のやり取りを迷惑と表現していた。ただ、一方で、このように考えることもできるであろう。この教員とのコミュニケーションが、可能性の一つとして、社交辞令だとすれば、「迷惑」行為という、言葉の意味が、「ちょっと礼を失したくらいのこと」にまで射程を伸ばしているのかもしれないということだ。

「迷惑」行為の公共性

前述の酒井は、「いろんな面で貧しくなっていきつつある日本社会においてほとんど数少ない決定的な規範コード」が「迷惑」だと述べている。「一見、慎ましい形で使われたりしていますが、これが曲者で、『迷惑』はほとんど人間のあらゆる振る舞いをカヴァーできる恐るべき言葉」だと言う。そして、市民社会のルールとして「『迷惑』をかけないということが、公共性の前提のように言われている」[同：149]と指摘する。けれども、「『迷惑』をかけない社会というのは、見方を変えれば他者のいない社会」であり、「『迷惑』がきわめて恐ろしいすべてを規制する言葉になるのは、この言葉がはらみもつそうした『存在論的』次元のため」だと言い、なぜなら「『迷惑』はつきつめれば、人間の存在そのものに否が応でもつきまとう」ものであり、「僕たちは、どこかで『迷惑』の論理を無視しながら生きています。そうしないことには生きていけない、どこかで食い止めなければ、僕たちは死ぬしかない」からである。それは、そうであろう。誰かが生きるために、誰かにその影響がある。かつて、その相互行為があることは自明で、お互いさま、という名前であった。しかし、その相互行為をすべて迷惑という語で形容することができるというのだ。であるがゆえに、「それは常なる『負い目』となって、僕たちの生を制約していく」。また、「『迷惑』とは、罪責なき日本社会の『世間』において、『負い目』によって人を支配するための重要な感情」[同：150]で、だからこそ、少なくない人が自らの生を止めようと試みることが後を絶たないのである。

ここまで極端な例ではないにしても、相互行為を迷惑ととらえる文脈においては、自ら、敢えて、謙虚と卑下を取り違え、自信がないからといって、先回りして、自分のことをつまらない者、下らない者であるかのように相手に宣言して、相手にさっさと見くびってもらい、ラクをしようとする人もいることを示しているだろう。しかし、それは謙虚ではない。また、自己肯定感が低いと予め相手に宣言して、相手に気を遣ってもらおうとするのは、狡猾だ。とはいえ、いずれにしても、相互行為そのものが「迷惑」ととらえられる昨今、こうして心の予防線を張ることが頻繁に行われているのかもしれない。とりわけ、「迷惑○○」という規定は、匿名の他者に

82

よるものも少なくない。顔が見えない、誰だかわからないことで余計に「迷惑」ととらえるのかもしれない。この相互行為を一律に「迷惑」の一言で単純化することはどのようなことにつながっていくのだろうか。

多様であることを単純化することで失われるもの・こと

　フリーライターの武田砂鉄は、「どんなことでもわかりやすく手短に・単純に説明すること」が求められている時代だという。たとえば、最初から、選択肢を狭めた上で、「どっちですか？」と聞く質問がある。ところが、もともと、その選択肢の中に答えがない、答えがなくてもどれかに寄せなくてはならない。そして、自分の中の答えが自分の考えている答えとずれていく体験は誰もがしたことがあるだろう。あるいは、そもそも、その選択肢に答えたくないかもしれない。しかし、その単純化された質問に答えないのは、不親切な人、のレッテルが貼られるかもしれないとこちらが気を遣ってしまうこともあるだろう。武田も、「このご時世、『どっちですか？』と問いかけてくる人に対して、『どっちでもないね』と逃げる、『どうして選ばなきゃいけないんだよ』と吹っかける、『答えたくないし』と駄々をこねる行為を諦めすぎではないかと思う」と述べている。なぜなら、「選択肢を前にした時に、選択する前にすべきことがある。他に選択肢はないのかを考えることだ。そんなに難しいことではない」[武田砂鉄 2020：13]からだ。また、用意された選択肢を疑わないとどのようなことが起きるかについて、武田は、2017 年に成立した「共謀罪」の成立に関する新聞の論調に目を向ける。「特定秘密保護法にしろ、安保法制にしろ、共謀罪にしろ、政府が新たな法整備（整備、という言葉は行為をあらかじめ正当化する言葉とも思えるから率先して使いたくはないのだけれど）を主張する度に、メディアは世論調査をとりまくる。法律に反対する新聞ならば、どう思いますか、まだ、時期尚早だと思いませんか、だって、ちっとも議論が深まっていないですもんね、との印象を強めるように、社論にあわせた設問を投げかける。賛成する新聞の設問は、その逆を行く」[同：

---

4)　武田砂鉄著『わかりやすさの罪』朝日新聞出版、2020。

10-11]。共謀罪の場合、賛成する産経新聞は、「ものすごく悪いことを考えている奴を罰するのは当然ではないでしょうか」と匂わせ、反対する朝日新聞は「実際に悪いことしたわけではないのに相談した段階で罰せられるのって厳しすぎじゃないですか」と匂わせ、世論調査を比較し上で、4月25日の朝刊の見出しには、「進まぬ理解　回答に影響か」とあり、「法案への国民の理解が進んでいないこともうかがえる」[同：12] と書かれていた。武田によれば、「賛成か反対かという二択に縛られるあまり、いつのまにか『理解できるかどうか』というゴール地点を用意し、反対意見として、まだ理解が進んでいないのでは、と述べてしまう」。そして、「理解なんてしなくていいのではないか」という選択肢はない。また、「『こんな法律を提案すること自体が論外だろ』という意見を排除してしまう」。多様性を確保する、と言われている昨今でも、同時に「分かりやすさ」「速さ」を重視している今、実際の多様性は、「多様性を確保する」と言ったことで、「確保されたことになっている」のかもしれない。武田は、「議論をわかりやすくする過程のなかで、個々の言動が知らぬ間に制限されたり、平凡になったりしているのであれば、それを『罪』と呼んでみるのは極めて自然なことである。わかりやすさの妄信、あるいは猛進が、私たちの社会にどのような影響を及ぼしているのか」[同:14] について考えたいという。その上で、「わからないことを残す」ことの意義を指摘する。「他者の想像や放任や寛容は、理解し合うことだけでなく、わからないことを残すこと、わからないことを認めることによってもたらされる」。なぜなら、「『どっちですか？』『こっちです』だけでは、取りこぼす考えがある」からである。そして、「あなたの考えていることがちっともわからないという複雑性が、文化も政治も、個人も集団も豊かにする」[同:20] と分析し、コミュニケーションにおける多様性を確保する可能性を語る。

自己肯定感至上主義による自己肯定感低下

　結局、個人の多様性を認めず、ひたすら自己肯定感至上主義により、自己肯定感を上げようとする取り組みは、自己肯定感低下という皮肉な結果、すなわち自己実現できない辛さをもたらす。もっともっと頑張れ、あるい

は、そのようなことではダメだ。しかし、結局は理想（しかも、他者から
もたらされたもの）と現実のギャップに苦しむことになる。そのような時、
唯一対抗しうることは、周りの価値観ではなく、「自分に正直でいること」
しかない。他律ではなく、自律的な考え方である。同様に、生まれた時か
ら当たり前におこなってきたコミュニケーションをとても難しいものとし
て、とらえ直し、社会に決める枠組みに合致した人間を再構築するための
仕組みの一つとしようとする取り組みは、社会全体で進行中だ。それゆえ、
コミュニケーション能力という能力があたかもできの良い人間を示してい
るかのように独り歩きしているのだ。自己肯定感という言葉とともに。両
者に共通するのは、どこまで行っても誰が何をしても、最高点をもらえな
いということだ。行きつく先（絶対の正解）がない。ゆえに、自分自身で
確信を持てるものではなく、周りが見えていればいるほど、お山の大将で
はいられず、不安になるサイクルにはまり込むのだ。

自己肯定感と社会の矛盾

　現代では、ソーシャルメディアによって他人の生活が垣間見られるよう
になり——それは、あくまで、スマートフォンの小さな四角の大きさに過
ぎず、まさに隙間からのぞき見している程度の内容・分量なのだが——そ
の比較によって自己肯定感が得られにくくなっている。就活（仕事）がう
まくいっている、恋愛（結婚）で幸せになっている、などといった投稿を
目の当たりにして焦りを募らせる人も少なくないだろう。しかし、学歴が
あり、仕事があり、恋愛、結婚をしていても子どもがいても自己肯定感が
持てないことは多い。なぜなら、自分では、十分に頑張ったつもりでも、
社会には、もっといろいろなものを持っている人がいると思えるからであ
る。「その人たちと比べたら自分はまだまだだ」という気持ちや頑張って
も第2章「ソーシャルメディアとステレオタイプ」の項で記したように、
たとえば、性別や人種によって社会でのあり方、立ち位置を決められてし
まい、自由にふるまえないのであれば、それは、その人の努力の問題では
なく社会の問題である。「女だから大人しくしていろ」「男のくせに泣き言
を言うな」「黒人は法を犯すはずだ」など、社会の常識や思い込みのせい

で互いが互いを縛り付け合っている。そこでは、自己を肯定する心は涵養されない。自分ではコントロールできない、社会が決めつけてきた常識や当たり前、すなわち、社会規範に縛られることで、自分自身への劣等感や不安、罪悪感などと常に同居させられてきた。なぜなら、幼児が社会化する過程すなわち社会のあり方を学ぶ際にその価値観を同時に習得するがゆえにセットになっているものだからである。そのため、他者と比較し、優劣をつけられることも少なくない。はっきりとダメ出しをされることもあっただろう。こうした傷を何とかして埋めるべく、他者、とくに幼い時は年長者の言うことを聞くことによって評価されようとし、成長してからも他者の評価や周りの顔色を窺うように生きる。特に、日本では同調圧力があり、長幼の序が尊ばれることから、こうした生き方を自立性がないといって一刀両断のもとに批判されることもない。その結果、場を収めるために、また、自分を評価してもらうために、状況によっては、本人の意思とは別に、意に染まないことも引き受けることもある。次章では、他者とのコミュニケーションにおけるこうした非対称な人間関係について考えてみたい。

第6章 非対称な人間関係におけるコミュニケーション：権力関係のなかの非自発的同意

非対称な人間関係におけるコミュニケーション

コミュニケーションをとる時、両者が対等な関係性をもってそのコミュニケーションをおこなっている可能性は、どのくらいあるものなのだろうか。親子、兄弟同士、教員と学生、友達同士、コーチ・監督と学生・生徒、先輩と後輩、同級生の部員同士、会社やバイト先の上司・先輩と部下もしくは後輩、同僚同士、取引先との関係、それだけでなく、店員と客といった、社会的役割の上でのコミュニケーションで、お互いの関係の固有性が家族や学校、会社などにおけるものより低く、場合によっては一回限り、偶然に生じるコミュニケーションもあるだろう。このように、ありとあらゆる人とのコミュニケーションが存在する。また、両者が同じ方向性でコミュニケーションする場合とそうでない場合、たとえば、ほんの少し前は、コミュニケーションを取るつもりであったけれど、今は片方がそう思わない場合や一度終わった（とこちらは思って）、もう聞きたくない話を相手が繰り返してくる場合、こちらは関心がないのに相手に自慢話をされる時、うわべだけで気持ちのこもっていない追従をせざるを得ない場合、相手に対して親切そうに話したり、表面上は自分を下げたりするような表現をするが、実は自分を高め、相手を下に置くようなマウンティングの会話など、同じ意図、熱量ではないコミュニケーションは枚挙に暇がない。このような時、私たちは何をどうやり取りしているのだろうか。

とりわけ、相互に非対称な力関係のある人間関係の中で、それはどのように行われるのか。考えてみれば、人間という存在は人権という意味において対等な人間ととらえられるべきであるが、実際の人間関係において、それは、何らかの形で差異（職業、職種、役職、社会的立場、性別、学力、

学歴、収入、日本では、年齢も関係するであろう）を見い出し、どちらが上に立つか瞬時に決め、あるいは、両者がお互いに譲ることで、コミュニケーションの内容のために（場合によってそれとは別に）戦いが繰り広げられる可能性を回避しているとも考えられる。なぜなら、人とのコミュニケーションにおいては、「ただ情報を対等にやり取りして終わり」ということだけでなく、コミュニケーションの目的として「相手に何かをさせる」という含意がある場合があるからだ。つまり、「相手に何かをさせたい人」が「相手に何かをさせる」＝「相手が何かをする」ことによってこの種のコミュニケーションは完遂するので、もし、これが、単なる言葉の応酬で終了してしまい、何らかの行為の着手もしくは完了に結びつかないとすれば、このコミュニケーションは失敗であり、多くの場合、コミュニケーションの相手（言われた側）が責められるであろう。

相手に何かをさせたい人とさせられる人の関係は？

これは、「何かをさせたい人」とそれを受けて「何かをする人」のコミュニケーションの問題である。

考えてみれば、私たちのコミュニケーションの中で、「単に今思っていることを言い合って、それ以上、言及せず、発展させず、終わり」ということは多くはないのかもしれない。絶えず、そのコミュニケーションの中には、「相手に何かをさせる→（相手の意を受けて、させられることによって）それをする」、という図式がある。「相手に何かをさせる→（相手の意を受けずに、させられようとしてるが）それをしない」、ということももちろんある。しかし、その「しない」ことは、しなかったら終わりではなく、何らかのコンフリクトを呼び、新たにマイナスの価値を持ったコミュニケーションに向かうことは想像に難くない。とはいえ、重要なことは、「相手に何かをさせる」ようにしてきた相手に対して、こちらは、「する、もしくは、しない」という能動性があるということだ。相手からの発信（要請）であっても、こちらがそれをするかしないかの決定権があるのだ。もちろん、その背景がどのような「抑圧的な」状況に見えたとしても、である。

上記のように「相手に何かをさせる」ことを意図する関係性は、権力関

係の中にあって、「強い（立場の）者が一方的に弱い（立場の）者を抑え
つける」というイメージがある。一つの補助線として、第 3 章でも論じた
フーコーを参照してみたい。フーコーの権力関係の考え方は、従来の思考
法である、権力関係は抑圧されたことで生じるという考え方と——どれほ
ど抑圧的な状況に見える場合でも——異なる。フーコーによれば、権力と
は、「無数の力関係」[フーコー　1986：119]であるのだが、「権力は下
から来る」と考えるのだ。それゆえ、権力は、「何かをさせない」のでは
なく、「何かをさせること」と言える。ある状況に置かれていることや人
間関係のあり方に対して、納得感、抵抗感がないように幼少時から身につ
けさせられている（第 7 章の文化資本概念も参照のこと）場合、フーコー
によれば、「支配する者と支配される者という二項的かつ総体的な対立は
ない。その二項対立が上から下へ、ますます局限された集団へと及んで、
ついに社会体の深部にまで至るといった運動もない」[同：121-122]と
述べ、むしろ、家族など、「諸制度の中で、形成され作動する多様な力関
係は、社会体の総体を貫く断層の広大な効果に対して支えとなっているの
だ」と論じる。たとえば、会社における従業員や学校における生徒のよう
に彼女ら／彼らは、何かをさせられているが、それは「無理やり」や「一
方的」——その場合もあるが、いつでも——ではない。そこでは、「支配
する者と支配される者」が相補的な関係にあると考えられる。そして、さ
まざまな力関係の強さが人間関係を「継続して支える支配権の作用＝結果
なのである」[同：122]と述べている。

しているのか、させられているのか：権力とは何か

　さて、自分にとって不本意なことをさせられていることは、自らしてい
るという点では自発的というべきなのか、また、その結果は自己責任であ
ると言えるのか。まず、そもそも、自己責任という語であるが、これは、
金融商品への投資について元本割れが起こるリスクがあることを示す言葉

---

1)　ミシェル・フーコー著、渡辺守章訳『性の歴史Ⅰ　知への意志』新潮社、
　　1986。

であった。経済に関する用語が一般的な行動や考え方の中で広まったのは、2004年の「新語・流行語大賞」のトップテンにランクインした時なのではないだろうか。では、次のような事件に遭遇した場合、それは、自己責任といえるのであろうか。一緒に考えてみてほしい。たとえば、強盗に遭遇し、ナイフで脅されて金庫のカギを開けさせられ、金庫の中身を奪われたとしよう。このことをどのように考えればよいだろうか。ここで考えてみたいのは、コミュニケーションのすべてが自発的かどうかということだけでなく、コミュニケーションの内容も自分が発している言葉なり行動なりである限り、自発的といえるのかどうかということである。この点について考える必要があるのは、もし、これらの行動が相手からの何らかの働きかけによって行われた場合は、自発的ではないゆえ、自己責任を問われることに何らかの非整合性が見られるからである。この点について、先ほど挙げたフーコーの権力論を参照して考えてみたい。

　哲学者の國分功一郎によれば、マルクス主義的な権力観は、「階級や機構が大衆を押さえつけている」として、権力は「国家の暴力装置」と同一視されていた。しかし、実際には権力はそのようなものではなくて、フーコーが指摘するように、「権力を抑圧によってではなく、行為の産出によって定義」し、「権力は抑えつけるのではなくて、行為させる」ものといった考えが妥当なのではないかと述べている［國分功一郎　2017：145］。受け身で「される」のではなく、相手に「させる」それゆえ「させられてしまう」。もしくは（積極的な意図はなかったとしても）「してしまう」ということなのだ。國分いわく、フーコー権力論の特徴の一つを、「権力と暴

2)　「自己責任」が、金融商品を離れても使われるようになるきっかけとなったのは、2004年に発生したイラクでの日本人人質事件である。政府の渡航自粛の要請を無視してイラクに向かった三人に対して、「政府の反対を押し切って渡航したのだから、人質となってもいたしかたない。自己責任である」といった言説が多くの場で聞かれた。

3)　ここで國分が取り上げた文献は、橋爪大三郎著『権力』岩波書店、2023、PP.240-241。

4)　國分功一郎著『中動態の世界　意志と責任の考古学』医学書院、2017。

力の明確な区別に求めることができる」[同：146]。よって、権力は、人びとが行為するのを妨げない。一方、暴力は、身体に直接働きかけ行為する力を抑え込むという意味で権力から区別されるのだ。

フーコーによれば、

　　実際、権力関係を定義するのは、何かといえば、この関係が、他者に直接、無媒介に働きかけるのではなくて、他者の行為に働きかけるような行為の様態だということである。すなわち権力関係とは、行為に対する行為であり、なされるかもしれぬ、あるいは現実になされる、未来もしくは現在の行為に対する働きかけなのである。

それに対し、

　　暴力の関係は、身体や物に働きかける。それは強制し、屈服させ、打ちのめし、破壊し、あらゆる可能性を閉ざす。それゆえ、暴力の関係のもとには、受動性の極みしか残されていない。[5]

　なるほど、フーコーによれば、権力は、「人がもつ行為する力を利用」する。「権力は行為に働きかけ、人がある行為をするように、もしくは、その行為のあり方を規定するように作用する」（あるいはしないようにという場合もあるだろう）。フーコーの研究は、こうした権力による「行為産出の特定のパターンであり、そのパターンの歴史的変化」だと國分は指摘する[國分前掲書：146]。一方で、フーコーは、権力と混同されやすい暴力に関して、暴力を振るう者が「能動的」な立場、暴力を振るわれる者が「受動的」な立場にいると考える。そのため、暴力は、相手の行為する力その

---

5)　ミシェル・フーコー著、蓮實重彦ら監修『ミシェル・フーコー思考集成IX——1982-3　自己／統治性／快楽』筑摩書房、2001、PP.24-25。ただし、当該箇所の翻訳は國分前掲書 P.146 を引用。

ものを抑え込み、成功した場合、相手は完全に受動的な立場に置かれると考える。では、権力に関しては、行使する側と行使される側の関係はどうなるのか。前述のように、権力の関係においては、「人がもつ行為する力を利用」するのであるから、そこに権力を行使される側にも『能動性』があるのだ[同：147]と考えている。前述の、武器で脅して金品を自ら供出（当事者にとってはそこに初めに自らの意思があるのではないので実際には強奪と言って構わないであろうが）する行為は、武器の登場により、暴力的に見えるが、それは、行使可能性という意味でとらえることが妥当で（武器の登場をどうとらえるのかは、見せられた当事者の選択によるので）、大人しくその通りに振舞う（服従する）か、相手と闘うか、逃げ出すなどのいくつかの可能性（その当事者にとって行動の選択の余地）はあるのである。それに対して、暴力は、「あらゆる可能性を閉ざす」のであるから、選択の余地はない。相手の肉体を物理的に何らかの制御、拘束などすることも含め、暴力の関係性においては、相手から「行為を引き出すことはできない」[同：149]。すなわち、行為をさせようとしている本人の能動性が減じられてしまうことによって権力者に「服従」する関係性を引き出すことはできないのである。その意味で、國分は、「暴力の行使は権力の目的と対立する」[同：150]という。なぜか？　それは、権力は相手の能動性を前提にしているからである。つまり、相手に対して暴力を振るうことで、行使される側の「能動性」が失われてしまえば、権力は十分にその力を発揮できなくなってしまうから、相手の能動性の余地をキープしておかなければならないのだ。とはいえ、権力が全く暴力と無縁とは言えない。権力が行使可能であるためには、行使される方に服従した方がよいとの認識が必要である。そのための一つの手段として、事前に暴力によって、服従しないことにメリットがないことを分からせておくことも権力の遂行のために重要と考えることもできる。

　さて、ここまで見てきたフーコーの権力論であるが、國分は、フーコーの権力論は、「いわゆる能動性と受動性の対立を疑わせる」と述べる。なぜなら、「行為者が行為の座になっているか否かで定義する」[同：151]のであれば、能動と受動という、現在、常識と考えられている一般的な言

語の仕組みでは、権力関係の実態を説明できないからであるというのだ。そこで、國分は、こうした関係において、実際は、「能動性と受動性の対立によってではなく、能動性と中動性の対立によって定義する」［同］ことができるのではないかと仮説を立てる。後ほど、この中動性について考えていく。

権力と暴力のちがい

　では、相手に働きかける者として、権力を行使する者がどのような状況にあるか、考えてみよう。國分によれば、「権力を行使する者は権力によって相手に行為をさせるのだから、行為のプロセスの外にいる。これは、中動性に対立する意味での能動性に該当する。権力によって行為させられる側は、行為のプロセスの中にいるのだから中動的である」。つまり、権力を行使する者に脅されている者は、自らそれに従う（＝行為する）と同時に、それをすることを嫌がりながらも権力を行使する者によってさせられてもいる。物理的に強制されてはいないのだ。これを國分は、「単に行為のプロセスのなかにいる」とし、「する」と「される」だけでは説明がつかないと主張する［同］。

　また、フーコーと同様の「暴力があるところに権力は不在である」というテーゼは、國分が指摘するように第4章「窮屈なコミュニケーションとエビデンス主義」の項でも取り上げたアーレントにも見られる。しかし、アーレントは、それに加えて、國分いわく「暴力は権力を破壊するのみで、権力が暴力を利用することはありえない」［同：154］という。むしろ、「権力と暴力は対立する。一方が絶対的に支配するところでは、他方は不在である。暴力は、権力が危うくなると現れてくるが、暴力をなすがままにしておくと最後には権力を消し去ってしまう。ということはつまり、暴力に対立するのは非暴力であると考えるのは正しくないということである」と述べ、「暴力は、権力を破壊することができるが、権力を創造することはまったくできない」［アーレント　2000：145］[6]と断言する。では、この引用の

---

　6)　ハンナ・アーレント著、山田正行訳『暴力について——共和国の危機』みすず

中の「暴力は、権力が危うくなると現れてくる」のくだりは、どのような意味なのか。それは、まず、第一に、権力を持つ者が、相手の意向にかかわらず、相手に何かをさせる余地があることを権力が意味するのであれば、相手に何かをさせることができない場合、コミュニケーションは成り立たず、権力の不在を意味するということである。権力による人間関係が不在になった場合、他者に何かをさせようという考えを持っても、そのようにさせることができなくなってしまうのだから、そうなってしまえば、暴力によって相手に働きかけるしかない。すなわち、権力関係にあるコミュニケーションは、受け手本人の能動が内在しているため、暴力を必要としないのだ。コミュニケーションにおいて相手の言うことを素直に受け入れるのは、その人間関係が権力関係によって維持されているからなのである。

全体主義と民主主義における自由

とはいえ、対人関係はもとより、多くの人はすべての関係性に自由がある方がよいと言う。それは、国家においても同じだろう。たとえば、全体主義社会には、自由がない。国家権力が人間の自由を拘束する。監視によって管理され、法を守らざるを得ない。他方、民主主義社会には、自由があると考えられている。もちろん、法や慣習といった規範があり、人びとは遵守している。それゆえ、法を守っている、行動を規制されているという意味では民主主義社会も全体主義社会も同じなのだ。しかし、全体主義社会での人々の行動は、他律で、民主主義社会でのそれは、自らの意志でおこなっているといった違いがあると考えられる。全体主義社会は、社会秩序維持に多くのリソースを使い、暴力的なイメージがある。それに比して、民主主義社会は、自主的とはいえ、実は、多くの社会的ルールを幼少時より家庭や学校生活を通じて内面化することで、目に見えるリソースを使わずとも、社会秩序を維持することができる。そのため、民主主義であるという一事に重きを置きすぎたり、自らの意志で行為するという錯覚を持ったりすることで、実は、支配を可能にする。強引な選挙活動ではあったも

書房、2000。

のの、ヒトラーも民主的な選挙によって当選し、首相の座を手に入れている。いわば、民意によって誕生したのである。支配は、その姿を隠蔽することによって、そのシステムを維持する。人びとが自由に選んでいるように見えて、実態は、社会体制がその支配を実現させていて、知らずに被支配の状況となっていることもあるのだ。

権威：無理なく人に何かをさせる機能

　たとえば、前近代の共同体では、中世キリスト教社会のような、超越した外部にある神（王）が正義を当たり前に担保していると考えたため、ヒエラルキーが構成され、個人は、それに従属すればよかった。ところが近代以降は、——共同体内部に差別的な構造を持ちながらも——原則は、独立した個人という存在によって構成される。そこでは、理屈上、共同体的な機構を作るには、自律した個人の単なる集合であるだけでは困難である。いかにしてそれを機能的な共同体へと作り上げていくことができるのか。一方、近代では、個人の権利から出発せざるを得ず、といって、当然のことながら、複数の人々が暮らすゆえに、個人の権利の標榜だけでは破綻する。個人がコミュニケーションをとったり、社会集団を形成したりするにあたって必要なものがある。それは、個人がその意思を通そうとするための何らかの決まり事である。また、それがうまく機能しない場合、個人は暴力でしか対応できないと考えるかもしれない。しかし、それ以外にも方法はある。それは、社会的権威を持つことである。人が権威を持てば、暴力なしで人を従わせる力を持つ。権威によって、社会秩序が実現するのだ。何らかの形で、相手に何かさせようとしている者が、権威ある者だと、相手に認識されれば、その関係性において、権威ある者の意向に従うことは、人間関係において矛盾はなく、コミュニケーションの意図は達せられるであろう。だからこそ、人は、何者かになろうとする。何者かになることができない者は、既存の秩序に反対するために、ある時は捨て身で暴力に訴えなければならないと考えてしまうこともあるだろう。

　では、人に何かをさせる権威とは、どのようにして機能するのだろうか。権威も目に見えない、実体のないものである。それゆえ、権威に従うとい

うことは、実体のないものに従うことである。権威は、ある種、信仰の産物である。つまり、その根拠は、思考が停止しているがゆえに、虚構であっても信じられるといえる。[7]このように、権威に根拠はないのだが、権威が持つ虚構性がなければ権利や権力は、成立しない。なぜなら、権威の虚構性なしでは、その正統性が担保されないからである。アーレントは、政治思想についてまとめられた著書『過去と未来の間』（1994 A）の中で、権威について、権力、説得との違いを説明しながら、このように述べた。「権威はつねに服従を要求するため、一般に権力や暴力の形態と取り違えられている。しかし、権威は、外的な強制手段の使用をあらかじめ排除する。強制力が使用されると権威は損なわれる。他方、権威は説得と両立しない。説得は対等を前提し、議論の過程を通じてはたらく。議論のさなかにおいては、権威は保留される。説得の平等主義的な秩序に対して、権威主義的秩序はつねにヒエラルキーをなす」［アーレント　1994 A：125[8]］。つまり権威は、力による強制と議論による説得の双方と対立するものであるというのだ。そして、「命令する者と服従する者との権威に基づく関係は、共通の理性にもまた命令者の権力にも基づかない。両者が共有するのは、ヒエラルキーそのものである。両者が承認するのは、このヒエラルキーの正

---

7)　たとえば、ドイツの社会学者ゲオルグ・ジンメル（1858-1918）が循環的推理と呼ぶ認識形式と似たようなものだ。それは、「ある命題の証明をその基礎づけのうちに求め、またその後者の基礎づけの証明をさらなる基礎づけに求めるという具合に追求してゆけば、周知のようにしばしばあらわになるのは、証明はそれによって証明されるべきかの最初の命題がすでに証明されたものとして前提される場合にのみ可能である、すなわちそれはそれで証明されうるという事実である」［ジンメル　1994：107］。ゲオルグ・ジンメル著、元浜清海、居安正、向井守訳『ジンメル著作集2貨幣の哲学（上）分析篇』白水社、1994。これは、ある原理を証明する際に、その根拠を見つけ、またその根拠を支えるさらなる根拠に到達すると考えた場合、証明すべき、最初の原理が確かであると仮定されれば、その後の証明は問題なく可能となるということである。このように、権威は、どこまで追求してもその根拠に遡れないことからもわかるように、実体はないのだ。

8)　ハンナ・アーレント著、引田隆也他訳『過去と未来の間　政治思想への8試論』みすず書房、1994。

しさと正統性であり、両者ともにこのヒエラルキーのうちで前もって決められた安定した場所を占めている」[同]。だからこそ、「権威とは、人びとが自由を保持する服従を意味する」[同：143]それゆえ、第7章で論じるように、その人が置かれた「場」に従ってその権威に従うのだ。なぜなら、権威は、権威であるがゆえに、説明不要であるからだ。そして、当事者たちの上下関係をその権威により決定する。最初は「躾」や社会化などにより、促されたかもしれないが、最終的には、下の者は、命令されるのではなく、自らの意志で上の者に従う。なぜなら、それは、上の者に権威（というフィクション）があるからだ。内容的には、双方が社会的役割を果たしているとも言えるのだが、しかし、そのような役割をそれぞれが担っているということ自体が、権威があることの証明なのである。ゆえに、権威があるところでは、思考が停止されることで、常識という規範が作動し、社会秩序は保たれるのだ。

中動性と中動態：自発的なのか、そうでないのか

　さて、これまで、権力などによる関係とコミュニケーションについて見てきたが、相手との関係において、自分が意図していないのに、権力関係にあると思っている（思わされる）ことで、実は、意図しない、もしくは意図に反するコミュニケーションをおこなっていることがあるのではないかという点について考えたい。また、日常生活において、相手に何か伝えようとする場合、正確に表現しようとすればするほど、現実から遠のい（たと思い込んでしまっ）たり、相手に流されて、意図しない返事をしてしまったりした経験はないだろうか。

　こうした現象を説明するにあたり、現在では使われていない「中動態」という文法用語を使い、その内容とそれが廃れていく歴史状況の中に何があったのか（もしくは、その歴史の必然について）考えてみたい。ここでは、中動態とその歴史的意義について解き明かした、ここまでたびたび引用している國分と自らも医師で当事者研究の研究者でもある熊谷晋一郎の対談[9]

9)　國分功一郎、熊谷晋一郎著『〈責任〉の生成――中動態と当事者研究』新曜社、

97

を援用する。熊谷は、言う。「多数派の人々が使っている日常言語というものが、語彙のレベルでも、文法のレベルでも、語用のレベルでも、一部のマイノリティにとっては自分の経験を解釈したり他人と共有したりするためのツールとして使い勝手の悪いものになっている」［國分功一郎・熊谷晋一郎　2020：89］。すなわち、自分の困難を言い表す言語がなく、困っている人がその困りごとを正確に——自己を卑下することなく、他者に責任転嫁することなくという意味で——表現する言葉がないというのだ。そのような現状に対して、國分が示した中動態研究は、「『中動態』というオルタナティブな言語デザイン」があることを世に知らせ、さまざまな状況を言い当てることができ、まさに、中動態は「言葉のバリアフリー」［同：90］だと述べるのである。中動態とは文法用語の一つだというが、聞きなれない言葉である。むしろ、これまでなじみがあるのは、「能動態」と「受動態」であろう。では、中動態とはどのようなことを示すのか。また、何がこれまで知られていた態——能動態と受動態——と異なるのか。

　國分は、上記の対談の書籍化に先立つ著書の中で、フランスの言語学者エミール・バンヴェニスト（1902-1976）を参照しながら、現在、自明のこととされている文章は、能動態か受動態で表し、能動態と受動態が対立すると考えるのは、言語の歴史の中では比較的新しい文法規則であり、「能動態と中動態の対立」こそが存在していたと指摘する［國分功一郎　2017：41］。能動態と受動態の対立は、「する」と「される」の対立として考えられ、「行為や動作の方向に依拠する定義」で「矢印が自分から外に向かえば能動」「自分に向かえば受動」と定義される。しかし、かつては、バンヴェニストによれば、「能動態においては、動詞は主辞に発して、主辞の外で行われる過程を示す。これとの対立によって定義されるべき態

　　2020。

10)　國分功一郎著『中動態の世界——意志と責任の考古学』医学書院、2017。

11)　「自由意志」という概念に無縁であった古代ギリシア、アリストテレスのカテゴリー論から中動態に対応するカテゴリーを見出し、能動態／中動態について論じた。

であるところの中動態では、動詞は主辞がその過程の座であるような過程
を示し、主辞の表わす主体はこの過程の内部にあるのである」［バンヴェ
ニスト　1983：169］[12]（主辞は主語の意）。そのため、「『する』か『される』
ではなくて」、「動詞によって名指される過程の内部にあるときには中動態
が用いられ、その過程が主語の外で終わるときには能動態が用いられた」
と國分は述べている［國分・熊谷前掲書：97-98］。たとえば「惚れる」と
いう現象は「中動態ならこの事態を動詞の態として正確に説明できる」［同：
99］、能動態の動詞とは異なり、主語が動詞の世界に巻き込まれていると
考えられるからだ。つまり、「好きになる」を意味する「惚れる」のは、
自分自身だが、誰かを好きになる行為は、その人がいなければ惚れないの
で、完全に能動と言えないのではないか。このような疑問に対して中動態
の考え方を導入すれば、その人の魅力を感じる自分がいると考えれば、「惚
れる」は、同時に受動の意味を持つ。自分だけで最初から積極的に惚れよ
うとして惚れているわけではない。しかし、一方で、惚れることを強制さ
れているわけではなく、「惚れる」は、私を起点にして起きていると言える。
それゆえ、「惚れる」は自分（＝主語）もその動詞の影響を直接、受けて
いるのだ。

　さらに、中動態には、3つの意味があり、このことが態の対立の変化に
関係していると國分は言う［國分・熊谷前掲書：101-105］。國分によれ
ば、たとえば、ギリシア語の動詞で「ファイノー」という動詞があり、こ
れは能動態で「私が見せる」の意である。このファイノーを中動態にする
と「ファイノマイ」となり、①「私自身が私を見せる」ゆえに、「現れる」
の意となり、自動詞表現として翻訳される。次に②「私が見せられる」の
意として現在の受動態を表現していると取ることもできる。最後に③英語
などの再帰表現の「私自身を見せる」として、自動詞、受動態、再帰表現
の3つを表すことができる。

　では、なぜ、この3つが同時に表現できた中動態が受動態となっていく

---

12)　エミール・バンヴェニスト著、岸本通夫他訳『一般言語学の諸問題』みすず書房、
　　1983。

のであろうか。まず、現代では、①の「現れる」と②の「私が見せられる」は、対立して理解されている。では、中動態があった時代に対立していなかったものが、なぜ、対立するようになってしまったのか。別の言い方をすれば、同じ状況である「私が現れる」をなぜ、分けさせ、区別したのか。このような歴史的変化はなぜ起きたのか。そこには、単なる言語の使い方の変化ではなく、対人関係を結ぶために行うコミュニケーションの変化——いかにして言語を操るのか——につながっていると考えることはできないか。これについての國分の説はこうだ。「私が自分で現れているのか、それとも現れることを強制されているのか」[同：104]、それをはっきりさせたいのではないか、というものだ。というのは、同じ現象でも、自分の「意志」で現れたのか、「強制」されたのかで、全く違う印象となってしまうからだ。さらに、國分は、アーレントを引きながら「行為における意志の有無」が時代を経て問題になるようになったと説明する。中動態が存在していた古代ギリシアには意志の概念も相当する言葉もなく、古代ギリシアやアジアの時間感覚は、「循環する時間と自然という考え方」である一方、キリスト教の世界は、「始まりと終わりがある直線的な時間感覚」であった。それゆえ、両者は対立的な世界観と考えられる [同：106]。

　ところが、現代では、このような循環する時間感覚ではなく、キリスト教的な直線的時間感覚を持っている。それは、なぜか。アーレントは、その変化の理由を「意志」概念の誕生の中に見る。これについて國分は、彼女の著書『精神の生活　下巻』(1994 B、岩波書店) から考えている。この中で彼女はキリスト教哲学が「意志」の概念を作ったと記しているのだが [同]、それは、以下のような論証による。まず、「ローマ人への手紙」を書いた聖パウロが「もし律法が『むさぼるな』と言わなかったら、わたしはむさぼりなるものを知らなかったであろう」と指摘する。それは「律法を与えられた人は、善を為そうとする。つまり、むさぼらないぞ、と意志する。しかしそのように意志することは必ず『でもむさぼりたいじゃないか』という対抗意志を生み出す。意志は必ず分裂していて、律法を実行しようとする意志は必ず罪を犯そうとする意志を活動させる」[同：107] とアーレントは考えるからだ。意志がある／ない、意志が強い／弱い、など、

意志が問題になる時は、必ず、何か——おそらく良からぬこととされていることをしそうな状態——に逆らうために、意志が発動していることを示している。つまり、意志という言葉を知ってしまった以上、律法を守っても、破っても、どちらにしても、意志の葛藤は解決しない。それが人間の不安の源泉かもしれない。アーレントは言う。「結局、意志が無力なのは、意志の成功を妨げる何か外的なものではなくて、意志が自らに邪魔するからなのである。そして、イエスの場合と同様に、意志が自ら妨害しないところでは、意志はまだ存在していない」[アーレント 1994 B:84]。[13]國分は、アーレントの一連のテーゼについて、「意志は必ず対抗意志を伴っている」という点が興味深いと指摘する。対抗意志を常に退けつつ、つい従ってしまったら、大きな自責の念がやってくる。そう、この自責というのは、何からの自責かと言えば、自分の頭の中の考えにおける自責なのである。そのことを念頭においていわゆる「自己責任論」について考えてみたい。

「非自発的同意」からはじまる自己責任論

さらに、アーレントは、権力と暴力の違いについて記したと先ほど指摘したが、國分によれば、アーレントは「権力は、ただ単に行為するだけでなく、一致して行為する」と言い、「暴力は、一致して行為しない」と述べる。[14]では、この一致とは何か。それは、「その人を脅かす者の意向と脅かされている人の意志の一致」である。すなわち、権力を行使する者、脅す人物が望んでいる行為をさせられる相手方は、(いやいやではあるが)相手の意向に一致(同意)して行うのである。もちろん、脅しから始まっている限り、自発的ではない。とはいえ、「実際の行為は強制か自発かでは割り切れるものではない」と國分は指摘する[國分 2017：156]。そ

---

13) ハンナ・アーレント著、引田隆也他訳『精神の生活 下 第二部 意志』岩波書店、1994。

14) アーレントは、暴力と権力の差異を述べることで、「暴力を権力のもっともたちの悪い現われに過ぎない」という政治理論の一般的傾向に抗った。『暴力について——共和国の危機』みすず書房、2000、P.133。

れゆえ、「脅されたので仕方なく金品を渡す」ことは、「非自発的同意」
だ。強制はないが、自発的でもなく、自発的でもないが、同意している。
それは、中動態によって説明が可能となると國分は考えた。

　國分が、この「非自発的同意」を行為の類型に数えることを主張するの
には理由がある。それは、「ある同意に関して『同意したのだから自発的
であったのだ』と見なされてしまう可能性が出てくる」からだ。そこには、
「道具等々を用いた強い強制力が働いていなくても、人は、何らかの理由
から、疑問を感じているのに同意してしまう場合がある。つまり、暴力に
よって『あらゆる可能性を閉ざ』されているわけではないが、かといって
自発的でもない、にもかかわらず同意してしまうことがありうる（ハラ
スメントにおいてはこうしたケースが問題になる）。非自発的同意という
カテゴリーがなければ、そうした同意は、単なる同意として、すなわち、
『あなたが進んで自ら結んだ同意』として理解されてしまうだろう」［同：
156-159］。

　一方、アーレントは、その著書『人間の条件』の中で、政治の条件とは
「複数性」であると述べ、「一致して（相手に同意して）行為すること」に
こだわった。人間が複数いる中で一致を見出すことは非常に困難である。
しかし、その一致を目指すことが政治に他ならないと考えた。こうしたアー
レントの考えは、理想とするにはあまりにも困難であるといわざるを得な
い。これに対して、國分は、「非自発的な仕方であれ、一致をつくり出す
プロセスに参与できればよい」と提案する［同：160］。なぜなら、「一人
一人が政治的な意見を自発的に有していることなどありえない」からであ

15）　また、アーレントは、「自発的ではない同意は同意ではない」と考えていると
　　　國分は言う。それでは、この状況はいかにして説明できるのか。アーレントにとっ
　　　て、権力は、「個人の性質ではない。それは集団に属すものであり、集団が集団
　　　として維持されている限りにおいてのみ存在し続ける」［同］ものである。すな
　　　わち、権力は複数の人間が共に暮らしていくために必要不可欠な力である。國分
　　　は、それゆえ、アーレントは、「自発的でなければならない」と考えるのだと分
　　　析する。

16）　ハンナ・アーレント著、志水速雄訳『人間の条件』筑摩書房、1994。

る。

自己責任論の落とし穴

　本章では、フーコーやアーレントの権力論などを見てきたが、そもそも、権力関係を選び、その中でコミュニケーションを取っているのは、——自由意志かどうかはともかく——本人たちなのである。しかし、それは、行為をおこなった当事者にのみ、起因するのではなく、その由来は、複雑で一言で説明できないものと言えるのではないか。中動態の概念はそのことを示唆している。そして、このようなあり方が自己責任論となって人々を生きづらくさせている。この自己責任といったタームをキーワードに権力・権威とはまた違う視点から個人の行動やコミュニケーションを狭めてしまう生きづらさについて、第11章で見ていこうと思う。

　さて、自由意志かどうかはともかくとして、人はなぜ、その行為をしてしまうのか。それについて説明しようとしたのが、社会学者ピエール・ブルデューである。彼は、本章でも述べたように、その「場」とその人に合ったハビトゥスによってそれに最適なプラティックをすることで、文化資本を身につけ、そうであるがゆえに、ふさわしく見え、またそうであるからそれをすると考える。それでは、次章で、人が何らかの行為をする際に、行為以前に、何らかの行為の方向性や「構え」を持つが、それを支えるもの、そのように仕向けるものをブルデューの理論から考察したい。

第7章　コミュニケーションの前提としての文化資本

ブルデューの理論研究から考えるコミュニケーション

　人間関係を築くには、社会的相互行為としてのコミュニケーションが必要である。日本では特に相手の立場になってやり取りをするという理想があり、義務教育以前の段階から教えられる。それがうまくできない場合、コミュ障といった言葉で揶揄（自虐）することもある。とはいえ、就学前から携帯電話を持ち、小学校教育でタブレットを活用する ICT 社会を標ぼうする現代では、従来の対面のコミュニケーションだけでなく、いわゆる SNS と呼ぶソーシャルメディアを駆使してやり取りする場合が圧倒的に増えてきた。しかし、一人ひとりの個性に合った「コミュニケーション」といった教育の理想は、簡単なことではないのではないか。では、人はいかにしてそのコミュニケーションをおこなっているのか。私たちは、どのようにしてそれを習得しているのだろうか。そこに、社会的な集団ごとの何らかの「クセ」「方向性」のようなものはあるのだろうか。フランスの社会学者ピエール・ブルデューの理論から考えてみたいと思う。

その人の生きる環境としての「場（champ）」とそれを規定する文化資本[1]

　ピエール・ブルデュー（1930-2002）は、人びとの文化的実践が、立場が異なるとどのように変化するのかについて、参与観察などの研究によって理論構築をおこなった。ブルデューの最初の研究は、兵役で派遣されたアルジェリアの任務完了後、人類学者レヴィ゠ストロースの研究に影響さ

---

1)　文化資本と象徴的暴力については、佐藤典子著『看護職の働き方から考えるジェンダーと医療の社会学——感情資本・ジェンダー資本』専修大学出版局、2022の第 2 章を参照のこと。

れたアルジェリア人の調査である。その後は、組織の中の人間関係——上司と部下、労働者、ジャーナリストなど、あらゆる役割にある人びとのライフスタイルを比較観察した。とくに、社会的関係におけるやり取り——コミュニケーション——において、その人がいかに威信を保つかといった支配の関係も描いている。威信というと難しそうであるが、いわゆる、マウンティングである。言葉だけでなく、物腰、態度、見た目など、あらゆることで人々を威圧したり、あるいは、フランクな一面があることを見せかけたりすることによって物わかりのいい人物を演出し、相手より優位に立とうとするのだ。ブルデューは、人は、ある「場（champ）」に属しており、そのような場、特有のものの見方で世界を認識していると述べる。そこには、それぞれの「場（champ）」に合わせて、私たちに行動させるための選択肢があり、その選択の仕方といった前段階の方向性を示し、かつその行動原理となっているもの——ハビトゥス（性向と訳されることもある）——があると考えている。それは、それぞれの場つまり社会的立場によって決定される。ハビトゥスは、その人が何らかの行為をする時の構えであり、やがてその人のライフスタイルとなり、さまざまな行動の規定となるべく、無数に行われている判断の基となるものである。行動の規範でもあり、手段でもあり、それぞれがそのハビトゥスに応じて、戦略を立て、発展させることができると考えられる。言い換えれば「場（champ）」というのは、それが行われるそれぞれの場所であると同時に、置かれている世界でもあると想定されていて、そこに人々は所属している、ある種の社会区画である。ここで考えなければならないのは、この「場（champ）」が人々の社会関係における支配空間であり、対立の現場でもあるということである。そして、それぞれの「場（champ）」にはゲームのルールのように、一定の自律性があり、独自のルールがある。それゆえ、一人ひとりがそれぞれの役割、立場に従って行動せざるを得ない何らかの力が働いていると考えられる。また同様に、その人が自由に使える資源、行為者の戦略によってその人のあり方・生き方が決まるのだが、その結果、どの社会、どの「場（champ）」にもゲームを支配する者と支配される者が存在することになる。また、そこには、金銭などの経済資本ではないが、資本のよ

うに機能し、人の行動を規定する、ブルデューが言う「象徴資本」が介在しているため、この関係を複雑なものにしている。すなわち、経済資本を多く持っていることだけが評価されるのではないのだ。さらに、この支配は、決して単純なピラミッド構造、すなわち社会階層的なもの——それは、経済資本はもとより、象徴資本である文化資本（たとえば、学歴は個人が持つ制度化された文化資本である）や社会資本（社会関係ネットワーク、コネ）の多寡によってある程度は決まっていると考えられる——のいずれかを持っていればよいだけではなく、一方でそれが完全に固定化されたわけではなく、その時々の関係性によってある程度、変化すると考えた。[2)]

　このような考察からブルデューは、社会を 2 次元の空間ととらえている。垂直方向は、個人が利用できるリソースの総量を意味し、水平方向は、これらの資源が経済資本（財産、収入）と文化資本（学位、知識、資格、マナー、何かのやり方を知っていることなど）の間で分配されることを示している。それぞれの社会的地位には、それぞれのライフスタイルがあり、コミュニケーションの内容、やり方に違いがある。たとえば、ブルデューによれば、芸術家のアイデンティティの源泉のひとつは、「芸術のための芸術」を選択し、物質的な利益には関心を示さないところにある。同時に他の社会的カテゴリーでは、お金は他者との差別化をもたらす戦略となる。たとえば、食事をおごる行為は、教養や知性などの文化資本がなかったとしても、経済資本があれば可能な行為であり、その行為者はその経済資本と引き換えに他者からの名声や承認を得ることになる（そのおごり方にも品性＝文化資本があるかないか問われるが）。ブルデューは、それぞれの「場（champ）」には、ハビトゥスに応じた社会的クラス（階層）が対応するというのだが、1960 年代にフランス人の社会階層と趣味・嗜好の関係性を調査した著書『ディスタンクシオン』（1979）において、社会環境が個人の行動に及ぼす影響を説明した。一般に「好みは個人の問題である」とされている。しかし、ブルデューは、音楽、スポーツも、社会空間における

---

2)　佐藤典子著『看護職の働き方から考えるジェンダーと医療の社会学——感情資本・ジェンダー資本』専修大学出版局、2022、PP.105-111。

ポジションすなわち、ステータスの反映であることを示しているのだ。社会構造と私たちの個人的な嗜好の間を結びつけるものがハビトゥスなのである。

その人の生き方の傾向を説明する「ハビトゥス」概念

ブルデューはハビトゥスという概念を、その人の生き方を決めていくうえでどのような傾向をもたらすのか説明するために使用した。ハビトゥスとは、私たちが生活し、組織に属してその中で生きるにあたっての拠りどころ——禁止されていたり、禁止されているのではないのだが、そうした方がいいと思えたりすること、しかも、そのほとんどが意識せずに作用する——のようなものである。それは、幼少期の間に育まれた環境の影響を持ちながら、長じては、一貫した嗜好や習慣として現れ、たとえば、余暇を過ごすのに、スポーツ（観戦）をするのか、音楽（鑑賞もしくは演奏）をするのか、読書をするのか。その中でも、サッカーなのか、ゴルフなのか、クラシックが好きか、ポップスが好きか、読書なら大衆文学なのか、古典なのかなど同じ社会カテゴリーにいる者は、同じ特徴を持つという仮説が『ディスタンクシオン』などのブルデューの著作から明らかになっている。したがって、社会空間を観察するためには、個々の生活様式を知ることで見えてくるものがあると考えた。それぞれの社会カテゴリーには独自の宇宙があり、独自の参照体系があると言える。それゆえ、あくまで、いろいろと「考えずに行動する」能力（ブルデューの著書『実践感覚[3]』のタイトル通りの「プラティックの感覚」）によって、コミュニケーションは、おのずと決まっていくと考えられるのだ。その意味で、非言語コミュニケーションは、人々が文化資本によってその意味を読み取っていることから成立する。その意味を読み取ることの意義は、何が主流で、正しくて、価値があるものとされているのか、このゲームのルールを理解し、うまく振舞

3）ピエール・ブルデュー著、今村仁司、港道隆訳『実践感覚　1』みすず書房、1988。ピエール・ブルデュー著、今村仁司、福井憲彦、塚原史、港道隆訳『実践感覚　2』みすず書房、1990。

う（＝空気読む）ためである。さらに言えば、その中で少しでも良いポジションを得るための手掛かりが得られるのだ。

　第4章で見た非言語コミュニケーションでは、言語以外の表現によって何らかのメッセージを伝えていることを示した。たとえば、タイにおいて丁寧な話し方は、大きな声で話すことなく、柔らかく話すことであるが、アメリカなどでは、大きな声ではっきりと話すことが求められている。ブルデューは『ディスタンクシオン』において、こうした非言語コミュニケーションを、行為の中にこのような身体的刻印があると仮定して示そうとした。世界中の人に人気のあるスポーツでも、身体的接触のあるスポーツ（サッカー、ラグビー、ボクシング）は、大衆に好まれ、その実践は、コミュニケーションにおいて犠牲と強さの精神を大切にしている。一方、相手と距離があり、直接の接触がないスポーツ（ゴルフ、テニス、フェンシング）は、中流・上流階級に好まれる。このそれぞれの振る舞いがその立場にふさわしくできることによって、その人は評価される。当然、「似た者同士」のコミュニケーションがうまくいくという訳である。その人のいる社会的階層（クラス）、「場」のふさわしさ、うまさによって、他者と自分を差別化できるのだ。そうして、威信を保つ。つまり、マウンティングをおこなうのだ。

「ディスタンクシオン（差別化もしくは卓越化）」：いかにして優位に立つか

　差別化（これをディスタンクシオンという）することは、他者との違いを見せつけ、自分を優位に持っていくことである。たとえば、ただ経済的に恵まれているだけの成金ではなく、洗練された人物となるために求められるのは、下品さは封印し、さりげなく自分の品の良さをアピールすることである。差別化することで、人の優位に立つ＝卓越することができると考えられるのだ。[4]経済資本一辺倒ではない差別化はソーシャルゲームの核

---

4)　ブルデューのは、「差別化」による「卓越化」について、（ハビトゥス）（資本）＋「場（champ）」＝実践（プラティック）という方程式で要約している。ブルデュー著、石井洋二郎訳『ディスタンクシオンⅠ　社会的判断批判』藤原書店、1990、P.159。

心であり、文化、教育、趣味、料理、言語など、行動の原動力となり、社会的相互作用であるコミュニケーションも規定するものである。

　よって、ひとたび、人が経済資本を手にすれば、それを社会資本や文化資本といった目に見えない象徴資本に転換する努力をすることになる。つまり、経済資本を効果的に——ただ、お金を出せばよいのではなく、何に、いつ、いくら、どのように使えば実質的な社会的評価だけでなく、上品であると評価されるか——投入し、集まりやパーティに出て、できるだけ上質な知り合いを増やし、友好関係を築く努力をする。そして、社会資本（人脈）を得る。これを確実なものにしていくために、その子どもたちには、将来の社会資本や経済資本獲得に有利な教育を与えようとする。それがうまくいけば、文化資本（学歴や教養など）を獲得できる。とはいえ、社会的な上昇の経験は、しばしば痛みを伴うことがある。それほど裕福ではない家庭の子どもが両親の計らいで有名と言われる学校に入学したとする。しかし、それは、学歴も経済資本で余裕をもって獲得できる金持ちの子どもたちの「場（champ）」であり、コミュニケーションにおいてクラスメートから所作や持ち物を何かにつけて馬鹿にされ、自信を失ってしまうこともあるのだ。

　このように、他人と違うところを見せつけ「差別化」するのだが、そのことを示すのに、お金や自己アピールで声高に表現するのは品がない。最適な方法は文化によって規定されているのだ。ブルデューは最初の調査で、社会階級によって文化へのアクセスが不平等になっていることを指摘している（『美術愛好』(1966)）。美術館を訪れると、教養階級の人々は美術品に自発的に親しみを示す。それは幼少時からの社会化——生育環境の中で芸術作品に触れ、来歴を知ることによって、その社会にふさわしい知識と振る舞いを獲得したこと——に由来するものである。しかし、大衆はこ

　　この書籍は、1998 年に国際社会学会において、20 世紀の「最重要社会学図書 10 選」の 1 冊に選ばれている。

5）　ピエール・ブルデュー著、山下雅之訳『美術愛好——ヨーロッパの美術館と観衆』木鐸社、1994。

れらのコードを持つ機会がなかった。そのため、芸術作品を価値のあるものとして上流階級の人のようには評価しない。このように、文化への親しみ度合いはハビトゥスの最も目に見える部分であり、その意味で、コミュニケーションにおいては分かりやすい手掛かりとなる。食べ物、男女の役割分担、テーブルマナー、言葉遣いなどが、人々にとってあらゆる社会的行動の指針となっているので、その出来不出来がクラスの違いを表す基準となるのである。ハビトゥスは、文化ごとに何が良いのか悪いのか、何が美しいのか醜いのかを決定する。

　ブルデューが『ディスタンクシオン』で書いた調査をおこなったのは、特に、高等教育が、経済資本だけでなく、象徴資本すなわち、前述のように、金融資産ではないが、それに匹敵するような社会資本と呼ばれる人間のネットワークや文化資本、すなわち、教養や学歴など育ちの良さを感じられるものをたくさん持っている人々の再生産（日本でも東大卒は年収が高く、その親も東大卒の傾向がある）の中心的な場所であることを示したかったからだ。さらに、これらの教育機関の階層は、社会空間における地位（職業やそれがもたらす年収）と相似形である。金も教育もコネも持てる者が持ち、持たない者は持てない。よって、こうした再生産が行われているという事実は、ある種の象徴的暴力として、持たざる者たちに対して、力を振るい、支配構造をもたらし、強化することになる。それゆえ、社会的相互行為の前提が異なっているため、コミュニケーションもかみ合わない。エリートたちは、社会的に同質で閉鎖的であり、彼ら独自の空間を形成し、持たざる者はその形成に貢献してしまう。

象徴的暴力と学校教育

　前述の象徴的暴力とは、その支配的な表象（ドクサ）を人々の心の中で「自然なもの」と思わせることである。本人の落ち度ではないのに、生まれた場所、生まれた家庭、通った学校、国の制度、慣習、常識といった社会規範によって、その人が生きづらくなってしまっているのに、そのことを「（個人的なことであって）仕方がないこと」だと思わせることを指す。象徴的暴力は、権威の効果に基づき、制度によって発展するものである。そもそ

も、制度、慣習をはじめとした規範は、行為者の日常的な実践に入る前に、社会化およびイデオロギー的なプロセスを通じて、行為者に植え付けられる。それゆえ、学校文化の伝達（支配階級の規範を伝える）は、労働者階級に対して行使される象徴的暴力の一つであると考えられる。この一例として、ブルデューは、1960年代にフランスの社会学者ジャン゠クロード・パスロン（1930-）と学生を調査した際、高等教育へのアクセスに不平等があることを指摘した（『遺産相続者たち　学生と文化』1964[6]）。たとえば、高等教育を受ける者は、労働者階級の子弟は非常に少ない（労働者人口の35％に対し、学生は10％）。また、出身階層によって行動や教育機関との関係も大きく異なる。ブルジョワの学生は、親の経済資本のおかげで幼少時よりアカデミックな世界にいることができたので、自分のことを才能があると思い込んでいて、学校の勉強を軽んじている。彼らは（多くの場合、代々）経済資本があるゆえに階級的なハビトゥスである「身分保障」を持っている。中産階級や労働者階級の生徒が勤勉に行動するのは、学校が学問的成功を与えてくれると信じているからだ。こうした学校に対する考え方の差は、学校内での生徒同士のコミュニケーションの前提の違いとしても現れる。そして学校内の基準の押し付けは、階級と支配の関係を隠すことによって作為的に行われ、象徴的な暴力によって機能する。さらに支配は長い時間をかけて再生産されていく。というのは、学校が、学校自体が設定する複数のフィルター——両親が読み書きできるか[7]、教育を重視しているか、学校の決まりを守って授業・試験を受けられるか、進学に関する制度を知りうるかなど——を通して、社会的不平等を強化するための道具として現れるからである。このフィルターこそがハビトゥスである。歴史的に見てフランスには北アフリカなどの旧植民地からの移民が多く、親

---

6)　ピエール・ブルデュー、ジャン゠クロード・パスロン著、石井洋二郎監訳、戸田清、高塚浩由樹、小澤浩明訳『遺産相続者たち　学生と文化』藤原書店、1997。

7)　フランスでは、1956年から小学校低学年で、書く宿題を教員が課すことは法律で禁じられている。家庭学習のできる家庭との差別を助長するから、教員の負担が増えるからといったいろいろな理由が挙げられている。

世代は、フランス語を聞き取り、ある程度、話すことができても、書くことができないことも少なくなく、授業内容をフォローすることも難しい。現在では、親世代もフランス出身であることが多いものの、低学歴（義務教育のみなど）である場合が多いので、勉強する習慣やその方法も理解していないことが多々ある。OECD の学習到達度調査、PISA（2018）では、成績上位者の割合が OECD 平均よりも大きかった 23 の国と経済の中で、成績上位者の社会経済的格差はマカオ（中国）で最も小さく、フランスで最も大きかった。

コミュニケーションのゲームでやりとりされているものは何か

　ブルデューが明らかにすることは、一見、個人的なことに過ぎず、社会的影響を被らない、個々の独立した現象——教育制度、文化的嗜好、男女関係などジェンダーの問題（『男性支配』1998）[8]——のように思える。しかし、それは、社会における（好んで参加しない場合も含めた）相互行為（というゲーム）の結果であり、その背後に隠されたものがあるのだ。それゆえ、コミュニケーションの前提となる人びとの構えがどのようにできていて、その違いがコミュニケーションにどのような影響を与えるのかという予測を可能にする。なぜならブルデューの研究が、社会の中で見えていない部分（教育格差、文化的嗜好の決定要因など）を明らかにするからである。考え方の癖、偏見は誰もが持っている。だが、それを自覚していることは少ない。そのことが知らないうちに、各人の所属する場に応じて異なる構えによって、家庭でも学校でも職場でもコミュニケーションをして、その「場」にふさわしいプラティック（その結果、さまざまな役割など）を再生産していることにつながるのではないか。以下では、知らない間に差別的な言動が生まれやすいジェンダー的なシチュエーションで、どのような「構え」「思い込み」でコミュニケーションが行われているか、いくつかの事例から考えてみたい。

8）　ピエール・ブルデュー著、坂本さやか、坂本浩也訳『男性支配』藤原書店、2017。

ジェンダースタディ：①女性はすでに権利を持っているのか

　社会的相互行為における行為者たちの前提の違いがあることを考慮せずコミュニケーションをとることの問題について、ジェンダーの観点から考えていきたいと思う。なぜなら、問題のすり替えが生むディスコミュニケーションの事例には、驚くほどジェンダーや人種関連の事例が多いからだ。男女平等や人種間の平等を求める動きを真正面から論じさせず、俎上に載せることをせず、腐らせてしまい、問題は先送りになってしまうのだ。

　フランスの政治学者レジャーヌ・セナックは、女性の持つ「動物性の影響」つまり身体的な理由で「女性から政治的市民権を奪うなどということは、いまや時代遅れである」が、「宗教界や政界の大物だけでなく、ジャーナリストや知識人のなかにさえ、女性は特異な存在であるとする旧態依然の見方がいまだに根強い」[セナック　2021：11][9]と指摘する。とはいえ、現在、一見、女性たちも平等の権利を得ているように思える。しかし、マクロン大統領が 2017 年 11 月 25 日におこなった大統領任期 5 年間の国家重要方針演説からも明らかなように、「自らフェミニストとして主張する平等主義的発言と、〔相変わらず女性を補完性に割り当てながら、〕補完性[10]

---

9)　レジャーヌ・セナック著、井上たか子訳『条件なき平等　私たちはみな同類だと想像し、同類になる勇気をもとう』勁草書房、2021。

10)　たとえば、セナックが指摘するように、マクロンは、「女性を一人前の市民として考えたり扱ったりするのを妨げる歴史的かつ哲学的な障害物があることには触れていない」。マクロンは、暴力の被害者となった女性やマイノリティに対して、一種の償いとして、犠牲者および「フランス共和国」の尊厳の修復を呼びかけるのだが、それは、彼の認識では、平等の約束が暴力行為を行う者たちのせい、すなわち個人レベルで損なわれたという認識に留まっているにすぎず、セナックいわく、そもそも、「フランス共和国の設立以来、（言語に至るまで）もっぱら男性中心に考えられてきた普遍主義の役割を検討し、糾弾することを妨げている」[セナック前掲書：97-98]。つまり、そもそも、フランス社会の歴史的背景が男性中心主義で、その価値観によってこうした考えが生まれ、それが原因だということに言及していないので、男性中心のままの価値観という原則を疑ってみることからマクロンがやり直すことはしないということを示す。

を生命の維持に不可欠であると同時に収益性のあるものとして評価することによって、補完性への割り当てを現代化する政策が共存している」。すなわち、フェミニストと言いながら、女性の地位や評価は限定的でしかないという自家撞着——言っていることとそれが示していることが矛盾——している。このような矛盾した態度の構えの中でコミュニケーションがおこなわれることはよくあることだろう。また、2018 年 3 月 8 日の女性の権利のための国際デーにおいても、マクロンは、演説で自身の差異主義的な考え方を繰り返した。「私は他者性というものを信じています。男性にとっての真の他者性とは、女性のことです」と述べたが、セナックいわく、「女性を他者性に帰することは、非相互的な他者性が問題になっているという点において平等とは矛盾する」［同：96-101］。それは、男性とは異なる他者と見なして、そのレベルでなら包摂するという意味だ。もし、セナックが掲げる「条件なき平等」が実行されているのであれば、いちいち、女性を「他者」などという必要はないからである。この点について、セナックは、フランスの哲学者シモーヌ・ド・ボーヴォワール（1908-1986）の『第二の性』の一文、「女は男を基準にして規定され、区別されるが、女は男の基準にはならない。女は本質的なものに対する非本質的なものなのだ。男は、〈主体〉であり、〈絶対者〉である。つまり、女は〈他者〉なのだ」を引用する。このテーゼから考えられるのは、マクロンの演説は、女性などのマイノリティなど「『他者化された』集団に属している人たち」を「これまで平等および自由の原則の適用から除外されてきたのと同じ理由で、包摂しようとする傾向を示している」ということだ。要するに、「異なる存在として識別〔したうえで包摂〕しようとしている」［同：101-102］。このような事例は、社会階層において低い扱いを受けてきた女性に対して、男女平等が立法化し、男女同数を遵守しなくてはならない法律であるパリ

---

11)　性別や人種など両者の間にある差異をことさら強調することによって、両者間の不平等な状況などを正当化しようとする考え方。

12)　シモーヌ・ド・ボーヴォワール著、『第二の性』を原文で読み直す会訳『決定版　第二の性 I　事実と神話』河出書房新社、2023、P.17。

テが立法化した後のフランスであっても、「旧態依然の見方をする人」がいて、そのような人々と社会的相互行為の前提は異なっているということを示す。依然として、男女間、マジョリティ／マイノリティ間で人間としての対等性をあらゆる理由によって認めない前提でコミュニケーションがおこなわれていることの証左だ。

ジェンダースタディ：②ジェンダーは、まさに文化資本

　『性差別の損失——なぜ経済は男性に支配され、女性は排除されるのか』を記したオックスフォード大学名誉教授のリンダ・スコット（1952-）は、ジェンダー経済学、開発経済学の研究者で、アフリカなどの貧困地域でのフィールドワークをおこなっている[13]。たとえば、教育こそが村内の女性たちの教育水準、ひいては生活水準を上げると信じて、ガーナの首都アクラで、農村の少女たちが学校を中退しないためのプロジェクトを行おうとしたことがあった。しかし、実際は、村内の伝統的な女性差別および暴力行為——親による人身売買や児童婚こそ——が、学校を中退させる要因であって、それから逃れるために、首都でのホームレス暮らし（物売りから売春、そして組織的な人身売買にいたる少女たちの転落）を余儀なくされ、それが何世代も続いていることがわかったのだ［スコット　2023：8-9］。少女たちは、生まれた時からホームレスとして育つ世代だという。とはいえ、あらゆる国の女性人口に明確なパターンとして経済的不平等は表れていて、女性の不利な立場を持続させている同じメカニズムがある。どの国でも、「女性を経済的に包摂するのを阻む壁は仕事や給与にとどまらず、財産所有権、資本、信用貸し、市場にも」見られ、この障壁が「通常は女性に課せられた文化的な制約（移動の制限、産む性としての弱い立場、常に晒されている暴力の脅威）と結びついていて、女性特有の影の経済を作り出している」［同：10］。たとえば、性別に対する不平等は、農場労働における女性の経済的貢献が、世帯収入に吸収され、記録されないため、

---

13)　リンダ・スコット著、月谷真紀訳『性差別の損失——なぜ経済は男性に支配され、女性は排除されるのか』柏書房、2023。

存在しない、つまり、働いていないことになってしまうことやそれを自明
としていることなどに表れる。日本でも家族経営の商店や会社、農業など
で妻が事業に携わっていたとしても、労働の対価が他の被雇用者と同様な
形で明確に支払われていない場合がある。経済資本を持たない女性という
存在の社会的価値は低いままなのだ。こうした伝統的なあり方は、コミュ
ニケーションにおける上下関係、発言権も決定してしまい、それだけでな
く、原因はあくまでも女性が置かれている社会的状況であるのに、女性本
人の落ち度となってしまう。そのため、生きていくために、女性のジェン
ダーそのものと男性の経済資本を交換する社会的交換の対象になっている[14]
事例は枚挙に暇がない。[15]

　一方で、女性の活躍する地域の経済活性を実証的に示す事例として、女
性と金融システムの間の溝を浮き彫りにした 2000 年代初めのバングラデ
シュの銀行家ムハマド・ユヌス（1940-）による「マイクロファイナンス」
がある。極貧層にごく少額の融資をし、女性たちのグループで事業を起こ
すことを可能にしたこのシステムは、2006 年にノーベル平和賞を受賞し
た。高金利ながらも投資収益から返済が可能となり、やがて、彼女たちの
中には、正規の金融機関からも融資を受けられるようになった者もいるな
ど、大きな社会的変化があったのである。[16]

　「女性は、女性という階級として、選択肢が厳しく制限され、重要な情
報が積極的に隠され、少しでも『自分のためにやっている』と見られると

---

14)　これについては、第 13 章「消費行動の意味」の項参照のこと。

15)　男性と女性のコミュニケーションにおいて、ジェンダーを資本としてやり取り
　　するといった説明に関しては、佐藤典子著『看護職の働き方から考えるジェンダー
　　と医療の社会学——感情資本・ジェンダー資本』専修大学出版局、2022、第 2 章、
　　第 2 節を参照のこと。

16)　男女混成のグループの場合、成功のカギは、女性・女子の自立を支援する国際
　　的 NGO ケア・インターナショナルによれば、互いを尊重しつつ協力して金融の
　　意思決定をすることだという。男女混合の場合、男性に搾取され、暴力を受ける
　　など、伝統的な性別役割分業——女性が男性に一方的に従い、意見が言えない——
　　の状態になり、成功しないことが多い。スコット前掲書、PP.280-281。

罰せられる。こと経済的な選択に関して、女性が自律的に行動できること
はめったにない」[同15]のである。それは、後進国と呼ばれる地域だけ
ではなく、先進国においても、多くの手段で（意識的・無意識的関係なく）、
一生の間に女性がいかに差別され、いかにして経済的に不利な立場に立た
されているか。たとえば、「アジア太平洋経済協力会議（APEC）とG20
は『女性週間』を開催したり、『エンゲージメント・グループ』[17]を立ち上げ
たり、公式声明に女性に関する文言を入れたりはするかもしれないが、国
民の半分を占める人々の特有のニーズに配慮した計画を作ろうとはしな
い」[同11]のだ。つまり、包括的なてこ入れにはならず、前述のマクロ
ン大統領の演説のように、「部分的な包摂」に留まる。とりわけ、婚姻に
まつわる女性差別は、程度の差こそあれ、世界各国に古より存在し、女性
器切除や名誉殺人などが未だに正当化され、実行されている[18]。最新のジェ
ンダーギャップ指数[19]（世界経済フォーラム・WEFが2023年6月21日発
表）において、日本は調査対象146カ国のうち125位で前年の116位か
らさらに下げた（日本の一つ上の124位はモルジブ、一つ下の126位は
ヨルダン）。特に政治参加分野は138位で「世界最低レベル」とされてい
るが、これは、女性差別をあらためず人権意識の薄い保守政権が長期間日
本を支配し、そのような政権を国民が支持している（積極的には支持して
いなくても、放置はしている）という事実が一つの要因であろう。また、
それこそが日本の長期停滞の主な要因であり、経済分野においても前回の
121位より下がって123位となったのではないか。日本の女性の位置付け
が、悲惨な女性差別事例が引用されているアフリカ諸国と変わらない（少
なくとも意識の低さにおいては）のは、アフリカと同様の要因から生じて

---

17) エンゲージメント・グループは、各G20メンバー国の政府関係者以外の参加
者で構成され、G20首脳に対して提言を行い、政策決定プロセスに貢献する、と
言われている。https://www.g20.org/en/g20-social/engagement-groups/

18) これらについては、佐藤典子著『看護職の働き方から考えるジェンダーと医療
の社会学——感情資本・ジェンダー資本』専修大学出版局、2022、第2章第1節
を参照のこと。

19) https://www.gender.go.jp/international/int_syogaikoku/int_shihyo/index.html

いるからと考えて差し支えないだろう。

　第 4 章で、人類学者のエドワード・ホールらは、言語を知っているだけでは、特に文化が異なる場合——たとえば、外国を意味するのではなく、ブルデューの言う「場」が異なることを意味すると考えられるが——コミュニケーションがうまくいかないと述べていたが、それは、ハビトゥスの違いが文字通りの言葉を同じように解釈しているのではないということを示していると言えるのではないか。そのことが原因で知らない間に自分と他者を差別化しようとしていることもあるかもしれない。自分が優位に立ちたいがために、コミュニケーション過程で、このような態度をとっていないだろうか。そして、それこそが、コミュニケーションをうまく機能させない一因になっているのかもしれない。

　次章では、コミュニケーションにおいて重要と考えられている「感情」とコミュニケーションの関係について考えてみたい。私たちは、知らず知らずのうちに、自分自身の置かれた環境、「場」でそれにふさわしいハビトゥスをもってさまざまな行為をおこなっており、そこに他者とのコミュニケーションも含まれるのだが、その社会的相互作用において、いかにして「感情」を盛り込むかが望まれているのではないか。さらに言えば、コミュニケーションの中に盛り込む感情次第で、相手の感情まで変えてしまう可能性がある。また、感情の中でも、重視される「幸福感」について、これを求めるコミュニケーションによって社会がどう変わっているのかについて考察したい。

第**8**章　　コミュニケーションと感情

感情は心の中の純粋な思いでできている？

　心の中の想いが感情となって自然とコミュニケーションの際ににじみ出る、感情とコミュニケーションは密接にかかわっていると思われている。自分の感情が湧いてきて、それを言葉として言語化する。たとえば、怒りをコントロールするアンガーマネジメントでは、すぐに怒る人は、語彙が少ないと言われているのだが、それは、知っている言葉の数が少なく、細かい感情を表せない、もしくは、相手の言っている意味が分からないため（＝読解力がないため）、シンプルな否定の表現＝怒りにつながっているというのだ。このような事例以外にも、近年、携帯のコミュニケーションツールやゲーム映像やソーシャルメディアなどで、最低限の言葉でやりとりをし、少ない選択肢の中で生活することが可能な日々を生きることによって、語彙が少なく、詳細で具体的な表現をするにもそのバリエーションが乏しくなってしまう現状がある。この一連の流れを説明するために、脳に関する研究事例を挙げてみたい。

　脳に関する研究をおこなっている薬学者の池谷裕二によれば、人々の意識を「それが何か判断し、表現できること」とひとまず定義している［池谷裕二　2004：165］[2]のだが、これに深くかかわっているものが「言葉」であるという。というのは、その「意識」には、情報として脳に保存するために、いわゆる「短期記憶」（ワーキングメモリー）が働いているのだが、

---

1)　　アンガーマネジメントの理論と技術に関しては、日本アンガーマネジメント協会理事の安藤俊介著『アンガーマネジメント入門』朝日新聞出版、2016などを参照されたい。

2)　　池谷裕二著『進化しすぎた脳　中高生と語る［大脳生理学］の最前線』朝日出版社、2004。

これに関しても、当然、「言葉」が必要となってくるからだ。さらに、「意識」によって何かを判断しているのであれば、その判断は、何らかの根拠がなくてはならないはずなのだが、その「判断」は、過去の記憶すなわち経験や学習による。このように、次々と予想されるもしくは予想されない事態に対処する人間の日々の生活は、この仕組みによって支えられているのだ。もちろん、この仕組みは、さまざまな経験によって日々、その判断内容は代わっていくのだが、それは、脳の状態が変わっていくことでもある。そのことを「可塑性」を持つといい、それ以降の人々の行動選択の幅を広げることを可能にするのだ［同：166-170］。そして、この「可塑性」を支えるのも、「言葉」であり、この「言葉」が持つ抽象性により、さまざまな表現が可能となっているという。言い換えれば、その時々で必要な「言葉」を使わなくなってしまうことで、表現の可能性が閉ざされている、そんな風に考えることもできるであろう。

　さて、私たちの意識のなかで、本人の意思と関係なく現れるのが、感情だと考えられており、その感情は、嘘をつくことができない、と思われている。しかし、そのことについて、二つの視点から疑問を呈したい。一つは、先ほどの議論の流れで言えば、「感情」ですら、それをたとえ、表情で表現したとしても認識するのは、「言葉」によってであろう。であるならば、「言葉」のストックが少なくなれば、感情も乏しくなる。もやもやした思いを言葉として認識できず、単純化された情報にしか還元されないとなったらどうであろう。すぐ、感情的になってしまうのは、その人の中に「言葉」が足りていないからなのかもしれない。それゆえ、すぐに、怒ってしまう、そのような帰結であると言えるのではないか。もう一点は、そもそも、何かを認識し、ある感情を抱くのは、個人の感性によるものなのかという疑問である。たとえば、何かを美しいと思ったり、何かをありがたいと思ったりする感性は、いつの時代もどこの地域でも「その何かを見たり聞いたりする」ことで同じようなものが発生していると言えるのだろうか。第4章「非言語コミュニケーションと異文化研究」の項で述べたホールの事例によれば、感情の持ち方は、文化によって規定されているのであった。では、その感情の持ち方は、どのようにコミュニケーションの中で発揮され

ているのだろうか。

感情と文化、社会規範の関係性

　感情があること・それを見せることは、近年、肯定的な面にシフトするように見られている傾向がある。第 2 章の冒頭で論じたソーシャルメディアの絵文字や「いいね！」の表現も一種の感情のやり取りと考えてもよいだろう。逆に言えば、こうした社会の変化を肯定的に感じない人に対しては、社会的にマイナスな印象を抱いてしまう印象すら持ってしまう。このように、コミュニケーションの一つの機能として、自分の感情を相手に伝えることが挙げられる。しかし、だからといって、コミュニケーションのすべてが感情によって成り立っていると言えるのであろうか。そもそも、その感情は、どのようにして作られ、どのように機能しているのだろうか。

　哲学者の國分功一郎は、自身に寄せられた、離婚した相手に未練があるという人生相談の中で、31 歳の相談者が離婚した相手と「一生連れ添うつもりだった」と記しているのに対して、こうした感覚を持つのは、「『この人は自分にとって大事な人なのだ。自分が大事にしなければならない人なのだ』と自分に言い聞かせるため」ではないかとし、このような考えにいたる相談者に「自分に嘘をついている」のではないかと問いかける。「自分には何か違和感がある。いま自分はどこか無理をしている。でもその無理はするべきだ。なぜならこの人は『一生連れ添う』はずの大切な人なのだから……こう考えてしまう時、人は抜け出せない自分への嘘の地獄に入り込んでいます。そしてものすごい多くの人がそこに入り込んでいる」。だからこそ、「自分の違和感を大切にできないところ、自分の感覚を信頼できないところ」が相談者の欠点だと指摘する[3]［國分功一郎　2020：110］。國分の分析は、「何らかの社会規範に従うことが必然である」と「社会規範上考えられる」がゆえに、「何らかの嘘をついて自分をごまかして居心地が悪くなっている、生きづらくなっている人」への処方箋になるだろう。

---

3)　國分功一郎著『哲学の先生と人生の話をしよう』朝日新聞出版、2020。

また、國分は、相談への回答の中で、ポルトガル系アメリカ人の脳神経学者のアントニオ・ダマシオ（1944-）が著書『感じる脳』で「情動」と「感情」を区別して論じる理由に目を向ける。「情動」を「ある刺激に対する生体の反応そのもの」で、「たとえば危険が迫っている場合、私たちは、身体が震えたり、精神エネルギーがその危険の現れる方向に向けて集中」［同：111］したりする経験と定義し、「感情」は、心の中で意識される気持ちで、危険が迫っている時、「怖い」と思うことだという。ダマシオによれば、どのような動物にも情動はあり、環境からの刺激に応答しながら生きている。そして、人間のように感情を獲得した動物は、情動の後に環境からの刺激を意識化し、それを精査することで、より高度な応答が可能になった。その結果、泣くという身体的な反応としての情動こそが感情を作っているのであり、悲しいという感情が先にあって泣くのではないと述べている。それゆえ、違和感を抱かせる人間としての機能が、情動であり、その後の感情につながっていくと考えられるのだが、その点について、國分は、人間が自分に嘘をつきやすい落とし穴が、上記の仕組みの中にあると指摘する。「感情は情動のもたらす結果であるわけですが、この感情を抱く心というものは、情動に逆らうことができる」。「たとえば、危険を感じた身体が、情動によって危険を表現し、その結果として『あぶない』という感情が心に表れる」［同：114］。ところが、人間の場合は、あぶないと思いながらも、「あぶないけれどやらねばならない」などと考えることができ、自分に正直に生きることができなくなるのである。会社に勤めて理不尽な仕事を割り振られたり、学校で先生の理不尽な強制に逆らえなかったり、家庭でもどこにでもそれはある。私たちが仕方なく自分に嘘をついている瞬間は残念ながらたくさんある。しかし、そうした無理はずっとは続かない。國分の言うように、情動だけではない感情による分析機能は、人間に周囲の環境に対して、さまざまな分析を可能にして、その恩恵にあずかっている。一方で、その二段階の仕組みゆえに、持ち主である自分自身の思いを改ざんすることもある。情動にブレーキをかけてしまう文化的規範の存在があるからだ。それは、前章で示したように、人間がそれぞれの社会で置かれた「場」によってそれに合った「ハビトゥス」を持つようになる

ことが示している。それでは、実際に、どのようにして私たちは、社会の
要請に応えて行動しているのだろうか。

顧客満足度（CS Customer Satisfaction）：日本語のあいまいさと数値化は両立するか？

そもそも、社会的文化的な要請があれば、自分自身で思った感情に即し
た行動を変えることが適切であると思われている（たとえば、葬式の間に
笑うことは不適切であるなどといった社会規範を知っていること）。その
ため、実際に自分が思ったことと反する態度に変えてしまうことがあり、
それを自分自身でもはっきりと気づけない。そのような意味で感情は、た
またま生まれた文化によって左右されるものである。

それでは、たとえば職場において、社会の要請に応えるべく感情をコ
ントロールする場面はどのようなものなのだろうか。カウンセラーの榎本
博明[4]によれば、「職場におけるメンタルヘルス対策に関する調査」（2012）
では、農業などの第一次産業を除く全国の従業員 10 人以上の民間事業所
14000 箇所を調査したところ、産業別にみると最もメンタルヘルス不調
者のいる事業所の割合が高い事業所は「医療・福祉業界」であり、76.6％
にのぼる。看護師の離職率がここ 10 年以上、毎年 10％超えている事実
と矛盾しない。この調査結果だけでなく、「顧客満足度（CS Customer
Satisfaction）といった考え方により、その傾向に拍車がかかっている」［榎
本博明　2017：19］。なぜなら、こうした取り組みは、数値化され、可視
化することが自明視されていて、顧客においても、数字で表すことで、特
に気にならなかった点についても目に付くようになり、プラスの方よりも
マイナスの方に目が行きがちだからである。たとえば、東京オリンピック
の誘致の際に一躍、脚光を浴びた日本の「おもてなし」精神は、相手を慮っ
てなす言動であったはずが、今となっては、相手の求めるがままに――た
とえばそれが無理難題や理不尽なことであったとしても――行動しなくて
はならないこともありうることを含意するようになってしまった。

---

4)　榎本博明著『「おもてなし」という残酷社会』平凡社、2017。

また、榎本によれば、「日本語を学ぶ外国人からよくいわれるのは、日本語には曖昧な表現があるから難しい、ということである」［同：27］。日本語を母国語としない外国人にとっては、その点を自分の母国語に置き換えることが難しく、日本語の習得が困難になることも少なくないだろう。学生同士のコミュニケーションにおいても、日常的に相手に配慮して、自己の主張をすることができないということは長年言われてきた。とりわけ、未成年の頃からスマートフォンやタブレット（また、ゲーム機なども含め）などによってコミュニケーションを取ってきた世代は、やり取りの数は多いものの、端的に物事を伝えたり、自分の思いを詳細に伝えたりすることをしなくて済んでしまっている。このようなことは、たとえば、「『私はこれが好き』ではなく、『私はこれが好きかも』といったように、語尾をぼかして伝えることで、断定を避け、相手がそれに反論しなくて済むように言葉をあらかじめ整えておく」［同：29］ことにも表れていると榎本は言う。さらに、相手にクレームを言われたり、無理難題を押しつけられたりしたときに、「笑顔で対応する人も少なくない」。一方、災害や事件に遭遇した際にも、感情的に窮状を訴えたり、他者を責めたりする発言が聞かれないことも多い。これについて、榎本は、日本が「自己中心の文化」ではなく、「間柄の文化」であるからで、感情的にリアクションを行うことで、相手が困惑することを避けようとする意志の表れではないかと分析する。また、相手の気持ちに共感しやすいため、絶えず、相手の気持ちを気遣っている。それは、たとえば、被災者を前にしての気遣いと被災者自身が心配してくれる相手に対しての気遣いと両方あるのではないかと述べる［同：34-35］。日本では、このように、共感することが文化的に自明視され、人間関係を形成してきた。これについて、精神科医の土居健郎（1929-2009）は、アメリカでの精神科の研修中の出来事をその著書『甘えの構造』[5]でつづっているのだが、アメリカでは、精神科医であっても、患者への共感性が低いことに驚き、日本人の精神構造の中に「気持ちを察してほしい」と

5）　土居健郎著『甘えの構造』弘文堂。1971年に出版され、2007年には増補普及版が出版されている。

いった「甘え」があることを喝破した。それは、翻せば、人の気持ちに共感し、思いやる心を持つ協調性ともなる心の方向性ともいえるだろう［同：45］。日本語の構造と英語などの構造の違いもあり、日本語はハイコンテクストな言語であるゆえ、字面の内容だけでなく、言外の想いを込めやすい特徴がある。よって、その言外の意味までも——言外であるのにもかかわらず——読まなくてはならないのだ。

共感疲労・共感ストレスとは何か

　特に、今日、コミュニケーションにおいて盛んに言われるようになった言葉に同調圧力という語がある。ハイコンテクストな日本では、その圧力の中身を読み取り（異文化の人にとっては気づかないくらい軽微なものもあるので）、屈した方が「善い心がけの人」と思われるであろう。そうであることを自分に課すのは、自分が集団から排除されることへの恐怖がその原動力になっているからなのではないだろうか。その集団の考え方に従えないと思ったとしても、そこから排除されるよりはましであると考えれば、意に沿わない考え方に同意——積極的にではないにしても、それに真っ向から否定しない程度の同意、第6章の「非自発的同意」——をすることはあるのではないだろうか。それは、同調することが強いられるだけでなく、感情においても「そのように、同じように」感じていることが求められる。これは、「共感ストレス」と呼ばれる現象であり、empathy がstress となるといった研究は近年、よく行われている。榎本は、空気を読んで行動する（≠自己中心的行動）ことを「間柄文化」と呼んでいるが、「自分だけじゃないから」「みんなも大変だけど頑張っているんだし」「先輩や仲間に負担をかけられないから」などと思い、無理だという気持ちや拒否したい気持ちにブレーキがかかってしまい、間柄に配慮しながら働くことが自明になっていることを危惧する［同：15-16］。それでは、なぜ、この「間柄重視」によって生きづらくなってしまうのだろうか。

　共感ストレス（empathy stress）とは、苦しむ人、つらい状況にある人を見て、「何とかしてあげたい」「何とかしなければ」と思うことから始まる。こうした人々への共感がいかにしてストレスになるのか。傷ついた人

の目撃や体験談の聞き取りや、二次的外傷性ストレスといった傷ついた人と自分自身を同一化することによって起こると考えられ、代理受傷、外傷性逆転移などと言うこともある。[6]

　高齢者福祉・介護福祉を専門とする松田美智子ら[7]によれば、介護や看護、医療の現場などで働くスタッフは、たとえ腹が立つことがあっても自己の感情を抑え、相手の気持ちを理解する姿勢が求められる。しかし、このように感情をコントロールし続けると「共感疲労」が生じる恐れがある。「共感疲労」とは、他者を支援することから生じるケアなどの担い手の心理的疲弊のことを指す。医療サービスや支援を求められると医療スタッフは、「何とかしてあげなければ」という気持ちが強くなり、利用者の感情にシンクロしてしまう場合があるのだ。これは、医療職が利他的で倫理的な職業であるがために起こることである。この疲労が自明のこととして蓄積されていくと、ゆとりがなくなり、感情の線引きができなくなってしまい、その人らしさが失われていく。最終的には、「何もしたくない」「仕事を辞めたい」といった「燃え尽き症候群 (burnout syndrome)」など、その人自身も援助が必要な状態に陥ってしまう。自身の感情と労働との境目が見えなくなってしまうというのだ。

感情労働 "emotional labor" とストレス

　ケアを中心とした仕事は感情労働であることが自明視されているのだが、「感情労働」とは、「受容」「傾聴」「共感」といった感情をめぐる高度なスキルを使って働くことをいう。[8]感情労働の特徴はコミュニケーションを伴うことで、介護スタッフは、どんなに腹が立っていても怒りやイライ

---

6)　Elizabeth A. Segal　2018　Five Ways Empathy Is Good for Your Health in *Psychology Today*.

7)　松田美智子他著「高齢者福祉施設で従事する対人援助職者が共感疲労に陥らないためのサポートシステムの解明」『天理大学学報』第 68 巻第 1 号、2016、PP.79-105。

8)　佐藤典子著『看護職の働き方から考えるジェンダーと医療の社会学──感情資本・ジェンダー資本』専修大学出版局、2022、第 1 章参照のこと。

ラした感情をあらわにせず、相手の立場や思いに寄り添い受容や傾聴の姿
勢を示し、クライアントの前では自らの感情をコントロールして対面する
よう求められている。自らの感情をコントロールする「感情管理」は、日
常的に体験され、たとえば、「次の業務が待っているから早く切り上げた
いのに、放置できない」「本当はイライラしているのに笑顔で対応する」
といった、何らかの感情を抑制したり、抱いていない感情を抱いているか
のように振る舞ったりする状態が挙げられる。

　そのほか、患者家族とのコミュニケーション場面でも、職員の感情管理
スキルは求められ、その場面において社会的に職業上望ましいと思われる
感情を実際に抱いているかのように振る舞い、自分の内に湧き上がってく
る感情をなだめ、別の感じ方に加工し、感情の感じ方そのものを意図的に
コントロールしようとする。こうした自己の感情コントロールを日常的に
経験し続けると、感情の消耗をもたらすことになる。

感情労働における適応障害

　看護教育を専門とする看護師の武井麻子によれば、「ケアする者にもリ
カバリーが必要」と述べ、共感ストレス、共感疲労に言及している。感情
労働を体現している看護職においては、看護師が「感情の容器」になると
いう考え方があり、「看護師が感じる不安や怒り、悲しみ、自責の念や恥
の感情は、患者が自分では抱えきれずに看護師という容器に流しこんだ感
情」ととらえるそうで、それに対してネガティブな考え方を看護師自身が
患者相手に持つことを「あってはならない」と考えたり「感じないように」
したりといった努力をする。しかし、こうしたことが際限なく続くことで、
自分自身の感受性そのものが失われ、仕事に専念できなくなってしまうこ
ともあるといわれている。とりわけ、共感疲労の場合は、経験が少ない者
にもこのような状況になってしまう［武井麻子　2021：163-165］のだ。

　また、昨今、診断されることの増えてきた「適応障害」であるが、武井

　9）　武井麻子著『思いやる心はきずつきやすい　パンデミックの中の感情労働』創
　　元社、2021。

によれば、「本人は適応できないことが問題」と考えているものの、実際は、「適応できないことで不安になり悩んでしまうことが問題」なのだという。「職場や家庭環境の変化などで新しい役割ややり方に適応できないことによるストレスからどのようにして逃れることができるのか、不安になったり、自責の念にさいなまれたりすることによって、かえって問題が悪化してしまうこともあるであろう」［同：166］。また、第13章の「嗜癖と共依存」の項などで取り上げる精神保健福祉士の斉藤章佳も「感情労働はワーカホリックのリスクが高い」[10]［斉藤章佳　2023：37-38］と指摘する。理不尽な仕事環境であっても、問題解決のために力を尽くすことが自明視されているからである。

主体性のパワーにハーネスをつける

　このような時、看護の現場で長らく教育に携わってきた武井は、「主体性のパワーにハーネスをつける」［同：173］といった方法を提唱する。たとえば、「子どもたちが殴り合いのけんかをしている」状況を見れば、大人たちは、それを何とかやめさせることを考えるであろうが、自分の感情を自覚して相手に伝えたいという相手との関係性構築の志向ととらえれば、「内省と主体性と関係への希求」が生じているのだから、相手との不和といった逆境を乗り越えようとしているととらえ直すことで、関係性を切らずに、「暴力的な方法に訴えずに」関係をつなげていくことも可能になるのではないかと考える。それが、「主体性のパワーにハーネスをつける」ことであり、ただ、事なかれ主義で、暴力的な方法に訴えようとした表面的な事柄だけを非難し、謝らせて、手打ちにするだけでは、その後の関係性が続かず、人と人とのコミュニケーションが成り立たなくなってしまうと述べる。武井によれば、「リジリエンス（＝レジリエンス resilience については次項で説明する）は、生来持っている性格傾向でもなければ、ずっと持ち続ける力でもない」［同：175］からだ。こうした事柄をケアなどの仕事に応用とするとすれば、看護師は患者の言動に対して怒りや不

---

10)　斉藤章佳『男尊女卑依存症社会』亜紀書房、2023。

満を感じることなどはあってはならないと思っているのだが、といって、実際には、看護師側が感情を揺さぶられることがあったとしても、これらのことを「大したことではない」「何でもない」として処理してしまえば、それは、いつか臨界点を越えてしまう。しかし、同じ立場の者がそれについて語っているのを見れば、自分の中の怒りや悔しさ、悲しみといった感情を受け入れることができ、患者の言動の背景に思いを巡らす余裕も生まれると指摘する［同：183］。

とはいえ、これらのことは日本における同調圧力によるコミュニケーションの存在を浮き彫りにする。それは、「このような時にはこのような反応をする（ことが多い）」という事例が、広まることによって規範化し、「このような時にはこのような反応をするべき」となっているからなのではないだろうか（たとえ、それが何らかの包摂であったとしてもそれは、また別のことの排除につながることもある）。だからこそ、相手に攻撃的な態度を取られた時や自分が困窮している時においても、感情的な態度をとることなく、——時には、笑顔になりながら——相手に自分の本音を語らないし、自分の感情を見せないようにする。それは、相手を不快にさせてしまうのではないか、怒らせてしまうのではないかという気遣いだけではなく、自分が本音をぶつける行為が相手にどのような反応を引き起こすのか予測できない（もしくは対応が難しそうだと予測できる）がゆえに、その次のターンの自分のリアクションの際に、どのようにふるまえばいいのか、文化的に学習する機会がなかったからなのであろう。

レジリエンスは心を救うか：コミュニケーション過程における自己点検・自己コントロールの要請

このように、感情的なコントロールを自明とする職場だけでなく、多くの職場や学校ですらも、本人とは無関係につまり、自分に起因しないで生じる問題をあたかも個人の人間関係の問題であるかのようにとらえる風潮はなぜ起きているのか。すなわち、その社会的問題、組織的な課題をあたかもその個人の「心の問題」として取り扱うことはなぜ起きるのか。そこには、その外側にあるはずの社会の問題を不可視化あるいはなかったこと

にしてしまう可能性があるのではないか。このように、外部の問題を個人の内面の問題にすり替え、内省を促し、その時々の「規格」に合った「心」を作り上げること——を仮に、ひらがな書きで「こころ化」と名付けて考えてみた。そもそも、自分の外側にある問題を「個人の感情、考え方、心の問題、そしてコミュニケーションの問題」として個人に帰せさせ、問題自体を見失わせることにもなってしまうであろう。それによって、感情をコントロールできない、コミュニケーション能力のなさ、本人の未熟さと断罪されてしまう可能性もある。しかし、こうした傾向は、外側の問題を個人の能力の問題にすり替えるだけでなく、常に自己を振り返り、社会的困難——冷静に考えれば、それは本人に起因するものではないのにもかかわらず——に適応できない自分自身に問題があるとして、ともすると自罰的に自己を振り返る主体を作り出し、その過程で社会の要請に従順な心身を作り出す結果となってしまう。

　後述する社会学者ホックシールドの感情労働研究を発展させ、現代のネオリベラリズムの社会において感情が資本にまでなっていると喝破したモロッコ出身のユダヤ人社会学者のエヴァ・イルーズ（1961-）は心理学者エドガー・カバナスとの共著『ハッピークラシー』[12]で、「幸せは一連の『感情商品（emodities）すなわち市場に流通し、取引され、感情の変化を起こすことを請け負うサービスやセラピーや商品になった」［カバナス＆イルーズ　2022:13］と述べている。心理学における「レジリエンス」といった概念の出現とその要請は、さらにこれらの傾向が見られることを示して

11）　佐藤典子著『看護職の働き方から考えるジェンダーと医療の社会学——感情資本・ジェンダー資本』専修大学出版局、2022、PP.174-180。

12）　エドガー・カバナス＆エヴァ・イルーズ『ハッピークラシー　「幸せ」願望に支配される日常』みすず書房、2021。2018 年出版フランス語版の原題には、Comment l'industrie du bonheur a pris le contrôle de nos vies ＝「いかにして幸福工場は私たちの人生をコントロールしているのか」という副題がつく。

13）　レジリエンスの概念はこれまで災害支援や生態系、銀行の経営まで、さまざまな分野の「システム」の専門家によって論じられてきた。もともとは工学や物理学の分野での概念であり、「跳ね返る力」「回復力」「弾力性」といった現象を指

いる。レジリエンス概念は、心理学分野で 1950 年代から子どもの外的要因による心の傷からの回復に着目した研究において見出された後、生態学などで注目され、その後は、災害分野で、リスク低減や損失・被害からの回復という観点からも研究がなされ、多様な分野で使用される概念となっている。そもそも、レジリエンスは、集団内の結束力やコミュニケーション能力、問題解決能力のために、社会内部の課題だけではなく、いかにして合意形成能力や実践力展開するのか、という点も含まれている。社会イノベーターのアンドリュー・ゾッリと文筆家のアン・マリー・ヒーリーとの共著である『レジリエンス・復活力・あらゆるシステムの破綻と回復を分けるものは何か』（2013・ダイヤモンド社）に書かれているレジリエンス概念は、「劇的に変化する状況に直面しても、その中核となる目的と完全性を維持するシステム、企業、または個人の能力」と定義されている。しかし、レジリエンスの問題点の一つは、それが記述的なものであり、すべてに当てはまるような規定的なものではないということである（当てはまるようであれば、それは、レジリエンスではないが）。レジリエンスとは、多くの場合、問題修復のために何かを「ちょうどよい」タイミングでその時に必要な量だけ備えていてそのための行動ができることである。たとえば、つながってはいるがしっかりとつながってしまってはならないし、多様ではあるがバラバラで散漫だと言えるほどではなく、助けになるときには他のシステムとつながれるが、通常は、切り離されても機能できること、などが挙げられる。戦略的に決定しすぎないでいること、つまり（戦略、構造、行動の）流動性と（価値観や目的の）固定性を何らかの形で両立させる姿勢である。

善く生きるための心がけ：フーコーの言う「規律訓練」からレジリエンスに至るまで

さて、このレジリエンス概念であるが、刑務所の処遇について研究して

している。高誉文著「災害研究における『レジリエンス』に関する文献レビュー」『共生学ジャーナル』第 8 号、2024、3 月、大阪大学　人間科学研究科　共生学系。

いる社会学者の平井秀幸によれば、次のようなプロセスで論じられている。それは、「規律から管理へと犯罪統制トレンドが変化するなかで、リスクは犯罪者処遇ではなく犯罪予防やリスク人口層の管理と結びつくようになって」いて、従来の、単純に「刑務所に入所させて罰する」というものから認知行動療法的に自己コントロールさせるという方法（これを平井は「リスクモデル」と呼んでいる）に20世紀後半から世界的な主流が変わってきているのだ［平井秀幸　2016：26］。しかし、一方で、近年では「リスクモデルにおいて回避・対処すべき再犯リスクとみなされた困難状況（不確実性）は、レジリエンス原則のもとでは前進・成長のチャンスとして積極的に受けとめられ、不確実性受容型自己として責任化される」と述べているように、まったく正反対のあり方が求められているのだ。これは、刑務所の処遇についての研究であるが、こうした傾向は、刑務所の外の私たちの日常においても今日、存在している。すなわち、私たちが、自身の行動を社会的なものが原因であると見なすよりも、自己責任化すなわち自罰化する傾向と共通しているのだ。というのも、自己責任化、自罰化を回避するための方法としてレジリエンス概念が考えられているからである。

　そもそも、「規律から管理へ」の「規律」は、第6章で論じたフーコーの権力論において出てくる概念である。歴史的に見て、かつて王が君臨し

14）　平井秀幸著「ポスト・リスクモデルの犯罪者処遇へ？——新自由主義・レジリエンス・責任化」『犯罪社会学研究』日本犯罪社会学会、2016、No.41。

15）　平井のレジリエンスについての分析は、平井前掲論文　2016、PP.32-41。

16）　フーコーは、権力のあり方について時代に即して三つに分かれると述べている。それは、第一に王の時代にあった見せしめのような刑罰の時代である。しかし、それは、明るみに出なければ、罰せられることはない。千葉に言わせれば、「さまざまな逸脱の可能性が広がっていた」［千葉雅也　2022：93］のである。次に、17-18世紀の権力をフーコーは、「規律訓練」と呼んだ。誰に見られていなくても特に意識せずとも自らを律していくことである。学校の教室で、先生がちょっと教室を離れる際に、「静かに自習していて」と言われたら、先生が不在となってもそれが可能なのか、もしくは、実際はそうしなかった（クラスで騒がしくなる）としても、「本当は静かにしていないといけない」と生徒たちが思っているということが「規律訓練」が機能している目安であり、自己監視が可能かという

た時代に、罪を犯せば見せしめのような刑罰で罰せられた時代があり、次に「規律訓練」の時代、たとえば、犯罪と認定されることをしないように誰かに言われなくても自らを律するように自己監視する時代となる。とはいえ、こうした心持ちになるのは、権力の不在ではなく、遍在を意味する。目に見える権力がなくてもそれを守ろうとしているからだ。第 2 章などで引用している哲学者の千葉は、これを以って「個人的な心の発生だ」と言う。なぜなら、「今日のプライバシー、個人的なものというのは、そういった自己抑制と共に成立した」［千葉雅也　2022：97］からである。そして、18 世紀以降になるとフーコーが「生政治」と名づけた権力のあり方が登場する。主として病気の発生率や出生率といった人々の行動を——それは多くの場合、人々の幸福といった大義名分のもとに科学や統計を根拠として——変化させる権力である。千葉によれば、「心の問題に関しても、昔だったら、もっと話を聞くことが重視されていたところ、それでは時間もかかるし薬で解決すればよい、ということになっていく。『心から脳へ』という最近の精神医学の転換も、大きく言えば、生政治の強まりだととることができる」［同：100］と述べる。また、千葉は、コロナウイルス感染症が拡大した中での施策を事例に挙げるのだが、「感染拡大を抑えるために、出歩くのを控えましょう」といった心がけを訴えるのが前述の「規律訓練」で、「そうは言ったって出歩くやつはいるんだから、とにかく物理的に病気が悪くならないようにするために、ワクチン接種をできる限り一律にや

問いである。監視し、支配する者が不可視化される——見えなくなるということは、肉体的な不在を指すのではなく、むしろ、遍在を惹き起こす事態でもあるということを示す。つまり、「直接注意されなくても静かにしていなくてはいけない」と思えば思うほど、現状が不安に思えてきて、自らを律する。それによって、いちいち注意されなくても、平穏な状態を維持できることになるのである。これを千葉は、「自発的に大人しくなっていく」と表現した。つまり、「体が動くより前に踏みとどまる空間が自分のなかにできていく。それゆえ、近代的個人は、本当に監視者がいるかどうかがわからないのに、不正行為を、殴り合いを、共同謀議をしなくなる」など攻撃的なコミュニケーションが減ることを意味する。そして、18 世紀には、即物的に人々をコントロールしようとする動き（「生政治」）が出てきた。千葉雅也著『現代思想入門』講談社、2022。

ろう」というあり方が「生政治」である。簡単に言えば、「ただ生き物としてだけ扱って、死なないようにするという権力行使」[同:98-99]である。この事例からわかるように、現代は、規律訓練と生政治が車の両輪のように私たちを動かしていると言えるであろう。

　以上のような歴史的研究を踏まえながら平井の論に戻ろう。自己を深く顧みて行動する「慎慮主義的なリスク回避型自己とアントレプレナー的な不確実性受容型自己は、共に新自由主義を支える主体像として共存し得る」と分析するのだが、それは、「自己責任型」と「レジリエンス型」のハイブリッドであることから「新自由主義的主体形成」[平井前掲論文　2016：30]と言えるのだ。その慎慮主義も不確実性を受容することで、市民的成長につなげようとするそのアントレプレナーシップも"アクティブ"かつ"積極的"な自己コントロールを責任化する"新自由主義的主体形成"を支え」ているのだから。つまり、「他者に言われたからそうする／しない」もしくは「言われそうだからそうする／しない」という「規律訓練」の文脈での自己決定や個人の意思よりも全体の秩序を重んじる「生政治」的社会のあり方の先を行くような形で、「レジリエンス」は、自ら社会の要請に合わせて自己を――文字通りレジリエントに――いくらでも変えていくマインドなのだ。

　たとえば、「ぼっち」と呼ばれる現象など――自虐の場合も含めて――コミュニケーションが取れず、孤立化する"リスク"が、自己肯定感を下げ、自他ともに傷つけてしまう事態が後を絶たない。これまでは、そうなってしまうのは、自己責任だととらえられてきた。しかし、今日では、受動的に孤立せずに、むしろ、自らが能動となって積極的にコミュニケーションを行う主体となることが望まれ、自己責任において管理できるような自

17)　平井は慎慮主義の問題点を「『社会的なもの』の自己コントロール」と定義しているが、それは、すなわち、貧困や差別のように個人で解決できない排除に対して、自分で解決することが求められていることである。平井前掲論文参照のこと。また、これについては以下にも記されている。平井秀幸著『刑務所処遇の社会学――認知行動療法・新自由主義的規律・統治性』世織書房、2015、終章。

己像がある種、認知行動療法的な自己啓発的な行動を実践させ、"エンパワメント"志向のためにレジリエンス概念が必要と考えられている。とはいえ、そのレジリエンスは、あくまで、自分自身を深く顧みて行動する慎慮主義という言葉に表れるような、その社会に順応して存在することを過剰に求める傾向を内在させた上でのレジリエンスであって、その社会秩序の輪を乱す行動やその秩序に異議申し立てするような動きをする人々を排除の対象とする傾向が著しいことは、昨今のソーシャルメディアでの書き込み、コメントのやり取りを見れば明らかではないだろうか。そこでは、コメント欄に書き込みをする多くが匿名の個人でありながら、世論の流れを決定するような力も持ってしまう。今日を生きる我々は、目の前のその人との対人関係だけではなく、目に見えないネット上の世界中の人ともやり取りを――本人が望むと望まざるとにかかわらず――行わなければならない新自由主義的な流れの中にあるのだ。つまり、序章で書いたように、OECD が理想とする「キー・コンピテンシー」[18]概念が求める、慎み深く、自己コントロールに長けている者が評価される。

　このように、私たちの価値観のなかで学校や家庭で教わってきた「善く生きること」のために感情をコントロールすることは、個人の心がけにしても、実際の政策にしても、現在の社会で主流となっているあり方を私たちが自覚しなくても支えることに寄与し、体制を支えているのである。言ってみれば、いつでも何がその時代の価値観に合致しているかを自己点検させられている私たちは、自分たちが本当は何をしたいか、何ができるのか見極めることがむしろ困難な状況を生きている。

感情労働の感情は本物か

　そのキー・コンピテンシーに求められる力には、感情をうまくコントロールして働くことも求められている。感情労働が想定される場面で、コミュニケーションはどのようなものと考えられているのだろうか。感情労働の名付け親である社会学者アーリー・ラッセル・ホックシールド（1940-）

---

18)　第 11 章の「鏡に映った自己、原自己、自伝的自己」の項を参照のこと。

の研究の内容を通して、感情労働をどのように理解することができるか考えてみたい。

　ホックシールドは、労働している人間の感情をとらえ、それをいかにして仕事に用いているか、観察し、研究をおこなった。そして、『感情労働』という用語を、公的に観察可能な表情と身体的表現を作るために行う感情の管理という意味で用いる。感情労働は、「賃金と引き換えに売られ、したがって〈交換価値〉を有する」と考えた［ホックシールド　2000:7］。労働者の感情は、労働市場において、商品となり、賃金が支払われる。この雇用形態を「感情労働」と呼んだのだが、人はモノやサービスを売るとき、顧客とのコミュニケーションにおいて、顧客に満足を与えるためには、感情こそが商品だと主張する。感情は人が他者と相互作用を起こそうとするときに経験されるもので、「鏡に映った自己」さながら、「人は感情から自分の世界の見方を発見する」と指摘した。なぜなら、相手と接する時にどのような感情を持つかによって相手との関係性が考えられる側面があり、出来事と現在の状況を一致させ、心の要素を生み出し、自己表現の方法の一つとして自己管理の対象となるものが感情だと考えたからである。

　組織社会学者の山田真茂留は、「本来的な感情の輝く場」について書いた項で、「ホックシールド的な見地からすれば、表層ではなく深層での演

---

19)　アーリー・ラッセル・ホックシールド著、石川准、室伏亜希訳『管理される心——感情が商品になるとき』世界思想社、2000。

20)　それまでの労働者の感情に関する研究としてホックシールドがおこなってきたのは、1920年代以降打ち立てられた「相互作用説」——感情の生物学的要素と社会的要因によって変化する——やカナダの社会学者アーヴィング・ゴフマン（1922-1982）の「自我は社会的な相互作用を通じて作り出される」といった儀礼的相互行為論や自己のドラマトゥルギーであり、これを批判的に継承した。詳細は、佐藤典子前掲書、第1章を参照のこと。

21)　自分自身は何を信じて生きていけばいいのか、本当の自分がなんだかわからなくなる原因は、自分自身の中にある。周りの環境にとらわれず、自分の気持ちの棚卸を定期的にすることによって、私自身の最適が見えてくることもあれば、自分自身の鏡である自分をよく知る身近な「他者」に自分の心を映してもらうことで分かることもあるだろう。

技であってもそれはやはり演技でしかなく、また本人が演技ではなく本気なのだと言ったとしても——当人にとって正真正銘の誠実な感情表出であった場合でも——、それが組織化・商業化されているかぎりにおいて本物ではないということになる」と記している［山田真茂留　2017：93]。[22]おそらく、演技と本物の区別がつかなくなることはドラマなどで言うと「役を生きる」といったような状態になることだと思われるが、それは、どちらか一方がそうであると言い切れなくなることではないのだろうか。たとえば、看護師が看護の職務の一環として穏やかな雰囲気で話しかけることはよくあることだと思うのだが、その状態で相手の病気や置かれた環境への共感などを示せば、最初は看護師としての役割演技から入ったとしても、その人の人間性、経験などによって、それが、仕事を離れてもそのように接してくれるのではないかといった錯覚を覚える（相手にとっても自分にとっても）。よって、それが役割演技からはじまっていわゆる当事者にとっての本物になったとしても、ならなかったとしても、それに価値があるかないかといった議論ではなく、（演技から始まったとしても）限りなく本物である——心からそうであるように見える——ことが現代では（たとえ時給の低い仕事であっても）一般的なこととされ、むしろそうでなければならないといった規範になっていることを問題としたい。ホックシールドの時代のように、現代は本物かどうかあるいはどうあるべきかを論じている余裕はなく、そうであるべき一択なことに息苦しさを覚えるのだ。

　演技であってもいいけれども「心からおこなっている・言っている」ように見える感じのよい接し方をすることがどの職業にも求められていて、そうでないとクレームをつけられてしまう。もちろん、ソーシャルメディアの発展とグローバリゼーションによって、不特定多数の人々を相手にすることが日常になった今、身内の間の気の置けないコミュニケーションでは済まなくなっていて、自分のストレートな気持ちを見せるのではなく、マニュアルから派生した何らかの「感情パッケージ」みたいなものから出

---

22)　山田真茂留著『集団と組織の社会学　集合的アイデンティティのダイナミクス』
　　世界思想社、2017。

して行って相手と対峙し、慎重に接することが求められているのではないだろうか。前述の「共感疲労や共感ストレス」の項で述べたように行為にいちいち感情を乗せるあるいはコントロールすることが平準化されている（現代では、それは、規範化と言えるであろう）ことで、どこからが演技かということよりも（あるいは「感情を乗せる」といった時点で何らかの演技はあるはずだ）常に感情スイッチをオンにし続けることで感情が磨滅する、自分の本当の感情が分からない（演技か本心かなども含め）といった弊害が出てきている。しかし、一方で、それによって、感情を贖（あがな）って人間関係（もちろん組織や仕事上も）をつないでいる（それ一択を求められているように見える）様子が感情労働の先にあり、自らを削って感情を資本にすなわち感情資本をやり取りしているように見えるのだ。他方で、対面、オンライン、各種ソーシャルメディアなどにより、先ほど思いついて書いた言葉、「感情パッケージ」があるので、最初の人間関係の作り方は簡単なのだが、感情はなんとかコミュニケーションに乗せられても個性は出しにくい――皆、同じに見える――といった弊害も起きているように思える。

新自由主義と幸福のマッチポンプ

　感情労働の中でも重視される感情が相手の幸福感だ。相手を幸福（もしくは快の感情）な気持ちにさせなければならない――少なくとも不快／不幸な気持ちにさせてはいけない――といった感情規則が感情労働始め、コミュニケーションには存在するのか。そもそも、なぜ、現代は幸福を大前提にしているのか、そして、それを作らなければならないのか。前述の『ハッピークラシー』によれば、新自由主義がセルフ搾取を基底としているからだと答えるであろう。序文にはこう書いてある。「幸せの追求はじつのところ、アメリカ文化のもっとも特徴的な輸出品かつ重要な政治的地平であり、(中略)経験科学とともに（それを共犯者として）機能するグローバル産業へと成長したのは最近のことだ」[カバナス＆イルーズ前掲書：6-7]。ここで言及される経験科学とは、1990年代に創設された「ポジティブ心理学」である。「幸せの科学」を謳うこの心理学については、過去に

も批判的指摘[23]が数多くなされてきた。本来、心理学は、人の心理を客観的に研究するものと考えられ、「〇〇心理学」は、これまで、「社会心理学」「教育心理学」「犯罪心理学」といったように、ある特定の分野を示したり、あるいは、「臨床心理学」といったように、「心理学」の方法がその「〇〇」に当てられたりしたように、従来の「心理学」はそこに何らの価値も見出さず、現象そのものを研究していた。しかし、イルーズによれば、1990年代以降に発展した「ポジティブ心理学」は、一定の心理状態すなわち「ポジティブ＝前向き」であることが称揚され、「一定の傾き」を持っている。日本ポジティブ心理学協会（学術的な学会ではない）が定義するように、「ポジティブ心理学とは、私たち一人ひとりの人生や、私たちの属する組織や社会のあり方が、本来あるべき正しい方向に向かう状態に注目し、そのような状態を構成する諸要素について科学的に検証・実証を試みる」ものであり、「ポジティブ」という一定の価値観がすでに「心理学」に冠せられ、かつ、「本来あるべき正しい方向に向かう状態に注目」している、心理学という社会科学の一ジャンルというよりは、「ポジティブ」という一つの偏りを持つための、そのようにあるべきといった規範化に向かう諸活動と言えるであろう。『ハッピークラシー』とは「幸せ Happy」による「支配 cracy」を意味する造語であるが、誰もが「幸せ」をめざすべき、「幸せ」なことが重要といった社会に溢れるメッセージは、人びとを際限のない自己啓発や自分らしさ探し[24]、自己管理に向かわせ、問題は、常に自己の中にあり、その解決をつねに自己の内面に求めさせる。それは個人の手に負えないレベルの社会構造的な問題から目を逸らさせる装置としても働き、「ア

---

23)　カバナスとイルーズによれば、「1959 年に『積極的考え方の力——ポジティブ思考が人生を変える』を発表したノーマン・ヴィンセント・ピールや、心の知能指数 EQ のダニエル・ゴールドマンといった作家たちによってすでに広められていた考え方は当初は科学界から冷たい批判を受けていたが、ここに来て（中略）科学書、大学の学部、アカデミックな教育課程へと移動した」カバナス＆イルーズ前掲書 PP. 26-27。

24)　カバナス＆イルーズによれば、「自分らしさを商品化する」のである。カバナス＆イルーズ前掲書、PP.143-150。

ンガーマネジメント」がアメリカの裁判の判決で更生過程の一つ——自己啓発プログラム——に指定される場合もあるなど、怒りなどの感情はネガティブ＝悪と退けられ、自ら感情をコントロールし、ポジティブであることが自明とされる。新自由主義経済と自己責任社会に好都合な「幸せ」は、いずれにせよ何がどうであれば幸せなのかは語られていない。今はやりの「匂わせ」でしかない。ポジティブ文化は、アメリカの古くからの輸出品である。そこでは、幸福は、セラピー頼みで個人主義（日本的にいうと自己責任主義）かつ細分化している。幸福は不幸の単なる反対語ではなく、積極的に「意志の力によってつくりだせるマインドセット（思考様式）」［同：5-7］なのである。しかし、幸福であること（しかも内容はそれぞれに委ねられ、不明なままで）が至上主義となると、それを求めるにしても、誰もが求められるように、量や質が決定される。よって、生産性や効率など、量的なもので測られ（つまり、質も量で測られるという矛盾）、それに当てはまらない場合は、幸福ではない、自己責任で NG となってしまい、無力感にさいなまれ、人生が二択になってしまう息苦しさがある。感情や幸福に価値がもたらされ資本になるなら、そういった象徴資本は新自由主義で、経済学のあらゆる領域に拡張されるだろう。

　そして、幸福至上主義で自称、科学のポジティブ心理学のせいで、幸福は、測られる科学的なものになったと思わされた。というのも、社会現象の測定と数量化は、新自由主義において、これほど幸福が重視されるようになったかを知るカギになるからだ。測定によって、見えやすく、分かりやすいと思われるようになり、幸せを商品化することも可能になった。さらに、科学的で客観的な指標として見られるようにもなり、さまざまなところでそのデータが利用されるようになる。また、政治的経済的問題をイデオロギーではなく、「技術的なように見えるやり方で解決できるということだろう」［同：49］。やがて、ハッピーな「私」がインフルエンサー（こんな「見せびらかし」が仕事になるとはかつて誰も思わなかった）として、ソーシャルメディア上のいわば商品棚に並び、幸福感をまとうことが職業となるのだ。何かに対してそれぞれの個人がどう思うかといったことを幸せという価値観で味付けしてコミュニケーションをしているのが、現代の

あり方で、あたかもみんな同じ仕様の——何があっても幸せと思える——
OS を入れられた状態なのではないだろうか。

ポジティブ心理学とマネタイズの仕組み

　ポジティブ心理学のような実体のない、また仮説を検証しえない「疑似
科学」は、雇用主や多国籍企業にとって好都合なものである。たとえば、
コカ・コーラはこのことをすぐに理解し［同：39］、迷うことなく「コカ・コー
ラ ハピネス・インスティテュート」を設立した。もちろん、あらゆる経
営者、企業の人事部長、あらゆるコーチにとって、具体的な説明をせずに、
勝手に社員が努力して、うまくいかなくても自己責任だと自ら納得してく
れる実に素晴らしい方法＝贈り物であることは言うまでもない。この「ポ
ジティブ心理学」なるもののムーブメントの精神的な父である、マーティ
ン・セリグマン（1942-）は、会員数約 12 万人のこの分野では最大の学
会である APA（American Psychological Association 米国心理学会）の会
長に、圧倒的な得票数で選ばれた。アメリカだけでなく、ロンドン大学経
済学部のリチャード・レイラード卿も、2007 年に発表した『幸せの値段：
新しい科学からの教訓』で、支持者を増やし、「幸福の皇帝」と呼ばれて
いる。これは、英米だけでなく、ドバイ首長国にも影響を与え、「幸福省」
さえ作られた。イルーズらによれば、幸福をテーマにしたアマゾンの書籍
の数は、この 20 年で約 7 倍となり、一般人も「幸福」のツイートやイン
スタグラム、フェイスブックの投稿も爆発的に増えて、社会現象にもなっ
ている［同：3］という。

　また、これらの専門家は、アメリカなどでは、経済・金融界のさまざま
なスポンサーから、この目的のために特別に作られた団体を通じて、創作
活動のための報酬を得ていることも忘れてはならない。これらの専門家の
中には、一時的な名声という成功に流されて、研究者ならではの批判精神
や科学的精神を失った者も少なくない。行動経済学者のダニエル・カーネ
マンもその一人だ[25]［同：37］。一方、実業家たちは、期待される利益の方

25)　カーネマンは、レイヤードと M・クラークが「ポジティブな心理療法への公共

向へ心理学者たちを誘導する[26]。その結果、寄付や補助金などの援助は途方もない額に達する［同：21-25］。また、この現象の広がりを示す例として、インターネット上に300万人以上のユーザーを持つ「Happify」というアプリがある。月額14.95ドル（2018年末時点）でフルアクセスでき［同：133］、最も「ポジティブ」な投稿が選ばれて随時書籍化され、おそらくアプリユーザーが購入する、スマートフォンで最も儲かるアプリケーションの一つとなっている。コミュニケーションにおいても、幸福な私であることが望まれているという強迫的な思いがかえってコミュニケーションを滞らせ、そうなれないことを悲観する個人に罪悪感を抱かせ、自己責任の新自由主義を指示させる結果となっているのだ。それゆえ、この罪悪感を抱かないで済む唯一の方法が、この疑似科学であるポジティブ心理学を、お金を出して実践し続けることなのだ。それがうまくいきさえすれば、幸せになれるのだから。

「ハッピーは作れる！」「ハッピーは儲かる！」

　カバナスとイルーズは、幸せは作り、教え、学ぶことができるといった、ポジティブ心理学に疑問を呈し、こうした「幸せの科学が説き広める『いい人生』という還元主義的な考えには反対する」［同：9］。そして、幸福になることが科学的にどのように可能なのかと問う［同：20-41］。特に、このポジティブ心理学なるものが「世界規模の広範な組織的ネットワークを構築した」ことについてであり、それが「金のかかる運動」であることについてでもある［同：21］。彼らは資本主義による親密な感情の利用を鋭く観察し、幸福がいかに魅力的な＝儲かる市場であり続けるか、また、魅惑的なイデオロギーとなったかを読み解く。そして、このポジティブ心理学なるものによって形成された幸福は、特に2008年の危機以来、望ま

投資を増やすべき」と主張する著書、『心理療法がひらく未来——エビデンスにもとづく幸福改革』（2014）について、「説得力のあるメッセージ」を放つ「元気をくれる成功物語だ」ともちあげた［カバナス＆イルーズ前掲書P. 37］。
26）　OECDもポジティブ心理学者や幸せの経済学者などを顧問にしている［同］。

しい未来の約束ではなく、何年もの間、「ポジティブ心理学に関心をいだく公私の団体から幅広く多額の投資が流入し続け［同：22］、単なる儲かる産業、経営ツールとなっている。専門家の話を聞いて、そのテクニックを応用すれば、幸せになることができるといった内容だが、何十億ユーロもの価値を持つ巨大成長産業である幸福産業は、ポジティブ心理学を通して悲観的な思考を制御し、『ネガティブ』な心理療法にとって代わる」［同：31］と、位置づけられ、個人のネガティブな感情を遮断し、自分を最大限に活用できるよう、「よりよい人間」［同：27］を形成することができると主張している。社会でも、仕事でも、幸せは栽培され、理論化され、ビジネス化され、本や講座になり、生産性を高めるための新しい燃料にさえなっている。しかし、カバナスとイルーズは、「しっかりとした理論的土台がないにもかかわらず、幸せを正確かつ不偏に測定できるという自信」［同：41］に疑問を抱く。それは、あらゆる道徳的美徳と個人を切り離すことによって「科学的な」幸福という考えになり、生産性と業績というただ一つの目的を持つ超自由主義的イデオロギーもたらした。そこでは、常に、「落ち込んでいませんか？」「ポジティブになろう」「あなたは職場に不満がありますか？」「瞑想した方がよい」と働きかけ、このサイクルから外れることだけが不幸なのだと説く。他者とのコミュニケーションにおいて、自分が幸せであることが大事だと刷り込む。だからこそ、富と貧困、成功と失敗、健康と病気は自己責任であると再び私たちを説得するための策略にもなっている。いわゆる幸福に関する科学が、消費の範囲を私たちの内面にまで広げ、私たちの感情をコントロールしようとしていることは、他の商品と同じように私たちを商品にしてしまうことに等しい。それは、いわば、ポジティブマインドや自己啓発マインドが消費されていることの証左でもある。つまり、こうしたマインドを持たないことは、否定され、うまくいかなかったときは、自己責任だと言われる。「自己啓発は万病に効く」というのは、現代人の神話と言えるだろう。幸せは、私たちの幸せではなく、作った人に帰属し、その結果、私たちは作った人たちに隷属することに他ならないのだから。

ネオリベラリズムの今日、幸福産業はいかにして私たちの生活を支配してきたか

　さらに、イルーズらは言う。「もし、幸せが、幸せの科学者の力説するとおりに自明のものなら、科学者や専門家に教えてもらう必要はないだろう。自然とわかるはずだ」[同：199]。それゆえ、イルーズらはこうしたポジティブ心理学の様々な要素を解体し、欺瞞を露呈させる。すなわち、この幸福産業の理論的無価値と、それが誘発する効果、言い換えれば、自己責任の呪縛により、自滅せざるを得ない精神状態になる者を不断に生み出すことに警鐘を鳴らすのだ。それは、幸福産業の関与、レジリエンスなどを実践しなければ、「完全に幸福」にはなれないと思い込ませられていることに気付かせるためである。ポジティブ心理学のレールに乗れば、フーコーが、かつて、新自由主義について語った文脈のような「自分自身の企業家」[27]にならなければならない。その唯一の方策は絶え間ない自己改善である。この幸福産業という新しい道徳秩序は、個人の日常や努力を抑圧する。その時点では、本人たちは気づいていない。やりがい搾取である。幸福であれ、楽観であれ、その専制ぶりは、目に余り、他の考え方を認めない。人工的な幸福モデルは、モデルとしてのみ存在し、実際には人を幸福にしないのだ。

　それにもかかわらず、セリグマン率いるポジティブ心理学の使徒たちは、すべての人が自分の幸せに責任を持つ方程式を発明した。確かに、一見、ネガティブ・シンキングよりポジティブ・シンキングの方が良さそうに思える。少なくとも、害はないようにも思える。しかし、この理論では、私たちが逆境に見舞われた場合、それは私たちのネガティブな思考だけのせいになってしまうことを意味する。たとえば、「組織の失敗の責任を組織内部のどこかに転嫁すること」[同：117]になるのだ。これは、従業員に解雇の責任を取らせ、病人に病気の疑いを持たせ、飢えた人に飢えの罪を負わせる、非情な方法である。そこで、私たちは、運命の不公平さに耐えられられなくなり、さらなるポジティブさを身につけようと沼に入っていく

---

27)　佐藤典子前掲書、P.51。

ことになる。一見すると現代的で価値がありそうなポジティブ心理学の使徒たちが、この教義が社会的相互作用の側面を否定し、このいわゆる科学の他の多くの基本的側面を無視しているという点——すなわち何の因果も何の相関もないことやただの数値化に意味を持たせること——によって、幸せになると言うなら、それが、いかにポジティブからかけ離れているか分かるだろう。

　「幸せ」を求め、ひたすらポジティブに生きようとする人の特徴として言えるのは、自分を基準にせず、周囲のヒト、モノ、コトを基準にして物事を判断しようとすることなのではないか。そこに、自身の価値観はない。次章では、他人軸で生きる人々がどのようなコミュニケーションをおこなっているのかについて考えてみたい。

第9章 他人軸で動く人のコミュニケーション：利己的であること／利他的であること

原因帰属（状況のせいか、個人の性格か）

　そもそも、私たちの行動は、何が原因でそうなったのか、分からないことが少なくない。それにもかかわらず、コミュニケーションの中で、概して自分に都合の良いようにものを考える癖がある。例として、水をこぼしたとき、水をこぼしたのは私であっても、そこにコップを置いたのは誰か、あるいは、水を飲もうとしていた瞬間に電話の音が鳴って驚いたとしたらどうなのか、その因果関係ははっきりと一つと言いきれるのであろうか。また、他者の行動についてであれば、当人に聞く以外、それは、推測するしかない。たとえば、友人が怒っていた時、その日は、たまたま、外出先で嫌なことがあって、怒りっぽくなっていて、怒っていたのか、あるいは、もともと、怒りやすい性格で怒っていたのか、その判断は、理由付けの方向性によって異なる。

　社会心理学では、行動の理由を何に求めるのか考察するが、それを「原因の帰属」という。前者のように、「状況」によるものだと考えれば、本人によることではないので、外的なものであるから「外的帰属」と言い、後者のように、本人の能力や性格といった内的な「属性」によるものと考える場合、「内的帰属」と言う。何に行動の原因を求めるか、同じ現象であっても、その解釈によって異なるのだ。このように、原因の特定は、どのような立場に立って考えるかで変わってくる。また、客観的に考えてもその原因特定が間違っている場合もある。その代表的な現象は、「基本的な帰属の誤り」というものである。これは、他者の言動の理由を推測する場合、明らかに外的な影響を受けていることが分かっているにもかかわらず、行為者自身の性格などといった「内的帰属」させやすい一般的傾向を言う。

たとえば、会社の上司の命令に逆らえずに違法行為をしたとしても、行為者自身の性格によってそれを行ったと考えられてしまう場合があることなどがその例である。また、「行為者―観察者バイアス」は、物事がうまくいかなかった場合、自分に近い存在に対しては、物事の原因を外部に求め（「あなたは悪くない」）、反対に、自分から遠い存在に対しては、その人自身（「お前のせいだ」）の内部にその原因を求める傾向があることを指す。

　自分自身に対してもこの偏りは、発生する。「セルフサービングバイアス」という概念は、成功に関しては、自分の能力に帰属していると考え、失敗に関しては、環境など外部に理由を求めるなどの傾向があることを説明している。たとえば、テストがよくできた時は、自分が頑張ったからだと考え、できなかったときは、テストが難しすぎたからだというように、自分の外に理由を見つける。ほかに、「コントロール幻想」と呼ばれ、くじ引きなど、偶然に左右されることなどであっても、自分がくじを引けばいい結果が出ると思い込む傾向がある。また、偶然の事故や災害などであっても、その被害者に過度の責任を見出そうとする「過度の責任帰属」[1]といったバイアスがある。例として、派手な服装をしているから、盗難や暴力の被害にあうのだといった言説などである。これらの言説は、ラーナーによって「公平世界仮説」と呼ばれている。この考え方を持つ人は、「世界は、公平にできているのであるから、良い人には良いことが、悪い人には悪いことが起こる」という信念を（無意識的であっても）持って生きている。幼少期からしつけの一環でもたらされる信賞必罰的なこの価値観、すなわち、バイアスにかかりやすい人は、協調性と誠実性が強いという特徴がある。この信念に従えば、自分に理不尽なことが降りかかったとしても、「世界は公正であるのだから、誠実でいよう」と思う。一方で、何が起きても、皆が同じように我慢すべきことだと思い、耐えようとするが、公正に事が行われなかったり、自分が我慢していることに他者が我慢しなかったりした場合、他者を責める傾向がある。そして、悪いことが起きた人に対しては、

1）　外山みどり著「責任の帰属と法」菅原郁夫他編『法と心理学のフロンティアⅠ巻　理論・制度編』北大路書房、2005。

その被害の原因となるような何かが本人にあるのだと何の根拠もなく被害者に責任を求める考え方をすることもある。このように、帰属の処理を行う際には、行動を起こした人にばかり目が向きがちであるが、同様に、それが何によって引き起こされたのか、とりわけ、外的な状況要因についても考える必要がある。こうした原因帰属の特定において、他責で考える人は少なくない。[2]以下で具体的な事例を挙げて考えてみたい。相手がそう出るならこちらだって、と言わんばかりに他人の出方によって態度を変える人、もしくは、常に他律でしか行動を起こせず、うまくいかないとすぐに人のせいにし、うまくいってもなんとなく自信が持てない人。また、常に相手のことを考え、自分のことが後回しになりがちな人。そのような他人軸で動く人のコミュニケーションはどうなるのか。

１．利己的であること

　他人軸で動く人のうち、利己的なスタンスで行動していると思われる人はどのような人なのか。いくつかの例から考えてみたい。

①損得勘定で動く人

　そのことやその人が好きで行動した場合、思うようにならなくても後悔はないが、これが流行っている、こういった進路がトク、みんなこうやっている、この人についていけば大丈夫といった、他律的な基準を自分自身の基準に（無理やりか、計算づくか、いつもそうなのかはともかく）あてはめて行動してうまく行かなかったとき、人は後悔し、自分の周りに原因があると思い、あるいは、そのように吹聴して憂さを晴らす。

②人を利用する人＝搾取する人

　自分に利益があると思ってその状況やその人を利用しようとする。しか

---

2)　佐藤典子編著『現代人の社会とこころ』弘文堂、2009、第３章、PP.80-81 参照のこと。

し、その利用した状況に満足できなかった（思い通りに行かなかった）場合は、そのことを許せず、相手や状況を責める。さらに、自分で何かを決めないと気が済まないパーソナリティーを持ち合わせていたとしたら、その状況は相手にとってさらに良くないものになるだろう。

③何があっても自分が悪くないと思う人・何でも周りの人のせいにする人

　仕事でうまく行かないときなどに「上司が悪い」「部下にやる気がない」「同僚が無能」などと評価をする人がいる。そして、「こんなのやっても無駄」という。しかし、そうなのではなく、適切にしていないだけかもしれないし、する気がないだけなのかもしれない。ただ、やってみないだけということもあるであろう。どの職種でも、そこにとどまらざるを得ないと考えてしまう人は、そこにとどまらざるを得ないことへの忸怩たる思いがあるゆえに、自分自身のプライドを支えるため、周りの人や会社組織の悪口を言い続ける。あるいは、変化したいのに、そのためのアクションも起こさずに、辞めるか、留まるかの二択だけの単純化された発想しかない。何かするにしても防御線を貼ってから、真っ先に言い訳を考えて動かないでいることも多い。

　また、客観的に見て落ち度があり、それを指摘され続けているのに、それは濡れ衣だと思う人は、反省的自己意識に欠けているのかもしれない。もちろん、人の数だけ、解釈があるとはいえ、社会における人間関係は、第11章「鏡に映った自己、原自己、自伝的自己」の項で示すクーリーの「鏡に映った自己」概念のように、他者の存在こそが「私」にとって鏡なのであり、鏡に映った自己しか「私」そのものを映せるものはない以上、「私」に対する他者の反応は、「私」を表す一つの指標となるだろう。とはいえ、人には、自分が傷つかないために自分を正当化する、便利な「思い込み機能」がある。「思い込み機能」は、相手の話を聞かない。自分が思っている以外の他の可能性を全く考えない。うまく行かないときは、周り、他者に問題があるとすぐさま判断する。しかも、その自覚なしに。「思い込み機能」が常に作動している人は、その案件自体がうまく行かないことに傷つかないが、その話を受け付けないために、他者からの評価が下がり、結果的に

その状況に傷つかずにはいられない。と言って、「思い込み」機能が働いているので、他者の意見、他の可能性などの「情報」を遮断する。ゆえに、相手を執拗に傷つけ、しかし、そのことに気付かず、さらに評価を落とす。ここで書いた「情報」とは、いわば、鏡の機能だ。他者がいてこそ映し出してくれる鏡だ。その鏡の機能をオフにすると、何も映らない。自分だけの世界だ。孤立する。誰もわかってくれない。ところが、実際は、遮断しているのは自分自身なのであり、周りが全く見えていないのだ。もちろん、その人の思い込みの範囲で付き合いができるのであれば、一応、コミュニケーションはうまく行く。とはいえ、その人の思い込みの範囲内なのであるから、その範囲を超えることがあれば——たいていの場合は、超えるのであるから——うまく行かない。大人が子どもに対してこのような態度を押し付けるようなことをすれば、それは子どもの不全感を増加させるであろう。

④一方的に圧の高いコミュニケーション

　不機嫌ハラスメント通称フキハラ。この力関係は、相手に落ち度がないもしくは自分に落ち度があるにもかかわらず、不機嫌になることによって相手を動揺させ、そこで力関係の上位になり、相手を自分の言いなりにするコミュニケーションの取り方である。[3]

　これについて、歌人の穂村弘は、対談の中で次のような例を挙げている。

　　穂村　「僕にとって男性は同性だけど、怖いと感じることが多いんです。留守番電話に男から「○○です。○○の件で電話しました。折り返し連絡下さい」と入っていると、その声はたいていいらだっている。留守番電話になる可能性もあるとわかっているはずなのに「何でいねえんだよ、俺が電話したのに」という気持ちを隠し切れていないし、

---

3)　佐藤典子著『看護職の働き方から考えるジェンダーと医療の社会学——感情資本・ジェンダー資本』専修大学出版局、2022、コラム「暴力とジェンダー」・「フキハラ」、P.146 参照のこと。

隠されなくてもいいと思っていることに対して、僕は非常に恐怖を感じるんです。

たとえば、そば屋で男女が食事をしていたとする。先に食べ終わった男が「おい、行くぞ」と言って、すぐ席を立とうとする。すると女は「えーっ、待ってよ」とわざと女性的なトーンで返すわけです。すると男は「しょうがねえな」となる。街でそんな光景を見る度、回収しきれないエネルギーが僕の中で漂うんですね。

中島　その手の男性、減らないですよね。女性も。

穂村　男に対して、女はより「えーっ、待ってよ」みたいな感じを強調することで、相手のいらだちを吸収して関係性を維持しようとしていると思うんです。でも、それは永遠に続いていくことになる回路だから「今、この場で別れたほうがいいのでは」と思ったり。

中島　その果てに、暴力という行為さえ吸収してしまう女性もいるので、そういう関係は絶対に切った方がいい」[穂村弘・中島たい子 2009：69]

相手に対して自分は不機嫌を全開にしてもいいと思っている人、Aがいて、その一方でその不機嫌なAとの関係性を維持するために、Aより自分の立場が下にあることを表すような態度を取る人、Bがいる。それが、Bの「えー待ってよ」の発話である。たいてい、こうした相手におもねる言動を取る人、Bは、この不機嫌なAより社会的に弱い立場であるとされる人だ。部下、日本であれば相手より年下の人、親や大人に対しての子ども、男性が威張ることが当たり前の社会においての女性。枚挙に暇がない。Aは自分が不機嫌であることを周囲に撒き散らすことによって、自分が上の立場にいることを相手のBだけでなく周囲にも示す。相手Bは、その態度に戸惑っているだけであるのに、Aは自分の立場が上だからBが畏怖して困っているのかと思い、悦に入り、ますますその態度は改まらない。もしくは、「もっと混乱しろ」とばかりに不機嫌な態度を続けて、

4)　穂村弘、中島たい子他著『どうして書くの？』筑摩書房、2009。

自分の「偉さ」を相手 B や周囲の反応から確認する。これは、一種の支配的コミュニケーションである。支配とは、社会学者マックス・ウェーバー（1864-1920）が言うように、「正統性を媒介にした『服従することの意志』によって裏打ちされるとき」行われる。つまり、この「服従することによって得られるメリット、服従に対となっている利害関心が支配関係に帰属している」と述べている［佐藤典子　2022：212］ように、実は、不機嫌をまき散らされる人、B が、その A の不機嫌行動の行く末を決めている。「不機嫌で相手に従わせる」という行為は、「不機嫌な態度を取ってもいい」という何らかの正統性を持っていると思う人、A がいて（もちろん、正統性を持っているかどうかは、自分の社会的立場から「不機嫌でいていい」と推測済み、かつ、それまでの相手とのコミュニケーションで確認済み）、相手 B もその態度を「受け入れて」しまうことで完遂する。であるならば、その「不機嫌」をスルーしたとしたらどうだろう。その「不機嫌による支配」は破綻する。もちろん、A は正統性を持っていると思っているがゆえの態度であるから、コミュニケーションの質が変化するだけでなく、その関係性はそれ以前と同じものにはならなくなるだろう。

　しかし、いかなる理由であれ、こうした「一方的に不機嫌をまき散らす」態度は、社会的立場にかかわらず「ハラスメント」の発信であることには間違いない。それゆえ、相手のとの関係性や目先の利益、保身ばかり考えず、「不機嫌を受けないコミュニケーション」も選択肢としてあることは知っておくべきである。相手の不機嫌を受けずにスルーすることで、それ以降のコミュニケーションが変質していくはずだ。もちろんそれによって、社会的立場も変化してしまうことは想像がつくので、「受けないでいるやり方」に多少の工夫が最初は必要かもしれないが、少なくとも、自分自身に嘘をつかなくて済むようになる。

---

5)　佐藤典子著『看護職の働き方から考えるジェンダーと医療の社会学──感情資本・ジェンダー資本』専修大学出版局、2022。

2．利他的であること

　筆者はこれまで、看護職の過労について研究してきたのだが、その際に、看護職は、患者に対して利他的である、愛他的であるといった言説をよく聞いた。第8章の「感情労働」の項で論じた事例からも分かるように、実際に、その仕事ぶりは、利他を越えて、自己犠牲的な側面もあり、慢性的な過労に悩む看護職は大変多い。しかし、その利他とは、看護以外のコミュニケーションにおいて、いったいどのような文脈で語られるのか、また、その社会的な意味から何がわかるのか、考えてみたい。

利他とは何か

　美学研究者である伊藤亜紗によれば、アルジェリア出身のユダヤ系フランス人で長年フランスの政権の中枢にいた経済学者ジャック・アタリ（1943-）は、コロナ感染症拡大以前からパンデミックを予想し、地球を守るために、「合理的利他主義」を提唱している。とりわけ、コロナ禍にあって、NHK の番組などで、繰り返し「自らが感染の脅威にさらされないためには、他人の感染を確実に防ぐ必要がある。利他的であることは、ひいては、自分の利益になる」と述べていた。合理的利他主義の特徴は、「他者に利することが結果として自分に利することになる」[伊藤亜紗　2021：22] ことである。よって、自分にとっての利益がその動機づけになっているという考え方だ。さらに、利益を動機とするという点で合理的利他主義の特徴を推し進めたのが、効果的利他主義である。これは、「私たちは、自分にできる〈いちばんたくさんのいいこと〉をしなければならない」[同：23] という考え方で哲学者のピーター・シンガーが中心となって考え出され、英語圏を中心とする若者エリート層のあいだで広がりを見せている。伊藤によれば、これは、〈いちばんたくさんのいいこと〉なのであ

6）　2020 年 4 月 11 日放送 NHK「ETV 特集　緊急対談　パンデミックが変える世界——海外の知性が語る展望——」内での発言である。

7）　伊藤亜紗他著『「利他」とは何か』集英社、2021。

るから、最大多数の最大幸福であり、「功利主義」の考え方だ。そこでは、共感よりも数字（たとえば、アメリカで盲導犬を一頭飼育するときと同じ金額で発展途上国の目の病気──トラコーマを 400 〜 2000 症例治療できるといった具合）で示される。この考えに基づいた団体は、寄付のリストを掲げるが、そこでは、徹底的な「評価と比較」が行われ、日本的な「ご縁」のような「共感」ではなく、「数値化された利他」を前面に押し出す。しかし、このような考え方が高じると、自分がしたい仕事ではなく、給与が高いなど、数字の上での評価の高い仕事を志望するようになり、本来の利他の動機づけから離れていってしまう矛盾がある。なぜなら、たとえば、ウォールストリートで高収入を得てその分、多額の寄付をしたとしても、そもそも、そのウォールストリートで一部の富裕層が株取引をしていること自体が、貧困層にとって致命的な貧困の継続をもたらしている事実があり、そのために「手段を選ばないというのでは、長い目でみた場合、そして地球規模で考えた場合、本末転倒である」［同：34］からだ。

数値化の便利さと罠

　一方、伊藤によれば、数値化と利他の関係については、心理学や経済学の分野でさまざまな研究がなされている。たとえば、託児所で取り入れられたお迎え時間の遅刻に対する罰金制度は、「託児所のために遅れずにお迎えに行こう」という利他的な感情を消す効果があるという。これに類する例は、私自身が経験したことなのだが、母校で 300 人を超える履修者のいる授業を月曜日の一時限目に担当したところ、大学で一番大きな階段教室に前や後ろのドア 4 か所から開始時刻の 9 時を過ぎてもひっきりなしに学生が入ってくることがあった。その中には、うっかり遅刻して授業の邪魔をしないようにという気持ちを持つ者もいたであろうが、たいてい、のんびり、ゆったりと重役出勤で教室に入り終わるのが、9 時半過ぎ。そんなことが続いたので、「9 時開始の授業に 9 時半過ぎまで遅刻するって……すでに来ている人の集中力が途切れるかも、とは考えないの？　遅刻って 9 時 10 分くらいならまだわかるけど」と言ったのだ。するとどうだろう。次の授業からは、遅刻がなくなった、のではなく、どの学生も 9

時10分までには来るようになったのだ。私が伝えたかったのは、「9時半の遅刻はだめだけど、9時10分までならいいですよ」ではない。遅刻がだめなのだ。定刻に来ている他の履修者の集中力を途切れさせてもいい、と考える利己的な行動をやめさせたかったのだ。結局、社会学の基礎科目ということもあり、演習さながら、この問題をどのように考えるべきかを授業内で学生たちが論じ、「開始時間が決まっているのに、何時までなら遅刻はいい」と考えることがおかしいとの結論が出て、遅刻は一切認めないということを決定した。具体的な数字（この場合、9時半や9時10分）が出てくることで、なぜ、始業時間が決められているのか、それは、一斉に授業をするためには、履修者が遅刻しないなどの協力が必要だといった根本問題が見えなくなってしまっていたのだ。伊藤も「現状を把握するために数値化は必要な作業」としながらも「問題は、活用の仕方を誤ると、数字が目的化し、人がそれに縛られてしまうこと」であって「人が数字に縛られるとき、その行為からは利他が抜け落ちていく」［同：39］と述べている。本来であれば、「遅刻をすることで音を立てて、授業をする人と聞く人の集中力を妨げない」ことが、暗黙の信頼関係のうちに成り立っているはずで、それが、「遅れてきたのに、音を立てる、私語をする」「開始時間からかなり経っているのに、教室に入ってくる」などの行為によって、その信頼がなくなり、相手の自律性を重んじ、（定時に来る、もしくは遅刻したとしても授業の進行を妨げないようにするなど）自主性に委ねることができなくなってしまったのだ。信頼は、支配ではないため、価値観を押し付けることにはならず、相手が納得しない結果にはならない。

　伊藤が指摘するのは、「安心の追求は重要だが、その追求には終わりがないことを考えれば、リスクを意識しながら信頼するという選択こそが合理的だ」ということである。とはいえ、伊藤によれば、「利他的な行動には、本質的に、『これをしてあげたら相手にとって利になるだろう』という『私の思い』が含まれて」いる。そして、「利他の心は、容易に相手を支配することにつながる」［同：50-51］。さらに、「こうだろう」が「こうであるはずだ」に変わりやすいことを考えれば、「予測できること」が「支配になりやすい」ことを心がけなければならない。良かれと思ったことが思

158

いがけず、喜ばれないことは往々にしてある。人の人生のさまざまな選択の機会を奪ってはならないこと——たとえ親や先生であっても——失敗はその人に帰属すべきことであり、その機会から何かを得たり、得なかったりすることをなくさせてしまってはならないのだ。

　では、利他をどのように考えるのか。伊藤は、哲学者の鷲田清一（1949-）の著書[8]から「解釈を行わない治療法」を取り上げる。鷲田は、「患者の話をただ聞くだけで、解釈を行わない治療法を例にあげて、ケアというのは、『なんのために？』という問いが失効するところでなされるものだ、と主張している」と言い、それが、「他者を意味の外につれだして、目的も必要もないところで、ただ相手を『享ける』ことがケアなのだ」という鷲田の主張から「思いを過剰に表さないこと」を説く。「意味から自由な余白・スペースが必要」［同：58-59］だと述べている。

　共感ストレスにしても、利他にしても、コミュニケーションを便利にしようとするあまり、個人の違いを捨象してしまうことで、個人の真の訴えが見えてこなくなるという現象が共通しているのではないだろうか。正確さ、丁寧さだけでなく、スピードが求められる現代にあって、一律に共感したり、いつも同じような利他を考えたりするのではなく、その時の状況に合わせて、個人のできる範囲で相手と相互行為することを考えたい。

自分の軸で生きること、自分に正直でいることの効用

　英文学者でアメリカの作家アイン・ランド研究の第一人者である藤森かよこ（1953-）は、自分に正直でいることの効用について説く。特に、高校卒業前後にはすでに、多くの日本人は他人の要請（親や先生からの命令や社会的要請——進学や就学）に応える生き方が当たり前となっている。それが未成年者のコミュニケーションの基本となってしまっている。「なぜなら『良い子は親や先生の言うことを聞く』ことが自明」だからである。それでもいつか自分で決めなくてはならないときが来る。しかし、そんな時でも親切なふりをして決めてくれようとする大人がいるかもしれない。

---

8)　鷲田清一著『「聴く」ことの力——臨床哲学試論』TBS ブリタニカ、1999。

自分に正直にいるということは、意外と難しい。周囲に流されてしまう方がラクであるし、そちらの方が正しいように見える。だからこそ、藤森は、「自分に正直にいるためには練習が必要」だとしている。とはいえ、「口で言うほど簡単ではないのだ、自分に正直でいるということは」[藤森かよこ 2019：77]と言い、「自分に正直でいることを、『機械的に自動的にできる習慣』にできるまで意識しよう」と述べている。幼少時は、自分で判断したり行動したりすることはできない。藤森も、「自己分析することもできない。外からの刺激に反応しているしかない」と述べ、そのため、「誰もが自分に正直でいるようにする練習は青春期から始まる」と言う。このことに気付いておかないと、中年期になってからでは、「いろいろやり直しをしようとしても、できることは限られている」からである。また、「自分に正直でいること」の効用は、「自分に正直でいるほうが、自分に無駄な負荷がかからない」「結果的には他人に迷惑をかけずにすむ」[同：78]のである。さらに、「自分に正直でいると、自分のことを受容できる」「自分のことを好きでいられる」。藤森は、言う。「あなたが心から望んだことを実践したとする。その結果が芳しくないとする。その場合でも、あなたはほんとうにはダメージを受けない。その時点のあなたにとって、自分が本当にしたいことを、あなたはした。それはするしかなかった。しないですませることはできなかった。だから、した。してしまった後悔としなかった後悔とでは、しなかった後悔のほうが大きいとは、よく指摘されることだ。たぶん、それは正しい。私に関しても、随分と愚かなことをしでかしてきたが、その点については後悔はない。したいことは、するしかなかった」[同：79]。このようにして、自分のことを自分で決定して、人のせいにしない人生を選択する。このことが、自分を受容できるようになる道筋なのであろう。他人に決定してもらい、うまくいったとしても、自分に自信が持てないであろうし、うまくいかなかったら、決定した他人を悪く思うことになり、他人軸で生きているおのれを人のせいにして生きる

---

9)　　藤森かよこ著『馬鹿ブス貧乏で生きるしかないあなたに愛をこめて書いたので読んでください。』株式会社ベストセラーズ、2019。

ことに拍車がかかるであろう。親切に言葉をかけてもらい、さも、良いことのように何かに誘う（大概の場合、断れないような文脈でそれは行われる）コミュニケーションの中には、このような場面が多々ある。であるからこそ、最初の段階で、自身の決断で応答する、という姿勢を見せておくことが大事なのだ。そして、自分に正直でいることの効用として、もう一つ藤森が挙げるのは、「この世の欺瞞に騙されにくい[10]」ということである。藤森によれば、「自分に正直でいるということは、自分が抱いた疑問を抑圧しないということだ。そうすると、この世にはびこる欺瞞に騙されにくくなる。表向きの大義名分と実体のギャップを明確に意識できるようになる」［同：80］。その結果、「教科書に載っていようが、権威ある知識人が書いていようが、常識として通用していようが、嘘デタラメである見解もこの世にはあると知る」。それゆえ、「自分の心が正直に抱いた疑問や違和感を『こんなふうに思っちゃいけないのだ』と抑圧することは危険だ」［同：83-84］。他人軸で考えることは、他人という自分と異なったスペックを持った人仕様の考えであり、当然のことながら自分自身に合っていない。他人軸に巻き込まれながらのコミュニケーションが当たり前になることで、鬱屈としたものを抱えながら生きることになれば生きづらさも増してしまう。

　次章では、このような心の傷やそれを明らかにしなくてはいけないような風潮により、より一層、心の闇が深くなる現象について、精神分析家の分析を取り入れて考察したい。

---

10)　第 9 章で述べた幸福産業にも資本投下しなくて済む。

第**10**章　コミュニケーションと心の闇・心の傷

心の中を打ち明けること

　「ぶっちゃける」や「ぶっちゃけ」といった語は、日常的によく耳にする言葉であるが、もともと、「打ち明ける」が「ぶちまける」すなわち、「打ち」が接頭語として荒々しさを表す「ぶち」となり、「(中のものを)明ける」が「まける」となった語からできていると言われている。[1]よく使われている文脈では、その「中のもの」は人々の「心の中のもの」であり、それを思い切りよく露わにする、吐き出すことを意味する。それだけでなく、昨今の風潮では、こうした「ぶちまける」ことが良しとされているのではないだろうか。そのくらい、どこもかしこもさまざまなことが「ぶちまけられている」からである。たとえば、「実は、かつて○○だった」「実は、整形していた」「実は、年収は○○だ」「実は(精神的、あるいはすぐには治らない)病気にかかっている」など、聞いた相手に少なからず衝撃を与え、場合によっては、精神的な負担を与えるかもしれないような重い話を比較的簡単に打ち明ける人が、ソーシャルメディア上で増えた。もちろん、今までは打ち明ける・発信する手段がなかったからしていなかっただけで、できる環境になったからこそ増えたとも言えるだろう。いわゆる「暴露系」といわれる YouTube などのジャンルもあり、それを好んで視聴する人が

---

1)　諸説あり。本書では、『広辞苑』第 7 版(岩波書店)を参照した。なお、「ぶっちゃけ」に関しては、令和 3 年度の文化庁実施の「国語に関する世論調査」よれば、新しい使い方として辞書に記載されている。ちなみに、この調査では、この「ぶっちゃけ」の使用が気になると答えた世代は、30 代以下でおよそ 20%、40-50 代でおよそ 30%、70 代になるとおよそ 65% の人が「違和感がある」と回答した。文化庁　令和 4 年度「国語に関する世論調査」の結果について。93774501_01.pdf (bunka.go.jp)

多いことも事実である。あるいは、対人関係において、ある程度、親しくなったらそのようなありのままの自己を相手に見せる「自己開示」をしなくてはいけないと思い込んでいる人もいるのかもしれない。しかし、そのように思い込む必要はないし、また、そうそう、「ぶちまけれられたくない」と思う人もいるであろうし、「ぶちまけろ」と言われたくない人もいるであろう。そうであれば、この現在の風潮をどのように受け止めればよいのか。とくに、過度な(つまり、自分自身も開示したくないと思っているのに)「自己開示」を是とし、そうしなくてはコミュニケーションが取れないと思い込ませているものの正体は何か。そして、昨今のコミュニケーションにおいてこの「ぶちまけ現象」はどのような意味を持ち、何をもたらしているのかといったことを本章では考えたい。

心の露出とインターネットによる劇場型コミュニケーション

　精神分析家の立木康介は、近年、メディアの問題だけではなく、「心について語ることへと人々を向かわせる社会的圧力のようなものの働き方」が変化し、それは、「圧力」というより、「オリエンテーション」「方向づけ」のようなものとして機能しているという［立木康介　2013：19］[2]。立木は、その著書の中で「心の闇」が消えたと思われる今日、「私的領域が露出されてやまない時代」［同：13］であり、ワイドショー等で精神科医等が、犯罪被疑者の「心の闇」を提示して見せて、その「心の闇」に犯罪の原因を求めるのが日常茶飯事となったと論じているが、むしろ「心の闇」が存在していないからこそ、様々な事件が起きており、そのことこそが問題なのではないかと問いを立てる［同：26-27］。

　そして「心の傷について語らない(語らせない)文化から、語る(語らせる)文化へ」と「現代に生きる私たちは、自分の心について語るように仕向けられ、促され、励まされている」と指摘する。この、「人々の『心の傷』にまでマス・メディアが立ち入って憚らない状況の背景には、通俗化した

　2)　立木康介著『露出せよ、と現代文明は言う——「心の闇」の喪失と精神分析』
　　　2013、河出書房新社、2013。

心理学図式の一般的普及という事実」がある。そのため、「トラウマを乗[3]り越えるためには、それについて語ること、話を聴いてもらうことが必要である、という理解に、いまや異を唱える人はいない」［同：19-22］のである。精神科医の斎藤環もこうした状況を「社会の心理学化」と呼んだ。20世紀末からの癒しブーム到来と同時に、「他人に向けて自らのトラウマ、すなわち心の傷について語ったり、あるいは自らを傷つけて見せ、その傷を公衆の面前にさらけ出して、いっそう傷を広げたりするような行為。こういう、いくぶんグロテスクな身振りが、作品や表現として多くの人々に受け入れられはじめている」と述べている。とくに、「トラウマのインフレーション」が顕著であるのは、「ハリウッドを筆頭とする映画産業」であり、「日本では、むしろアニメ作品でこの傾向が目立つ」とし、90年代後半の「新世紀エヴァンゲリオン」をその嚆矢として挙げている。斎藤いわく、「全編を通じてトラウマの物語が大々的に展開」「映像文化の心理学化」という状況が見て取れるという［斎藤環　2009：13-15］。そして、「心の時代」[4]という語がキャッチフレーズになり、「『心』の豊かさについて、考え、語る時代なのだと心理学化する社会で人々はそうつぶやく」。そのトレンドは、今も続いている。その一方で「私たちの心はどれだけ豊かになったのだろうか」［立木前掲書：22］と立木は問う。

　このように「心」を全開にすることが当たり前となり、むしろ、共感を得る中で、立木が警鐘を鳴らすのは、「人々が『心』を剥き出しにすることに腐心するあまり、これまで個人の『内面』とされてきたものが外部に晒され、ときにはメディアによって増幅されて、私たちの耳目を刺激し続

---

3)　　立木によれば、「今日の『トラウマ』概念がフロイトの神経症理論におけるそれと同じだと考えることは、難しい」と述べ、日常で語られる「トラウマ」という語が、精神分析学本来の意味と乖離し、流布していると指摘している。立木前掲書、P.22。

4)　　斎藤環著『心理学化する社会　癒したいのは「トラウマ」か「脳」か』河出書房新社、2009、PP.10-13 など。これについては、拙著でも論じている。佐藤典子『看護職の働き方から考えるジェンダーと医療の社会学——感情資本・ジェンダー資本』専修大学出版局、2022、PP.174-176。

けている」ことである。それは、「『心』が外部に露出し、もはや『内面』を構成しなくなった時代」を意味するという。つまり、心の中はもはや空っぽなのだ。それゆえ、「誰もが他者の『心』にじかに接触」することで、「それをじかに侵すことができる時代」「可視化された『心』に全面的に取り囲まれてしまう時代」「人々が自分の『心』を公開しあう時代」だというのだ。そして、この「心の時代」は、「大規模な集団的暗示が働きやすい時代である」と論じる。なぜなら、「心」が「内面になく、可視化され、ひとかたまりに陳列されている状態」だからである［立木前掲書：23］。

　立木の指摘するように、昨今のマス・メディアの言論の偏り方は、「『心』が一律に方向づけられる条件が整った状態」と言えるのだ。そこでは、「露出した心に加えられる麻痺の一撃、催眠の一撃さえあれば、人々はどんな方向にどこまで進んでゆくかわからない」［同］と言う。そして、現在、従来のテレビ、ラジオといったマス・メディアだけでなく、インターネット上の放送や個人も発信できる YouTube なども含めて、心の生身の拡散方法は増加している。さらに、それは、日本国内に限定されることなく、世界中に広がっているにもかかわらず、その価値観は、多様化しているとは言えず、極端なポピュリズムや第2章で述べたようなマネタイズの重視・拝金主義、エビデンス至上主義に陥っていると言わざるを得ない。そのような中で、十把一絡げに一つの価値観が示されれば、人は、その価値観を妄信し、それだけでなく、他の価値観を見出すものを差別するような動きが生まれてくると考えられるからだ。

　90年代以降、顕著になってきた露出文化は、現代において、さらに増加し、不特定多数の声に敏感でいることが自明とされるようになった。それゆえ、自分自身や身近な人の平穏な生活を結果的に犠牲にすることがあってもやむを得ないと考えるようになったのではないか。芸能人、有名スポーツ選手の不倫、離婚、子どもの親権問題による舌戦。これまでは、秘匿されていた個々人の事情をマス・メディアが何らかの形で取材して初めて分かるものだった。ところが、今日、マス・メディアに先んじて、オ

---

5)　第9章の幸福産業の隆盛に関する論述も参照のこと。

ウンドメディアを使ってインターネット上に公開したり、当事者がマス・メディアに働きかけて、記者会見を開いたり、表沙汰になっていないものを暴露することが主な仕事である週刊誌に自ら心の傷とも言うべき、その暴露内容を売り込む。その後、これらの個人的な出来事の露出は、当事者同士の考えよりも、世論——こう言って良ければ、であるが——主に、インターネット、ソーシャルメディア上の半可通、感情的な思い込み、一時的な思いつきだけの無責任な声も含めたものに最も左右されるなど劇場型コミュニケーションの真骨頂を迎える。

メディア空間の無数のコミュニケーションとリアリティの喪失

　いまや、マス・メディアやインターネットなどのメディアを介して世界中のあらゆる人と常にさまざまなかたちでつながり、いくつものコミュニケーションが行われている。それは、関係の豊かさにつながるのだろうか。立木は、そこに、「リアリティの喪失」［同:47］を見る。立木は、「メディアによって身体が拡張されると、個人や社会に感覚の麻痺をもたらす」というカナダの英文学者でメディア研究者のマーシャル・マクルーハン（1911-1980）のテーゼを紹介する［同］が、このテーゼは、今もなお、健在であるというより、現状は、その極致と言えるかもしれない。たとえば、テレビのグルメ番組を通して、現実の自分の食欲が刺激される日常を生きざるを得ないのだから。それゆえ、無数のコミュニケーションがインターネット上でやりとりされるが、そこでは、「リアリティの喪失」がなされているがゆえに、その人との溝は埋まらない。固有のかけがえのない存在との人間関係におけるコミュニケーションではなく、数は多く、常につながっているように思えるのだが、ただ、消費されるだけのコミュニケーションなのだ。それは、いつでも会えて握手できるアイドル——アイドルという語は、そもそも、崇拝対象の偶像という意味で、「気軽に」という語からは無縁のはずなのだが——が次々と出てきては、些細な言動を監視され、

────────────

6)　マクルーハンの著作には、『メディア論　人間拡張の諸相』みすず書房、1987、『メディアはマッサージである』河出書房新社、1995 などがある。

インターネット上で匿名の者たちに貶められ、炎上し、姿を消すというサイクルができあがってしまっていることもその証左であろう。この事象は、立木が、「愛の対象をモノとして消費すること、今日の『コミュニケーション』はそれ以外の何ものでもない」[同：61]と述べていることとも符合するのではないか。それは、ソーシャルメディアという拡張されたコミュニケーションの中で、アイドルのアイドル性の消費が招く事態である。いわゆる、ファンがどれほどそのタレントをひいきにしているか、昨今の出来事で言えば、「推し活」は、ソーシャルメディアを通して、その純粋さ（もしくはそう見せながらもマウンティングする、差別化を図っている場合もあるが）を露出させながら、結局は、経済資本をどれだけ投下できたかによって、つまり、消費によって測るのだ。だからこそ、問題は、「ちょっとした『心の隙間』を塞ぐために私たちがやり取りする——たとえば、隙間時間でのスマートフォンの使用など——『コミュニケーション』の数々」は、そこに依存しているというよりも、むしろ、立木は、「人間的対象と向き合うこと、それどころかそれを見つけ出すことがいかに難しいか」[同：64]ということである。

「心の傷」を語らせること

　さて、立木は、先述のように、「心の傷」に焦点を当て、人びとに語らせることの意味を考察するが、それが、テレビなどで（現在は、YouTubeによって、個人でも企てられ、世界中に流すことができる）、広く、過剰に演出され、「悲しみのスペクタクル」[同：15]として放映される。そ

---

7)　イタリアの哲学者ジョルジョ・アガンベン（1942-）は、「聖なるものでなくする」profanazione（立木は、瀆聖と訳す）という語が、「聖なる領域の内部に囲い込まれた対象を、一般の使用へと復帰させること、取り戻すこと」、「『使用できなかったもの（聖なるもの）を使用できるようにする』こと」だと言うのだが、それは、「いまや生産され、生きられるもののいっさいが、それ自身から分離され、ひとつの領域で、すなわち、そこにおいてはいかなる使用も永久に不可能になるような領域で分解されるのだが、この領域」[同：59]をアガンベンは、「消費」と位置付けている。立木前掲書、PP. 57-59。

して、テレビにおいては、視聴率、YouTube においてはヴューワー数といったように、数の論理に支えられている。それによって、心の傷さえも、象徴資本（第 7 章参照）化し、経済資本に替えていってしまうのだ。こうしたプロセスによって、これをさらす人だけでなく、見る側も心の内を明らかにしなくてはならないと思い、それに対して、コメントし、過度な思い入れにより、同情したり炎上したりしてその動きは加速する。たとえば、第 4 章で述べたように、社会心理学における自己提示（呈示と書いてもよい）概念は、ありのままの自分を見せようとする「自己開示」に対して、少しでも良く見せようとし、良い印象を得ようとすることを言う。もちろん、ありのままといっても、自分自身の把握の仕方や評価によって、そこには、実際とずれが生じるであろうし、自己開示しているつもりが、自己提示に限りなく近づく場合もあるだろう。そして、自己提示の場合、情報を与えるだけでなく、与えないことも含めて、自己のイメージを操作しようとするところが特徴的である。一方、自己開示には、自分にとって本当のことを話すという意味で、精神的なはけ口となる場合もあるが、「自己開示の返報性」といって、自己開示を受けた相手は、自らも自己開示を行うという現象が見られ、お互いの関係性を深めることができる。今日では、これら一連の現象が、インターネット上で全世界的に繰り広げられているといっても過言ではない。それに加えて、今日では、「心の闇」を開示することによって、相手の理解が得られると思い込む勘違いがまかり通っている。とはいえ、インターネット上やソーシャルメディアでは、本心を話しているかのように見せているのだが、あるいは、そう見せようとすることが、コミュニケーションにおいて、自己提示になっていることもあるのだ。それは、印象操作をしているのであるから、逆説的だが、自己開示欲

---

8)　言葉によるだけでなく、非言語コミュニケーションによっても好評価を得ようとする場合もある。自己提示は、相手の自分への印象を変えようとする意図もある。たとえば、恋愛関係がスタートした頃は、印象操作をして、相手から良く見えるようにふるまい、自己提示をしているのだが、だんだんとお互いが慣れてくると、気を遣わなくなり、ありのままの自分を見せても平気になる。それは、自己開示しているということである。

求の表れともいえる。ありのままを見せているのではないのに、それをありのままと信じてほしいのだ。私たちは、ありのままの自分を評価して欲しいと思う反面、ありのままの自分に自信がない場合、自分を良く見せるように演出してでも相手からの良い評価を欲しいと思うのである。そこで、社会的承認や物質的報酬（ソーシャルメディアでの高評価や金銭など）といった利益が得られるからである。

透明な存在としての私

　露出した心は、光を当てられ剥き出しになる。立木は、社会学者の宮台真司が、1997年に起きた神戸連続児童殺傷事件を取り上げ、事件の前にすでに組み立てられていた社会学的枠組み、すなわち、「制度的存在としての『学校』が多くの地域で荒廃しつつあるという昨今の一般的な認識」ではなく、「学校化」と「郊外化」をキーワードに論じていることに注目する［同：24］。宮台は、数百人もの生徒たちを一元的な尺度で一律に管理しようとする学校的価値観について「いまや学校から社会のほうへ越境し、社会の内部に深く浸透しつつある。そこでは、誰もが他人と同じ『透明性』を生きなければならないという無言の圧力に晒されている」[9]と指摘し、大都市郊外の「均一な明るさ」「一律に整えられた明るい街路樹」「明るいコンビニ」など、宮台は、「社会の内部から排除されたダークサイドが蓄積される個人の内面の暗部、それこそがサカキバラと名乗った少年の抱えていた闇であり、それが『不透明な悪意』となって、あの衝撃的な事件の形で『噴出』した」と分析する［同：25-26］。それに対して、立木は、むしろ、その闇が「存在していないこと」こそが、問題なのではないのか［同：27］と仮説を立てる。犯人の少年が残虐な方法で児童を殺傷した事件について、むしろ、「少年は、残念ながら、心の闇をつくり損なったのだ。ほんとうなら、彼は心のなかにもっと深い闇をつくり、彼を現実の殺傷行為へと突き動かすことになった自らの苛烈な欲望をその闇にしっかりと繋

9）　宮台真司著『透明な存在の不透明な悪意』春秋社、1997。

ぎ止めておかねばならなかったのに」［同］と分析する[10]。

　こうした立木の論証は、フロイトの「無意識」概念から考えられていて、ここでの「無意識」は、日常的に使われる「意識に上らない」という意味での「無意識」という語と異なり、「ある力によって『意識の外へ押し出されたもの』」のことであり、フロイトは「この力の作用を『抑圧』と名づけ」ている。そして「精神分析にとって『無意識』とは、抑圧されたもの（記憶、表象）の場」である［同:29］。というのも、コミュニケーションは意図したように進むとは限らないのだから、私たちは、多くの場面でこの「抑圧」と定義される状況の中にいると考えてよいだろう。立木は言う。「フロイトによれば、私たちの『思考』は大きく二つの種類に分類することができる。ひとつは、不快の放出と快の再生産をオートマティックに追求する思考。『発散型』あるいは『満足追求型』」である。この思考をフロイトは、「根源的傾向（＝快原理）に依拠しており、『思考』というよりはむしろ『反応』に近い（つまり、不快が生じればそのつど発散を試みるという反応である）」という。そして、もうひとつは、「快の再生産をいったん中止し、ということはつまり、一時的にであれ、不快を受け入れ、そのあいだに、めざす快がいまも獲得可能な状況にあるかどうかをたしかめ（現実吟味）、もし獲得可能でなければ、それを手に入れるためにはどうすればよいかを追求する思考」である。立木も指摘するように、こちらの方が「本来の意味での『思考』」と言える。問題となるのは、前者の「快の再生産」における「中止」が「抑圧」になることである。そして、「抑圧とは、自我（心的装置の持ち主）が自分にとって都合の悪い記憶や表象を意識の外に押しのけること」［同:119-120］を指す。そのように抑圧されたものは、「欲動（身体に発し、心に刺激をもたらす力）の支援を受けて、意識のな

---

10)　「この事件を教訓として、もしも世の親たちに忠告すべきことがあるとすれば、それはけっして『子供の心の闇をつかめ』ではないはず」であって、「子供にしてみれば、自分の心のなかに立ち入ろうとする親などは、さっさと縁を切りたいと思うだろう」とし、「むしろ、『子供の心にもっと堅固な闇をつくる』ことのほうが、子供にとっても親にとっても大事であるにちがいない」と論じた。立木前掲書、PP. 26-27。

かに代替物を送り込もうとする。神経症の症状は、こうした代替物の一つである」。そして、「『心の闇』は自ずと抑圧の産物として定義づけられる」と立木は説明する。フロイトの理論に従えば「抑圧は、たしかに神経症の[11]原因の一部となるが、ある種の欲望は抑圧されないとかえって都合が悪い。というのも、それは個人と家族や社会とのあいだに大きな葛藤を招き入れてしまうことがあると考えるからだ[12]」。このように、考えれば、抑圧自体は、端から忌避されるべきものではない。むしろ、「心の闇」の不在は、「抑圧の不在」と言い換えられ、それが、特徴づけられる社会になりつつあると立木は分析する。すなわち、「都市の暗闇を消し去り、私生活や心のなかまでも露出し、これが私の欲望だと公開してみせること、これらはすべて抑圧を無効にする身振りである」と述べる［同：29-30］。

　立木は、それを「露出文化」と名付ける。なぜ、かくも拡大したのか。それは、「文化の大衆化とメディア空間の拡大に、心理学的言説の通俗化とその社会への浸透に、光の遍在とカネの集積をどこまでも追い求める近代社会の根源的傾向性」に結びつけたからだ［同：39］。前述のように、YouTuber の稼ぎ方がまさにそれだ。これが懸念される理由は、おそらく、悪を、闇を心の中から社会から追い出すことが奨励されるからである。精神分析の世界では、「『心の闇』をつくるということは倒錯を陰画化すること、すなわち『神経症化』すること」[13]［同：29］が、現代社会では、犯罪行為となりうるような欲望の発露——なにせ、心の中を開示することが奨

11)　立木によれば、フランスを中心とするラカン派の精神分析は、「人間の心的構造を神経症、精神病、倒錯の３つのタイプに区別してきたが、いわゆる、『正常』な主体は神経症のカテゴリーに入る」という。立木前掲書、P. 28。

12)　立木は「フロイトは、そうした欲望の代表として、エディプス的願望（近親姦的欲望）や倒錯的な欲望もまた、いったん抑圧されなければ、それを保持する主体の社会的存在にかかわってくる」と述べている。立木前掲書、P. 30。

13)　一方で、「倒錯」とは、抑圧を経ずに意識のなかに留まることができた多かれ少なかれ原始的な欲望が、症状形成という道を通らずにじかに表現されることで、社会のなかに顕現すると、破壊的な効果を伴わずにはいないという。立木前掲書、PP. 29-30。

励されているので——が礼賛されていることに等しい。それゆえ、近年、電車などの閉ざされた公共空間で、「人を殺してみたかった」と言って放火したり、人に刃物を向けたりする行為や、明らかにストーカー行為と思われる行動を様々な年代の人が、繰り返しおこなっているのは、欲望の抑圧がうまくなされなかったことにより、倒錯に身を任せてしまい、社会や周囲の者に多大なる被害をもたらす傾向が助長されているからである。その一方で、悪や闇を心の中や社会から排除する行為は、人の心を空っぽにしてしまう。立木は身体については、「いっさいの刺激が流れ込んではそのまま流れ出てゆく無抵抗な器になることを求められているように見える」という。つまり、「すべてが素通りする器」として、「刺激は私たちの『心』を素通り」し、「今日の『無痛文明』のおかげで私たちの身体に不快が入り込めばたちまちそれを除去するように機能してくれる」［同：125］。そして、テクノロジーによってありとあらゆる人間が自己の内面を開示し、開示された他者の内面に立ち入ることに、とり憑かれたようになっている今日では、抑圧の力が相対的に弱まってしまうのではないか。それゆえ、受け身になって電子機器やネットワークに際限なく、つなげられることで、自己に向き合いながらも自らの欲望を見失ってしまう／忘れてしまう。もしくは、抑圧しそこなった欲望を垂れ流して社会的な逸脱行為（＝犯罪）もいとわなくなってしまうのではないか。

「心の闇」とは何か

　また、立木は、従来と同じ意味合いの「犯罪」は成立しているのか、と問う。もちろん、今日も、犯罪行為は依然として存在するのだが、犯罪者にとって必然的な行為として犯罪とされる行為を犯し、それは、犯罪者にとっては必然であったとしても、犯罪行為である限り、罰せられることを回避するために、隠蔽しようとするのが従来の犯罪であった。しかし、立木が指摘するように、「犯罪はいまや、それを行う主体にとって、秘められるべきものから開示されるべきものへ、隠蔽されるべきものから誇示され宣伝されるべきものへと、変貌してしまったかのようだ。そうなったとき、いったいいかなる法が、いかなるモラルが、あたかも掲示板への書き

込みの延長のように犯罪へと向かう人々を制止する力をもちうるのだろうか」[同：13] と述べる。たとえば、立木が挙げる例として、2005 年、あるテレビ番組で、ある女性タレントが自身の過去の犯罪（窃盗）を罪悪感なく、語ったことがある。これには、多くの苦情が殺到し、彼女はしばらく表舞台から消え、現在も、その影響か、表舞台で活躍しているとは言い難い。しかし、そもそも、これは番組として放送された内容であり、その犯罪——彼女はそう思っていなかったにせよ——は、クイズ番組の題材として使われたものである。つまり、テレビの制作側、スタッフたちはその犯罪の事実を知った上で放送しているのだ。とはいえ、今日でも、自ら法に触れる行為をおこなってそれをソーシャルメディア上に載せる自己開示が頻発している。多額の賠償金を支払う案件が出てきても後を絶たない。こうした犯罪の披歴は、本人たちの幼さや社会システムの不安定さといったことではないと立木は分析する [同：11-13]。さらに今日では、行き当たりばったりの通り魔や電車内の刃傷沙汰、放火事件など、その姿がさらされることを了解済みで、さらに、無関係の他者を巻き添えにすることで自分勝手な苦しみを社会に浸透させるがごとく、拡大自殺的に事件が発生する。それは、心の闇を開放しなくてはならないと考え、そのような手段を取ることで、これが解放の唯一の解決策であるかのように考えられているからなのではないだろうか。

心の闇と外在化

　また、心の闇を論じる中で、立木は、フランスの精神分析家ジャック・ラカン（1901-1981）の理論に依拠して、「抑圧＝メタファー」だと述べているのだが、「ラカンにおいてメタファーは『ひとつのシニフィアンが他のシニフィアンに取って代わること』」と定義される。[14] 同様に、ラカンにしたがえば、抑圧とは結局のところ「『あることを言う代わりに別のこ

---

14)　シニフィアン signifiant とは、それが意味するところのものと訳される Définitions : signifiant - Dictionnaire de français Larousse。言語学者フェルディナン・ド・ソシュール（1857-1913）の用語ととられることも多い。

とを言うこと』にほかならない」［同：212-213］と分析する。

　このメタファーについて、哲学者の千葉雅也も哲学者の國分功一郎との対談で「メタファーとは、目の前に現れているものが見えていない何かを表すということですから、見えていない次元の存在を前提にしている。ところが、すべてをエビデントに表に現れるならば、隠された次元が蒸発してしまう」と指摘する。また、千葉は、この「心の闇」について、現代は、「至るところにダダ漏れになっている」とし、たとえば、かつて、「2ちゃんねるみたいな空間に『心の闇』が一応は隔離されていたのが、いまや2ちゃんねる的言説がSNSの至るところに撒き散らされている」［千葉雅也・國分功一郎　2021：116-117］[15]。要するに、個々人が「心の闇」の中に留め置いて人目にさらされるはずがなかった無意識（の欲望）が、インターネット上には吐露してもいいと思いこまれ、その空間にあふれてしまっているのだ。また、國分によれば、この「心の闇」の機能を論じているのが、第6章などでも取り上げたアーレントで、「心の特性は暗闇を必要とし、公衆の光から保護されることを必要とし、さらに、それが本来あるべきもの、すなわち公的に表示してはならない奥深い動機にとどまっていることを必要とする」と述べ、「心の闇」の機能を肯定している［同：118］という。それはなぜか。アーレントは、社会から偽善や欺瞞を廃絶しようとし、人間の心に徹底的に光を当てようとするロベスピエールを挙げ、彼の行為を批判したのだが、それは、「動機というものは明るみに出された途端、その背後に別の動機を潜ませているように思わせてしまう。（中略）つまり追求すればするほど、さらに奥に別の動機が潜んでいるのではないかと思われてしまって、結局その人間は疑惑の対象になる」［同］からだと分析する。結果的に、フランス革命において善き政治を行おうとしたロベスピエールが恐怖政治を行ってしまったのは、どこまで追求しても確信をもてない人の心──それは本人にとってもあいまいで不明瞭で何が潜んでいるのか／潜んでいないのかわからないもの──を明らかにしようとして、結局わからないので、疑惑が晴れず、全員偽善者と判断され、処刑という運

---

15)　千葉雅也、國分功一郎著『言語が消滅する前に』幻冬舎、2021。

命にいたらされたからだ。

　こうしたことは、現代においてもいたるところで起きていて、どのような人であっても、どのようなことであっても、「正直に言う」、平たく言えば、「ぶっちゃける」ことが善しとされていて、たとえば、昨今の YouTube などでは、「実は○○」といった今までは隠されていた、隠すことが当然とされていたことを明るみに出すことが流行していることはすでに述べた。それは、本来は隠されているべき実情の暴露、本来は秘密にしておくべきプライバシーの侵害と言われそうなことであっても、晒した方がよいという価値観の下、日々、流されている。それは、「実は美容整形していた」から始まり、最近では、その美容整形手術直後の腫れた画像まで明らかにする。「なんでも正直に」つまり、「『心の闇』をなくす」ことの先に何があるのか。心の中には何もないのに、その中身を聞かれ続ける、ロベスピエールの前に立つ革命家と同じ現象を、國分は、就職活動中の学生が「志望動機」を聞かれ続けることの中に見る。しかし、現代において、この現象が厄介なのは、ロベスピエールのように相手を偽善者だと断罪せず、むしろ、その動機の開示が——偽善であったとしても——評価されることなのではないかと指摘する。そして、この日本全国で繰り広げられている現象について「心には光を当てても見えてこない闇の部分がどうしても残るのだという感覚をずっと否定されているということであって、これでは自意識がおかしくなってしまうのではないか」と分析する。これについて、千葉も「『心の闇』というのは不合理」と言い、「完全に光に照らして理性的に説明することができないような不合理性が、他人を『一応は信じておく』ためにどうしても必要なんでしょう。完全なる信頼を目指してすべてをエビデントに説明させようとすると、人間社会は根本的に崩壊してしまう」［同：119］。すべてにおいて、常に、動機は詳らかにするべきだという強迫的な観念は、罪を犯していない人に罪を捏造させ、自白させてしまう刑事のように、個人の外側ではなく、もう一人の自分として、心の中にいるのかもしれない。どんなに調べても何もないのに、「言わなければならない」「明らかにしなければいけない」という規範の下で、ないことをでっちあげて自らの首を絞めてしまうのだ。自分のことは、何でも説明

できる、できるはずだ、否、しなければならないといったように、動機の説明責任を常に携えて私たちは生きていかなければならない社会にいる。だからこそ、千葉は、「動機を言語化できなくてはならない、説明できなければ動機ではない。しかしそれこそが、信頼を崩壊させる。だから『心の闇』が大事だ」と述べる。それゆえ、「『心の闇』をいかに育むか。それがコミュニケーションの根本」だと言うのだ。そして、現代的なコミュニケーションの問題は、「何でも明確に表に出して言うということの規範化」であり、「明るみの規範化。本当はそこまで言いたくない、黙っていたい、もうちょっと静かにしていたいというような気持を尊重してくれない。おそらくそういうタイプの一部の人たちは、自分を『コミュ障的』と自認」する。つまり、千葉によれば、「やむにやまれぬ無意識的な反応として」「『心の闇』としての無意識が存続しようとするがためにそういう反応が起こることがありうる」［同：120-121］と分析する。また、國分は「エビデンシャリズムに対して『言葉の力』ということを言うことは、明らかにある種の不平等の肯定とつながることも同時に確認しなければならない」とし、千葉は、「エビデンスは民主的で科学とはデモクラシーだ」と応じる。それゆえ、國分は、「『ネットに無意識が書き込まれている』というのも、今の時代の民主主義的状況の帰結であるわけで」「万人に平等にメディア環境が与えられた」とも言えるという。しかし、一方で、千葉が指摘するのは、「無意識ダダ漏れというのが民主主義の徹底状態である」［同：123］ということである。それは、すぐに結論を出したり、二極化・二択化したりすることで、人間の複雑性をそのまま引き受けることがなくなっているからと言えるのではないか。他者とのやり取りに言葉を用いて、何回もやり取りすることなく、ある意味、誰にでも手が届くレベルの単純さで大衆的にコミュニケーションがなされているからなのではないだろうか。

心の闇を解明しようとすることの副作用と「私」だけの物語

　では、科学ではどうなのだという意見が出てくるかもしれない。たとえば、最近、よく取り上げられる脳科学という分野だが、そこでいろいろな実験がなされたとしても、そこで分かることは、脳の生理状態である。そ

のデータがその個人の来歴、固有の物語とどう関係があるのか。私たちが、科学の名のもとに見逃しているものがある。こうした結果や実験がなされたこと自体も私たちのコミュニケーションに何らかのバイアスをもたらす可能性もあるだろう。

コミュニケーションも、科学という名のもとに、さまざまな実験が行われ、データが取られてきた。AIやデータサイエンスで行われる行為は、人間の行為の記号化である。社会科学も自然科学同様に科学であると名乗るのなら、規則性や法則性に注目し、規則性から外れた結果は、切り捨てられる。予想を裏切る事態は、存在しないことになるのだ。さらにいえば、統計上の有意が見られたと言っても、基準次第で、すぐに切り捨てられる運命にある。そして、その基準の策定は、絶対的なものではあり得ず、相対的なものでしかない。また、人間の生に関しては、法則にとらえられた瞬間、誰にでも当てはまるものになり、同時に、誰にも当てはまらないものになってしまう。そうして、個別具体的な意味を失ってしまう。つまり、固有の物語性が無くなってしまうのだ。データ重視の社会では、珍しくない。むしろ、このようなことこそ、常に起こっている。個人的な経験が単なる、データ、記号、事例、数字の一つととらえられたとき、人は疎外感に苛まれる。生身の人間のつらい経験、記憶は、どんなに数字で拾い上げられても、そこに人間は存在せず、観念、論理しか存在しないのであるから。

とりわけ、精神医療においては、フランスを中心とする精神分析ではなく、アメリカを中心とするエビデンス主義が主流となっているが、それは、時代の必然とされるビッグデータ依存の体制でもある。第8章でみてきたように、個々人に合わせた従来の精神医療が、ポジティブ心理学やレジリエンスといった認知行動療法に取って代わられる過程は、まさに、ネオリベラリズム的移行であり、科学（テクノロジー）万能主義、統計主義である。なぜなら、この認知行動療法は、「心のマネジメント」の方法でしかなく、ただ、除去すればよいという対症療法的な姿勢に過ぎず、自分の症状の意味を考えず、自省をおこなわない人向けの一時しのぎに過ぎないからである。それは、目に見える症状への働きかけであって、その主体への働きかけを必要としない。脳科学と言って、脳波の動きを様々に読み解い

たり、これを応用してやる気を引き出させようとしたりするなど、レジリエンスやポジティブ心理学は、ネオリベラリズム体制維持の人間を製造してやまない。立木は「単一の尺度ですべてを計測しようとする薄っぺらな科学主義」は、「結局のところ、光を当てることができるものだけに光を当て、カウントすることができるものだけをカウントする思想だ」［立木前掲書：272］と批判する。こうした現象は、心の中だけに起きているのではなく、それを取り仕切るネオリベラリズム体制全体の中で、これを維持したい胴元が、ビッグデータ資本主義を仕切っていることに対してもあてはまるだろう。立木は、「資本主義経済と結託した科学テクノロジーのもとで、抑圧を伴う思考、すなわち、享楽の中断を要求し、欲望に迂回を課す思考は、抑圧を必要としない思考、すなわち、欲望充足の再現と永続のみをどこまでも求める思考の氾濫のもとで、相対的に足場を失わざるをえない。電子製品のボタンひとつ、パソコンのマウスのクリックひとつであらゆる満足が手に入る時代に、抑圧を通じて、したがって一連の断念（満足の対象を手放すこと）を通じて自己形成してゆく心的態度は、あえて好まれないばかりか、多くの場合に無用とされることは言を俟たない」［同：213］のであるからだ。

　であれば、そこで、切り捨てられているものが、実は、一人ひとりの人間の物語であり、「心の闇」と言えるのではないか。決してすべてが後ろ暗い、後ろめたいことを意味するのではなく、前項で千葉が論じたように、他者にはそう簡単に触れてほしくはない、いつもは、心の中にあって光を当てていないという意味である。個人の物語であり、時には、人に打ち明けることがあったとしても、常日頃は、だれかれ構わず話すことなどない自分だけの物語である。これを現代社会は、露出せよ、と言っているのではないか。人の心を理解するためだと言いつつも、それを科学という名のもとに分析してしまっては何も残らないのである。

　個人の大切な記憶や経験、とりわけ他者に対する記憶は、科学的なデータで説明されたとしても意味をなさず、一人ひとりの物語として語られることで、失わないようにすることができる。マッチングアプリで、その人の属性が数値化されることで、たくさんの人を見ることができるのかもし

179

れない。しかし、恋愛や結婚といった時間と空間を共有するような関係性
になる場合、自分だけの物語をやりとりできるか、両者の関係性を、物語
を作っていくことができるかどうかは、数字だけでは測れないのではない
だろうか。もちろん、出会いのきっかけとして、近年、マッチングアプリ
を使うと答える者は少なくないだろう。しかし、最初の関係性において、
マッチングアプリで、便利に端折ったものが、実は人によっては重要なも
のであり、各々が大切な物語を欠かしたままスタートすれば、欠けたまま
終了したとしても不思議ではない。他者と物語をやり取りし、共感すると
き、他者との同一化を図ることができる。このように、人間は、他者に、
外に開かれた存在であり、それゆえ、コミュニケーションを必要とする。
と言って、誰に対しても、いつでも、その心の中をさらけ出す必要はない。
そうして心を守ることで、関係性をつないでいくことが可能となる。関係
性を続けていくうちに、個々の物語を話すことがあるかもしれない。とは
いえ、社会心理学で言う、「自己提示」（もしくは「自己呈示」）がなかっ
たとしても、関係性を続けていくことは可能だ。人間は、自己完結した存
在ではなく、外界からの情報交換を常に行い、影響を受けながら変化し、
一方で、影響を与えながらその関係性の中で安定を見つけることができる
はずだからだ。

第11章　コミュニケーションにおける責任の所在と意志

コミュニケーションの破綻と責任の所在

　何か問題が起きたと思った時、人は、どう対処するのか。そこでは、自責か他責かといった問題も含まれるであろう。しかし、何か問題が起きたとき、そもそも、何かを問題だと思わなければ、あるいは、問題だといって大ごとにしなければ、そんなことすら考える必要はないのではないか。必要以上に期待しない、自分でできることはする、悪い方に考えない、他責に考えない。つまり、他責が前提でなければ、モンスターペアレンツ、モンスターペイシェントは存在しないし、カスタマーハラスメントにならない。そもそも、むやみに責任の所在を押し付けまくって事態を収拾する、もしくは、収集しなくてはいけないという考え方も一つのバイアスなのではないだろうか。コミュニケーションが破綻したと思われるとき、何らかの責任を何らかの形で相手に取らせようとするが、これは、一体どのような現象なのか、上記のようなことから、本章では責任について考えてみたい。

そもそも責任は存在するのか？

　コミュニケーションがなされている過程で、そこで起きている現象をどちらか、もしくは誰かのせいにすることが起きる。しかし、本章で取り上げる哲学者の國分功一郎や自身も障がいを持ち、当事者研究をおこなっている医師の熊谷晋一郎によれば、事態はそれほど単純ではない。國分らは、そもそも、なぜ、現象の責任を誰かに負わせなければいけないのか、現象そのものをもう一度、前提となっている有責の点から考え直すことができないか、このような視点で分析をおこなっている。本章では、彼らの対談である『〈責任〉の生成──中動態と当事者研究』から、第6章でもすで

に取り上げている中動態概念を含めて考察する。とくに、二つの態である、能動態と受動態だけでは見えてこなかった文章や会話の理解、意志と責任との関係性、近代における個人の選択や責任とされてきた事柄について、歴史を遡り、具体的な事例を参照しながら掘り下げて行く。

できごとを属人化しない：誰のせい？　いいえ、誰のせいでもなくて……

何かトラブルが起きた時──たとえば地域住民のトラブルなど──、「誰のせいなのか」と、つい犯人探しをしてしまう。それは、短絡的に「だれが罰せられればいいのか」といった単純化された問いへとすぐに変化する。これに対して、当事者研究は、熊谷晋一郎いわく、「あくまでも苦労のメカニズムを探ることを重視」しているという[1]。誰かを有責としてこと足りるのではなく、熊谷いわく「自然現象について研究するのに近い」のであり、「たとえば、なぜ雨が降るのか。誰かが雨を降らせたとは考えず」、「降雨という現象が起きるメカニズムについて、属人化せずに研究する」ことを提唱する（そもそも、社会科学も科学の一つとして対象化することはできるので、方法の一つとして十分機能するだろう）。すなわち、当事者研究では、「社会的現象、つまり周囲の人々との関係のなかでおきるさまざまな苦労に対しても、犯人探しではなく、メカニズムを探る態度で向き合おうとし（これを『外在化』と呼ぶ）」、「困った行動をとったあの人が悪い」と言って、いわば「問題行動と本人をくっつけてしまう」のではなく、そうなってしまった、そうせざるを得なかったメカニズムを探る。その際には、「○○現象」として考えることを提案する［國分功一郎・熊谷晋一郎　2020：39-40］。そして、問題に対して「外在化された現象のメカニズム」の解明というスタンスで取り組むことで、一旦、その当事者から免責されると、「自分のしたことの責任を引き受けられるようになってくる」［同：43］。こうした外在化は、他にも、たとえば、身体に障がいを持つ場合、車いすでしか移動できない、自力歩行が困難な患者にとって「私は移動障

---

1)　國分功一郎、熊谷晋一郎著『〈責任〉の生成　中動態と当事者研究』新曜社、2020。

害をもっている」と表現することを可能にする。なぜなら、階段の昇降が
自らの足でできなかったとしても、「皮膚の内側に常時存在し続けている
障害」ではなくて、環境と自身の間で「発生したりしなかったりするもの」
で、スロープやエレベーターがあれば、移動が可能だからである。これが、
発達障害当事者であればどうであろう。自閉症スペクトラム障害 (Autism
Spectrum Disorder: ASD) の診断基準は、「社会的コミュニケーションの
障害」とされている。先ほどの移動障害の事例で考えれば、「環境との相
互作用で発生したり消えたりする障害」を「ディスアビリティ」と表現す
る。一方、「どんな環境に身を置いてもあいかわらず身体の特徴として存
在し続けている障害」を「インペアメント」と言う。この前提から、熊谷
は、他者を環境ととらえれば、むしろ、この ASD のコミュニケーション
障害というのは、個人に内在するインペアメントではなく、ディスアビリ
ティなのではないかと仮説を立てる。熊谷いわく、「横暴な上司との間に
コミュニケーション障害がある」「問題のある職場のなかで周囲とのコミュ
ニケーションがうまくいかない」また「家父長的で DV 傾向のある夫との
コミュニケーションが取りづらい」など、「本人より環境の側にこそ変わ
るべき責任がある場合」［同：50-53］は、ASD 当事者でなくても、この
ような考え方に共感できるのではないか。個人に障がいがあるからうまく
いかないと決めつけてしまうことで、変われるはずの周囲の環境が変わら
ないことは、発達障害者であれ、そうでない者であれ、個人に責任を還元

---

2)　熊谷によれば、綾屋紗月・熊谷晋一郎著『発達障害当事者研究——ゆっくりて
　　いねいにつながりたい』(医学書院、2008)、では、ASD と診断された全員に存
　　在する ASD やコミュニケーション障害という概念は、インペアメント（個人内
　　部にある障害）ではなく、ディスアビリティ（その個人の外部のことが原因で起
　　こる障害）を記述したものとの認識から出発し、綾屋固有の経験を詳細に記述す
　　ることを目的とし、結果的に今日の日本社会において、さまざまなインペアメン
　　トを持っている人々がディスアビリティとしての ASD を背負っているのだとい
　　う全体像が描けるのではないかと考えて書いたと記している［國分・熊谷前掲書：
　　56-57］。なお、本書では、診断名となっている障がい、たとえば「発達障がい」
　　は「発達障害」と記す。また、引用文の表記は引用元の表記のままとする。

してしまい、生きづらさを助長してしまう。このような当事者研究の手法は、論点のずらしによるつらさの助長をなくし、当事者本人に個別具体的にコミュニケーションをとり戻す方法として考えられるだろう。

中動態から考える責任と意志

第6章の「中動性と中動態：自発的なのか、そうでないのか」の項で述べたように、受動態と能動態の間にあるかに見えて、実は、そのもとになっていた中動態は、能動態（する）でも受動態（させられる）でもなく「あるプロセスの内にいる」状態を示している。[3] 中動態の由来を知り、それを取り入れて考えれば、する／されるではなく、自分の内と外のいずれにあるのか判断することで、自分のおこなった行為に対して、「責任」は付き物とは言いきれないと考えることができるだろう。自分はある行為をおこなったが、その行為は自分も当事者である中動態の世界観（＝自分の意志でおこなったのか、やらされたのかが突き付けられない）で考えれば、その世界の中で、落ち着いて自分の過去を振り返ることができ、自分の過去の行為に応答＝ response したい）という気持ちも湧いてくる。考えてみれば、現実のさまざまな行為は、「自分の意志でおこなった」と100パーセント言い切れるものだろうか。たとえば、兵士の出兵はどうであろう。心の底から望んだわけではないのに志願した兵士たちにも当てはまるだろう。誰もが自由な意志に基づいて行動した、とは言えないのではないか。

中動態が現役だった古代ギリシアには「意志」という概念はなく、「理性」と「欲望」、そしてその選択が行動の根幹にあると考えられていたと國分[4]は指摘する。一方、現代に近づくにつれて、自由意志に基づく個人が尊重され、意志を明らかにして「能動的に」おこなうか、または「受動的に」おこなわされるかという態が優勢となってきた。そのため、個人が暴力的に何かをされてしまう状態から、権力がシステムを使って自己責任で個人

---

3) ここでは、自分の意図しない状況でのやりとりについて論じている。

4) これは、古代ギリシアの哲学者プラトンが『国家』で著した人間の魂を3つに分けたもので、理性と気概と欲望からなる。「魂の三分節」と呼ばれることもある。

自らが主体的に何かをさせるように変容してきたことは、ネオリベラルな社会においてよく見られる。それゆえ、こうした状況を中動態の概念から考察することは、現代社会の性質をよくとらえている。たとえば、日常では、自発的ではなく、仕方なく同意していることもある。「強制はないが自発的でもなく、自発的ではないが同意している、そうした事態」［國分功一郎　2017：158］である。積極的な意志などはないと考える事象の場合、どんな結果になろうとも責任は生じようがない、意志や責任の外側の世界にいる、とは言えないのだろうか。いずれにしても、中動態という形がなくなり、受動態か能動態でしか表されなくなったことによって、「行為における意志を問題にするようになったのではないか」［國分・熊谷前掲書：104］と國分は分析する。現実社会の読み取り方もコミュニケーションもそのどちらかにしか分類されず、その間にあるあり方、曖昧なあり方が許されなくなった（＝責任を取ることが自明視される）と考えることはできないだろうか。それは、まるで、言語の使い方の変化が二項対立の考え方にあっと言う間に収斂されていくような歴史的転換と言える。しかし、だからといって、誰もがそのスピード感で、同じように主体的に意志をもって（あるいはそのように見える形で）行為を選択していると言えるのであろうか。

発達障害の特性とコミュニケーション

当事者研究者で自身が ASD 当事者でもある綾屋紗月によれば、「意識のレンジ、誤差への敏感さを持つ他者と仲間になった」［國分・熊谷前掲書：298］経験が新たなコミュニケーションの可能性を開いたという。熊谷によれば、「これまでの自閉症研究では、自閉症者は、他者一般とコミュニケーションを共有できないという整理のされ方」であり、「あらゆる他者と触れ合えない、そういう前提からスタートしていた。しかし、それは、他者をあまりにも均質的にとらえている」のではないかと指摘する。なぜなら、「他者とひとことで言っても、いろいろなパラメーター、変数がある。

5)　國分功一郎著『中動態の世界──意志と責任の考古学』医学書院、2017。

185

そこの前提のちがいを整理しないと、乱暴な自閉症児観が蔓延してしまう」
［同：299］と危惧するからである。ここで挙げられた例は、自閉症児で
あるが、これは、いわゆる障害を持つ者に限らないであろう。誰にとって
であれ、「意識のレンジが似ている者」同士は話が合うのである。

　綾屋と研究をおこなっている熊谷によれば、ASD の診断名を持つ当事
者はさまざまな出来事をとらえ、それらの情報の「絞り込み」と「まとめ
上げ」が難しいと言う。たとえば、何かが起きた時、それをどうとらえる
か。一つひとつをとらえれば、「自分の経験のなかに一回のみ立ち現れた」
「一回性のエピソード記憶」となり、「時空間の一定の範囲内を、連続的な
軌跡を描くようにして起きた出来事」なのであるが、こうしたエピソード
記憶のいくつかをまたいで「共通する部分を抽出してできあがるのが、確
定記述的な図式化やカテゴリー化と呼ばれる作業」［同：69］である。熊
谷によれば、多くの人は「ほとんど無意識のうちに、それらを一つのカテ
ゴリーとしてまとめ上げたり、またそれらのなかから、今、私が注目す
るべきなのはこれであり、これではないのだ、と絞り込んだりしている」
［同：59］。別の言い方をすれば、「皮膚の外側や内側からもたらされる大
量の感覚を、平均的な人々は、その都度その都度の目的あるいは文脈に沿っ
たものに注意を傾けて絞り込み、それがどのようなカテゴリーなのかをま
とめ上げて」いる。熊谷は、これが、「『知覚』の構成です。そしてその知
覚に行動で対処しています。空腹を覚えたら何かを食べる、というわけ」
であると。ところが、「綾屋さんの場合、そのプロセスがゆっくりである。
つまり、つねに大量の刺激が等価に意識に上ってきて、しかもそれが意味
のまとまりにならないままに、生のデータの感覚に近いものとして意識に
浮上する」［同：61］。であるならば、発達障がいと呼ばれる人には、「事
前に抽出した図式と、目の前に一回性を伴って現れた新規の事物との差
異——予測誤差とも言われることがありますが——への敏感さがあるので
はないか」［同:69］と仮説を立てる。そして、熊谷は、これについて「誤
差に鈍感な多数派が図式のなかに回収してしまうような事物を、綾屋さん
は一回性のエピソードとして経験・記憶しやすいという可能性が導かれる」
［同：69-70］と述べている。であるならば、こうしたことは、ASD と診

断されていない者であっても、いわゆる ASD はないとされる、多数派との間に認知のグラデーションとして中間派が無数に存在していて、その組み合わせによっては、コミュニケーションがうまくいかない可能性を容易に想起させる。そうであるからなおのこと、それは、行為者本人に帰すべき不可能性と言えるのであろうか。そもそも、コミュニケーションは正解のコミュニケーションを両者が見出してそれをまるで予定調和の群像劇のように執り行うのではなく、両者によって、その時の状況に応じて行われるものであり、何が正解で、どうなるかは誰もわからないものであり、はじめからわかっている必要はないのだ。それでは、私たちはコミュニケーションの予測性として、何を考えて、どのような隘路にはまっているのだろうか。

　哲学者の千葉雅也は、「自閉症的なケースをコミュニケーションの障害と定義すること自体が、コミュニケーション規範的な社会観からの規定」[6][國分功一郎・千葉雅也　2021：122]だと述べる。また、自閉症に関する研究では、そういう社会観を大きく問題にする議論も出ているとして、「社会状態を考慮するなら、『いわゆる』自閉症がいかなる状態なのかは実はよくわかっていないということになる。器質的要因があると言ったって、それがどういう意味を持つかをわれわれは社会的な規範性を通して解釈しているのだから、単純に脳レベルでもともとコミュニケーションが苦手だなんていう粗雑な話では済まない」[同]と分析する。そのような単純な問題ではないのである。

鏡に映った自己、原自己、自伝的自己

　では、行為主体としての自己はいかにして存在するのか。たとえば、「鏡に映った自己」で知られるアメリカの社会学者 C.H. クーリー（1864-1929）は他者という鏡を通して自己を認識すると記している［佐藤典子　2009：167][7]。その自己の働き方と他者の関係について、以下で考えてみたい。

---

6)　國分功一郎・千葉雅也著『言語が消滅する前に』幻冬舎、2021。
7)　佐藤典子編著『現代人の社会とこころ』弘文堂、2009。

まず、自己についてであるが、『意識と自己』を著したポルトガル系アメリカ人の神経科学者のアントニオ・ダマシオ（1944-）によれば、自己には、三種類あり、一つは「われわれは意識していない」もので、「生物として自己を維持するような力」、すなわち「脳の複数のレベルで有機体の状態を刻々と表象している」、「原自己」と名付けた自己［アントニオ・ダマシオ　2018：233］[8]。二つ目の自己は、「ある対象が原自己を修正すると生じる、二次の非言語的説明の中にある」［同］もので、「中核自己」と名付けた。いわば、もともと「原自己」が持っている規則性を乱された時にそれを知覚し、観測するような、たとえば、傷を負ったときにしか人間は意識できないなど、意識に上る自己のことである。國分は、かつて、その著書『暇と退屈の倫理学』[9]において、「『人間の本性 human nature』と並んで『人間の運命 human fate』について考える必要がある」と述べているのだが［國分功一郎　2015：432-433］、この二つの言葉について、熊谷は、ヒューマン・ネイチャー（人間の本性）がダマシオの言う「原自己」で、二つ目の「中核自己」をヒューマン・フェイト（人間の性質や行動）[10]ととらえることができるのではないかとし、國分もこれに同意する。つまり、何らかの原因で恒常性の中にあるはずの普段は意識できない「原自己」と呼ぶものが脅かされると、熊谷いわく「歪まされた原自己と歪ませた状況の両者を俯瞰して観測しているもの」があり、これが意識に上るレベルの自己と考えられる［國分・熊谷前掲書：282-284］。では、三つ目の自己とは何か。それは、「自伝的自己」と名付けられ、その「基盤は自伝的記憶」であり、その自伝的記憶は、「過去と予期される未来の個人的経

---

8)　アントニオ・ダマシオ著、田中三彦訳『意識と自己』講談社、2018。

9)　國分功一郎著『暇と退屈の倫理学　増補新版』太田出版、2015。

10)　これについては、熊谷が詳述している。ヒューマン・ネイチャーだけでは、なぜ人が退屈になるのか、なぜ人が愚かな「気晴らし」にのめり込んでしまうのか説明できない。「生きていればやむなく、ほとんどの人間が自分を傷つける経験をしてしまう。誰も無傷ではいられず、傷だらけになる運命にある」［國分・熊谷前掲書：134］。また、ヒューマン・ネイチャーの性質や行動をヒューマン・フェイトと呼ぶことができるのではないかと述べている。

験についての多数の内在的記憶からなる」[ダマシオ　2018：233] と定
義づけられている。この自伝的自己について國分は、「ヒューマン・ネイ
チャーとヒューマン・フェイトの相互作用ででき上がるものと言ってもい
いと思います。あるいは、昔、あんなことをしていた私も、今これをして
いる私も同じで、一直線につながっているという『自伝』(オートバイオ
グラフィ) を持っているという意味での『自己』」だと分析している [國分・
熊谷前掲書：285-287]。さらに、熊谷は、前述の綾屋の研究の中で綾屋
が「自伝的自己になるきっかけとして他者が必要だ」[同：288] と主張
していることを取り上げる。過去の、今は存在していない自分が今の自分
と同一であると思えなければ自己が成立しない。國分も「自己を成立させ
るためには、今ここに見えていないものを存在しているものとして扱う想
像力の力が必要」であり、その想像力の生成のためには「他者との関係や
かかわりという社会性の問題が関係する」と主張する [同：294]。そして、
社会性の生成には非常にデリケートな条件があり、多数派は満たされやす
い。というのも、熊谷によれば、私たちは、「傷やトラウマをなんからの
かたちで物語化したり、意味づけしたりして生きている。トラウマに意味
を与える観念とかパターン、あるいは物語を使って自分のトラウマに一貫
した意味を与え、物語としてトラウマをまとめ上げることでなんとか痛み
に耐えて生きている」[11][同：285] と指摘するように、中核自己によって気
づいた傷を自伝的自己にまとめ上げて私たちは生きているからだ。その中
核自己の立ち上がり方は、「原自己がどれぐらい乱された場合にはじめて
中核自己が起動するか、という閾値のようなものがあるのではないかと思
います。そして、その閾値には、個人差がある。綾屋さんの仮説によれば、
自閉スペクトラム症と呼ばれる人たちの少なくとも一部は、この閾値が低
いのだということです。つまり、少しでも原自己が歪まされると中核自己
が起動する人がいるということです」[同：286] と説明する。それゆえ、

---

11)　第 10 章で引用した精神分析家の立木は、日常的に会話などで使用される「今
　　日の『トラウマ』概念がフロイトの神経症理論におけるそれと同じだと考えるこ
　　とは、難しい」としている。第 10 章、注 3 参照のこと。

熊谷いわく、「意識のレンジがそろった者同士というのが、多数派が多数派である理由」で、「自伝的自己を作りやすい人イコール多数派」であるということになる。だからこそ、「社会はその一定の度合いを前提にしていて、そこからズレてしまう人を排除する傾向をもつ」［同：300］と國分は指摘し、例として、序章、第8章でも取り上げた、OECD の「キー・コンピテンシー」概念を挙げる。「OECD における『キー・コンピテンシー』とは、『単なる知識や能力だけでなく、技能や態度をも含む様々な心理的・社会的リソースを活用して、特定の文脈のなかで複雑な要求（課題）に対応することができる力』」［同：301］と定義される。今日の日本の教育環境の中で求められているのは、「昔のこだわりを捨て、痛みもコントロールでき、悲しくなったり寂しくなったりしても自分一人でもなんとかできる。都合の悪い過去は全部切断することができる。そのいっぽうで『自分の人生はこういうふうにキャリアデザイン』とつねに前向きで未来志向的な物語化を行う」［同：303］ことだと述べ、こうした現状を憂う。そして、熊谷が「キー・コンピテンシー」はちょうど「ASD、自閉症スペクトラム症の症状のネガになっている」と主張する。だからこそ、「ASD の診断数は 30 倍に増えている」。それは、実数が増加したというよりも、キー・コンピテンシーを重視する風潮ゆえにわが子の生育状況が気になって検査を受ける人が増えることで患者と呼ばれる人が増加したことを指す。そのような中で求められるのは、自分にとって傷だらけの過去を遮断する意志と呼ばれるものを持ち、熊谷は、「過去を適度に遮断し、中核自己を眠らせて前向きに未来に対して展望を持って動き続けることができる人間」［同：309］だという。

　キー・コンピテンシーを重視し、自分で自分を観察し、いわゆる高めようとすることを「是」とする社会の趨勢の中で、熊谷は、当事者研究において誤解されがちな点として「当事者研究も自己啓発のオプションとしてしか見られないのではないか」と危惧する。また、この対談の相手となっている國分も「自己啓発はどこか言語の軽視と結びついている」として懸念し、当事者研究については、「言語が重要なキーになっている」［同：196］としてその可能性に言及している。すなわち、当事者一人ひとりに

合ったコミュニケーションを行えば、いま言われているような短絡的で一発勝負のコミュニケーションになってしまう危険を回避できる。そもそも自責か他責といったどちらかに極端に負荷がかかるコミュニケーションは双方に望まれていない。

　両者の対談の中で、「意志と責任」についての哲学的考察が、発達障害の当事者研究だけでなく、社会的周縁に存在させられがちな人々の切実なコミュニケーションの困難をあぶり出した。それは、社会的に生きづらい（とみなされる）人々の中で、社会が自明のこととして押し付けている「意志と責任」がいかに、現状を把握せず、個々の事情を捨象しているのかといったゆがみを明るみに出す。そのゆがみは、あらゆる行為が「能動態／受動態」のどちらかの枠に押し込められてしまうことで起きているのではないか。そのような社会では、ある行為をおこなったのは徹頭徹尾、個人の意志であり、その結果の諸々も責任として、個人がすべて背負うべきことになってしまう。その当事者が社会的に失敗した（とみなされる）とき、そこにいたるまでの過去、プロセス、環境などあらゆる要因が切り離され、本人の「意志」——それも社会的に悪とされるベクトルの方の意志だけ——があったことが問題となる。それゆえ、責められる余地を与えるのだ。「意志の弱さ」は、ときにあってはならないことのように非難される。たとえば、第13章「嗜癖と共依存」の項で詳述するのだが、依存症患者は「意志の弱さ」で依存をやめられないと思われているので「自己責任」と責められがちだ。患者たちも、その依存状態をわかっていて続けてしまう。なぜなら、向き合いたくない過去を実はないと思われていた意志の力で「遮断」し、依存する対象ばかりに向き合うからだ。意志が強いからこそ、その依存をやめられないでいる。それゆえ、依存症の治療は、毎日毎日、今日はしない、と誓うことなのだという。意志の強さ（過去を遮断する）が意志の弱さ（問題とされる行動を繰り返してしまう依存）に見えてしまうその実態は、当事者以外にはなかなか理解されないのだ。

自己責任論の導線

　さて、昨今の二分法的な考え、善悪、白黒どちらかつけるといったあり

方においては、第6章で述べた「非自発的同意」のように、権力を振り
かざされたとしても、それをしてしまった方が悪い、自業自得、自己責任
といった見方が多数を占めているように見受けられる。そこに、そうせざ
るを得なかったという洞察はほとんどない。そして、相手を徹底的に追い
詰める。自己責任化する社会は、頑張ってないからだと言ってもっともっ
とと言いながら、それでもだめなら責任を押し付ける。先述のように、「自
己責任」の社会化から20年近く[12]、何かに失敗した／しそうになった人に
は、──それが本当に、その人の自己責任ではなく、不運なことに巻き込
まれた場合や原因が明らかに本人の外側にある場合であっても──「自
己責任」であると、したり顔で断罪される。まるで、その問題の分析は
すでに不要で、その後、取り立てて論じる必要もないといった文脈でであ
る。批評家の藤崎剛人は、「ライフハック、やりがい搾取、個人主義……
NewsPicks 系の人々の『不自由な思考』[13]」で個人の努力にすべてを帰結させ
る発想や社会の出来事をビジネス思考で考えるあり方を「責任概念なき個
人主義」と評した。この流れにうまく乗れれば、「ネオリベコース」、乗れ
なければ、「自己責任コース」に向かっている。どちらに乗っても、それ
はそれで、生きづらい。ネオリベラリズムの究極は、乗ってしまえば、第
8章「新自由主義と幸福のマッチポンプ」の項で論じている「ハッピーク
ラシー」に行き着く。何としてでも「幸せになる」。というより「幸せになっ
ていると思い込む技術」であろうか。このように、自己責任論下では、「幸
せ」であることも強迫的になるのだ。

　たとえば、裁量労働制の仕事は、裁量といえば聞こえはいいが、「時間
制限なく、あらゆることをさせておいて（しかもそれは後からすることが
無条件に増えることも少なくない）、まとめていくらでさせる」ブラック
ボックスの労働現場、「定額働かせ放題」だ。ネオリベラリズム的には都
合がいい。できて当たり前、できなかったら自己責任で済まされ、させて

---

12)　第6章、第8章参照のこと。

13) ライフハック、やりがい搾取、個人主義…"NewsPicks 系"な人々の「不自由な思考」
　　｜文春オンライン (bunshun.jp)　2021 年 12 月 8 日。

いる方は、何も関係ない。「あなたの自由意志でしょ？」となる。この沼に沈みこまないように、常に自己点検する。それがネオリベラリズム的身体だ。このように何でも個人の意志にしてしまう。そう仕向けておいて、誰も言った人——しかも多くは匿名で分からない——のせいにはならないなど、追い詰められて生きづらくなる人だけが苦しむ構造が存在している。

自己責任論へと収斂させるいくつかのしかけ

　自己責任論へ向かわせる仕掛けは、現代社会には数多くある。3つのキーワードを挙げて考えてみよう。

　たとえば、社会的にふさわしくない立ち居振る舞いをした人が解任されることを「キャンセルカルチャー」[14]というのだが、昨今では、それこそがやりすぎだと非難する風潮がある。むしろ、反対に非難した人にこそ問題があるかのようなシチュエーションが作られることもある。そして、非難された当事者は、それほどの問題を起こしたわけではないとかえって保護される。こうして、問題提起した方にこそ問題があるとして、問題がある者をかばい立てして、最初の問題をなかったことにして、それどころか問題にした人の自己責任にしてしまうのだ。一方で、次のような側面もある。性差別といったジェンダーの問題や人種差別などに対するポリティカルコレクトネスなど、社会的に正しいとされる権利の主張すなわち異議申し立てを少数派がすると、その主張が突出してしまい、少数派の主張が正しいとされていることであっても多数派が遊離してかえって反感を買ってしまうことがある。よく見られる事例が公共空間における偉人とされる銅像の撤去である。急進的な主張は、かつての奴隷制度の推進者、チャーチル、

---

14)　ある社会や集団、特にソーシャルメディア上で、誰かを不快にさせるような言動をとったからという理由で、その人を完全に拒絶し、支援することをやめる行動様式。例として、「キャンセルカルチャーにはそれなりの意義がある。問題のある人々をメインストリーム文化から排除するのに役立つ。それは、ますます危険で寛容さを失いつつある世界に対して、私たちが何らかのコントロールを行使する方法なのだ」などがある。https://dictionary.cambridge.org/dictionary/english/cancel-culture

リンカーンにまでその矛先が向けられることもある。

　前述の「キャンセルカルチャー」の当事者ではなく、キャンセルした人を非難する際にも使われるのが「トーンポリシング」[15]だ。これは、何かの被害に遭った人がその不快さを相手に言上げしたときに、「そんなに怒らないで」と発言の内容は不問にして、相手の告発自体を——まさに上から目線で——たしなめることである。もしくは、そのようにしてその告発を聞かなかったことにしようとすることも指す。怒りを表明される側は相手を害する意図がなかった場合は、面食らう場合があるのだろうが、だからと言って、表明した方の態度を問答無用で修正させるいわれはないのである。むしろ、この場合は、告発した方に問題があるかのような「諭し」を授け、それをした方の自己責任のような文脈に帰せられてしまうのである。

　「インポスター症候群」[16]とは、成功した自分の結果に対して、自分の実力によると思えず、当然のことと思えないこと。褒められても、昇進しても、受賞しても、運や周りのおかげと思ってしまう。自己評価の低さが特徴である。これに陥りやすいのは、いたるところで社会的評価を低く見積もられている女性やマイノリティが多い。そもそも、自分の成功を周りの人のおかげと思うのは、美徳と言えるのだろうか。しかも、良くない結果は自己責任だが、良いことは、「周りの人のおかげ」と言うことで、丸く収まると思ってしまうのではないか。

　以上、３つのキーワードで見てきたが、出口の見えない不景気の中を生

---

15)　ある人がある意見を述べたときに、その内容そのものを取り上げるのではなく、その怒りや感情的な態度を批判する行為。使い方の例として、「トーンポリシングは究極の脱線戦術」などがある。https://www.housing.wisc.edu/2023/12/inclusive-language-series-tone-policing-2/

16)　自分の業績は本物ではない、自分は賞賛や成功に値しないという感覚。労働者階級出身の学生は、しばしばハイカルチャーの世界は自分には合わないという根深い感覚に悩まされる。インポスターとは、もともと、他人を欺くために自分ではない別人のようなふりをする人で、例としては、「彼は、知的な人々の中にいる自分が自分でないかのように感じた」などの例文が挙げられている。https://dictionary.cambridge.org/dictionary/english/impostor?q=impostor

き、わがことのように他者のことを考えるには、システムや法律が頼りなさすぎる。個人の努力では、達成できないことがたくさんある。近年、経費削減による利益追求が正しい合理化で王道だと見なされてきたが、バッファーのない社会はいざという時、ぜい弱になるということが露見している。自分のことだけで精いっぱいであるのは、自分のせいなのだろうか。自己責任という語も逆に言えば、他人のことなど考えていられないという意味なのかもしれない。しかし、この責任というキーワードは、実は、はじめに責任ありきではなく、何か問題が生じてきた際に、さも、最初から存在していたかのように、ここぞといった様子でしゃしゃり出てくるような概念なのではないか。

　批評家の小浜逸郎によれば、「責任をめぐる正しい洞察からすれば、『意図→行為→損害の発生→責任の発生』という時間的順序があるのではなくて、『起きてしまった事態→収まらない感情→責任を問う意識→意図から行為へというフィクションの作成』という論理的な（事実の時間的流れに逆行する）順序になっている」［小浜逸郎　2005：211］と述べている。[17]なるほど、何も起きなければ、そこにわざわざ「責任」というものが入る余地はない。収まらない事態を鎮めるためのキーワードとして緊急登板されるのが、「責任」というアイデアであり、「意志」という概念なのではないか。また、哲学者の中島義道も同様な考えを披露する。「行為と同一記述の意志をわれわれが要求するのは、過去の取り返しがつかない行為に対してある人に責任を課すからである。『実践的自由』における『自由による因果性』とは意志と行為とのあいだの因果性ではなくて、じつは意志と責任を負うべき結果とのあいだの因果性なのである。ある行為の行為者に責任を負わせることをもって、事後的にその行為の原因としての（過去の）意志を構成するのだ」［中島義道　1999：161-162］と指摘する。[18]因果はどこにあるのか、という視点で考えれば、「何らかの事態収拾のために遡って意志が構成される」というアイデアは、小浜同様に、説得力があ

17）　小浜逸郎著『「責任」はだれにあるのか』PHP、2005。
18）　中島義道著『時間と自由　カント解釈の冒険』講談社、1999。

る。つまり、われわれがすべての行為に確固たる意志を持ってすなわち責任を持っておこなっているわけではないからである。聞かれたら後からこうだったと言うことなどいくらでもできる。なぜなら、私たちは、誰のせいでもないネオリベラリズム的循環を生きているからである。

第12章　消費行動とコミュニケーション

消費行動に合理性はあるか？

　経済学では、人は、合理的に日々の決定をおこなっていると考えるが、行動経済学といった分野は、感情が経済活動にどのような影響を与え、いかに限定合理性の中で意思決定しているかを示す。常に、私たちは、合理的な決定を下しているわけではないのである。たとえば、それほど自分にとってはほしくないものであっても、それを所有することを他人に自慢しようと思った時、——それも一つのコミュニケーションなのだが——それを購入するかもしれない。ただ、他人をうらやましがらせるためだけに。よって、人々にとってモノやサービスを消費するということは、冷静に考えれば、非合理的でも、自分にとって——たとえば、他者とのコミュニケーションにおいて——効果が見られたと自分の中で正当化しようとすることも日常的な行動であるといえよう。では、こうした消費行動が、いかにして他者とのコミュニケーションを作ってきたのか、社会的選好といった観点からこれまでの研究を見ていきたい。

　さて、他者とのコミュニケーションは、言語だけで表されるものではなく、非言語コミュニケーションで行われることもあると第4章で述べた。非言語コミュニケーションの一つとして、しぐさ、表情、服装、髪形といった外見が挙げられるが、それは、何をいつ、どのように示すかで相手への意思表示をすることになり、行動によって他者の意図を知ることができるようになるのだが、こうしたコミュニケーションを「自己提示」（もしくは自己呈示と書く。第4章「非言語コミュニケーション」の項、第10章「『心の傷』を語らせること」の項参照）という。「自己提示」とは、すでに述べた通り、他者から肯定的なイメージ、社会的承認、物質的な報酬などを得るために自己に関する情報を他者に伝達することを言い、対人関係において、対人魅力を上昇させる狙いがある。以下のような消費行動も自己提

示の一つととらえることができ、非言語コミュニケーションとして自己表現の一つと言えるだろう。それでは、なぜ、このように他者の目を意識した行動を取るのだろうか。モノを費消することを目的としない消費、すなわち、人に見せびらかすことを究極の目的にしている消費はコミュニケーションにおいてどのような意味があるのであろうか。

流行に左右され、消費行動を止められない

　かつて「労働者の疎外」が論じられ、労働者が資本家による劣悪な労働条件下での労働を強制されていたことを指していたように、一般に疎外とは、人間が本来の姿を喪失した非人間的な状態を指す。では、消費社会における疎外は、何による何からの疎外なのか。たとえば、フランスの社会学者ジャン・ボードリヤール（1929-2007）は、『消費社会の神話と構造』の中で「自分自身に対する悪となり敵に変えられた人間」［ボードリヤール　1995：300］のことであると述べた。すなわち、自分で自分のことを疎外している人間だといえよう。昨今の大量生産・大量消費の風潮の中で、市場が飽和状態となれば、新しく需要を喚起する必要性がある。拙著『現代人の社会とこころ』の第8章にも記したように、宣伝・広告というものは、カナダ出身の経済学者ジョン・ケネス・ガルブレイス（1908-2006）[2]によれば、生産の増大に応じて、宣伝、販売術などに手を加え、消費者の見栄や満足感が重視されるようになり、その結果、新たな欲望が日々、作り出される。欲望は欲望を満足させる過程に依存するのであるため、彼はこれを「依存効果（Dependence Effect）」と呼ぶ。「広告は需要を作る」という説のひとつで欲望の依存効果が説明されている。流行のものを手にす

---

1)　ジャン・ボードリヤール著、今村仁司、塚原史訳『消費社会の神話と構造』紀伊國屋書店、1995。

2)　ガルブレイスは、「消費の源泉となる欲望が生産に依存しているため、新しい消費差異を売り出すときには、近代的な宣伝技術によって欲望を喚起する必要があった」と述べている。佐藤典子編著『現代人の社会とこころ』弘文堂、2009、P.196。著書については、ジョン・ケネス・ガルブレイス『ゆたかな社会』岩波書店、2006がある。

るとき、それは、真にそれを望んでいるというよりは、消費自体が自己目的化してしまっているのである。また、ドイツの精神科医で心理学者のエーリッヒ・フロム（1900-1980）によれば、消費は、「人工的に刺激された幻想の満足であり、具体的な本当の自己から疎外された幻想の遂行」[3]だという。宣伝による欲求の条件付けともいえる風潮は、本来の欲求という観点からすれば批判されうるが、では、そもそも、本来の欲求の本来とは何であるのか？　本来とは、語の中に「最初から決められている」「そうあるべき」といった残像が存在し、「そうでない」ものを排除する。このようにして一度規定されてしまうと、それはまたそうでないものを排除してしまう。たとえば、流行の〇〇が規定されてしまえば、それを消費することがよいこととなる。そうでないものを排除してしまうからである。そして、流行の〇〇を消費して、ソーシャルメディアにアップロードするのはなぜか。それは、その流行の路線に乗れていること＝その消費およびそれを消費する私が間違っていないこと・正しいことをしていると証明することができるからである。一方で、「疎外という言葉を使う時にもう一つ重要な論点がある」と哲学者の國分功一郎は指摘する。疎外という語は、否定的なニュアンスで使われるのだが、そこには、「疎外されていない（本来的な）状況が存在する」ことをほのめかしているというのだ［國分功一郎　2015：169-175][4]。結局、疎外されていない状態の中に自らを置こうとする行動——流行のものを取り入れることなど——は、そこから外れていないことの正しさだけでなく、ある一定の方向へと駆り立てられている欺瞞——本来あるべき姿があるような錯覚をにじませておくことによって——が存在していることを示すのだ。

---

3)　エーリッヒ・フロム著「マルクス理論に対するヒューマニスティックな精神分析の適用」、フロム編、城塚登監訳『社会主義ヒューマニズム』上巻、紀伊國屋書店、1967、PP.267-285。

4)　國分功一郎著『暇と退屈の倫理学』太田出版、2015。

他者指向型の性格とコミュニケーション

　前述のフロムは、社会心理学研究として『自由からの逃走[5)]』(1941) を著したが、その中で「社会的性格」概念を打ち出した。というのは、「どのような社会でも、それがうまく機能するためには、その成員が、その社会、あるいはその社会のなかでの特定の階層の一員としてなすべき行為をしたくなるような性格を身につけていなければならない」と考えたからである。また、所属する社会の状況に適応するように、第1次集団である、家族によるしつけ、教育などによって、「社会的性格」ともいうべきあり方を習得すると考えたのが、アメリカで法律家から法学教授となり、やがて社会学研究をはじめたディヴィッド・リースマン (1909-2002) である。リースマンは、「社会的性格は、一人一人の個人の特性ではなく、社会の側が個人に要請していく周囲の世界への『同調性の様式』である」と分析した。このため、社会の変化によってこの社会的性格も変わっていくと考えたのだが、著書『孤独な群衆[6)]』(1950) の中では3つの人間像に分類する［ディヴィッド・リースマン　1964 = 2006:8-25]。①は、「伝統志向型」であり、前近代の伝統的社会において、その地方における慣習、しきたりや風習などを重んじ、忠実に順応しようとする性格である。②は、産業革命以降、近代化に伴って出現する社会的性格で「内部指向型」である。近代化における混沌とした大きな変化の時代においても、自分のとるべき道は自分によって決断し、自分自身の信念によって価値観を築き上げ、それに従って行動する性格で、「ジャイロスコープ（羅針盤）型人間」とも言い、自分の方針が揺らがない彼らを表している。③は、到来した大衆消費社会において、他者の動向や嗜好を絶えず気にかけ、自分の行動をそれに合わせていこうとする性格類型、すなわち「他者指向型[7)]」である。

　このような「他者指向」の人物の登場は、すでに、19世紀後半から20

---

5)　エーリッヒ・フロム著、日高六郎訳『自由からの逃走　新版』東京創元社、1952。

6)　ディヴィッド・リースマン著、加藤秀俊訳『孤独な群衆』みすず書房、1964。

7)　佐藤典子編著『現代人の社会とこころ』弘文堂、2009、PP.205-207。

世紀にかけてのアメリカなどでみられる。産業が拡大し、企業合同が繰り返され、大量生産と大衆消費社会の到来を予感させようとする時代であった。アメリカの経済学者ソースティン・ヴェブレン（1857-1929）は、『有閑階級の理論』[8]（1899）において「有閑階級（レジャークラス）とは、19世紀のアメリカで莫大な財産を持っているために、働く必要がなく、時間を人づきあいや遊びに費やしている階級」を言うのだが、すなわち、「あくせく働いたりせずに生きていける条件を獲得している階級」を指す。有閑階級は、自らの暇を見せつけ、差別化しようとする。一日を働いて過ごさず、暇をつぶして──その暇のつぶし方の工夫の見せ合いをしつつ──過ごすとし、これを「顕示的閑暇」と呼んだ。彼らはたくさんの使用人を使って自らのレジャーを遂行する。それが「有閑」の意味だ。ひまは、彼らにとって「モノを消費する人間の地位や経済力を表わす社会的指標となっている」とヴェブレンは論じた。しかし、20 世紀にかけて有閑階級は、使用人を雇える余裕がなくなり、いわゆる階級差も減少してくる。その結果、彼らの「見せびらかし」のスケールは、縮小する。一方こうした消費のスタイルは下の階級にも普及する。彼らの行動の動機づけは、物質的窮乏でもなく、モノそのものの有用性、使いやすさでもなく、モノの所有、消費がもたらす社会的地位の「差別化」であり、それを持つこと自体によって、他人を凌駕すると思っていることである。こうして仲間の賞賛や羨望を得たいという考えこそが、この誇示的消費行動の目的である。今日であれば、モノをインスタグラムにアップロードしてマウンティングする小市民階級の行動がそれにあたるであろう。それゆえ、この消費によって得られるものは、しばしば、「金のかかった不便さ[9]」となることもあり、お手頃価格や使いやすい仕様や便利さはここでは求められない。他者とのコミュニケーションにおいて、他者といかに違いを見出し、第 8 章でブルデューが示した「差別化・卓越化」──いかにして人と差をつけるか──が最大

---

8)　　ソースティン・ヴェブレン著、小原敬士訳『有閑階級の理論』岩波書店、1961。

9)　　佐藤前掲書、PP.204-205。

の命題なのである。人は、モノを、それがもたらす具体的な有用性や使用価値ゆえに消費するのではないということが分かるであろう。そもそも、ヴェブレンの考えでは、人びとが戦争や略奪を好むようになった結果、所有権が発生する。有閑階級は所有権の発生と同時に生まれ、所有権が制度化されることで、私有財産が形成され、そこに、貧富の差、階級差が生まれ、対人関係の不平等が生じたと考えうるのだ。だからこそ、他者に見せつけるような消費行動をして、それをコミュニケーションのツールにするのである。

　それでは、有閑階級だけでなく、成り上がりの市民階級、労働者にも余暇が与えられる時代は、どのようにして到来したのか。とりわけ、労働者たちの生産性は、アメリカの自動車王ヘンリー・フォードがいわゆるフォーディズムを行い、マルクスが資本論で書いたような悲惨な労働者像——長時間労働や児童労働——ではなく、むしろ、労働者を効率よく働かせる——適度に余暇を与える——ことで生産性が高められた。ヴェブレンによれば、代々、有閑の階級でない限り、有閑の過ごし方は知らない。にわかに、有閑となった人々がその余暇をどう過ごすのか。そのためにひまを消費するレジャー産業が生まれたのである。この新しい産業が定着するには、一つの仕掛けがあった。それが、前項でガルブレイスが示した広告（看板）である。広告によって、はじめて、欲望を搔き立てられ、実際にその通りに行動することで満たされる。19世紀の資本主義は、人間そのものを資本に、そして、20世紀の資本主義は余暇を資本に転化していくのだ。レジャー産業は、余暇があっても何をしていいかわからない者たちにその時間を、お金を使って消費する方法を教える。言い換えれば、人びとの欲望を作り出す。というのも、資本主義が成熟した時代においては、生きていくために、最低限のものをいかに手に入れるかということに専念する必要はなくなったからだ。しかし、その代わりに、他者からどのような眼で見られるかということを常に意識して自分の態度を決める。

　このような存在をリースマンは、「レーダー人間」と呼び、常にアンテナを張り巡らせていることが特徴だと述べた。自分が置き去りにされているのではないかと絶えず、不安になり、他者の承認を強く望んでいる。消

費行動においても同じで、雑誌やテレビ、インターネットなどをはじめ、多くのマス・メディアに影響されている[10]。いわゆるソーシャルメディアにおいて写真一枚の中に誰が見ても素敵に見える、羨ましがってもらえる消費行動を明からさまにもしくはそれとなく投入する。そうすれば、自己の評価が上がるのだ。他者に褒めてもらいたいといった「他者への関心」は、自分への関心の裏返しであり、この時のリアクションで、他者が自分をどう思っているか＝自分はいかなるものであるのか知ろうとしている。そして、自分の存在理由を他者からの承認で作り上げようとする危険に足を踏み入れることも少なくないのだ。とはいえ、消費行動において、他者の目を気にすることは、仲間内から逸脱しないように注意していることを示していて、次は何がくるか、「レーダー」を張り巡らせているのである。

　また、その消費の対象である欲望が自分固有のものなのか、他者の影響によるものなのか、その境界があいまいであることも一つの特徴である。リースマンが分析した「内部指向型」人間から「他者指向型」人間への社会的性格の変化の過程は、戦後アメリカからはじまり、大都市中産階級、それも若い世代への浸透を意味した。リースマンは、「この型の性格がアメリカ全体のヘゲモニーをとることは、現在の傾向から見て時間の問題である」と述べ、いずれ産業化が飽和段階に達した国々でも同じことが起こるであろうと分析していたが、今もなお、その傾向は変わっていないのではないか。

　現代人のパーソナリティーは、社会的性格が他者指向型へと変化してきたのであるが、そのことがコミュニケーションにどのように影響してきたか、その一例を消費行動から見てきた。他者指向型のパーソナリティーでは、多かれ少なかれ、「他者のまなざし」が行動の基準となる。そうした場合、他者のまなざしを意識しておこなわれる行動は、自らのためにしている行動のはずが、結果的に、自己をないがしろにすることも少なくない。それ

---

10)　フランスの哲学者ベルナール・スティグレール（1952-2020）はマス・メディアを介して消費をコントロールすることをフーコーの「生権力（bio-pouvoir）」になぞらえて「心権力（psycho-pouvoir）」と名付けた。

は、恋愛関係や親子関係においてもそうである。こうした間柄のコミュニケーションは、全くの無私によっておこなわれるばかりではなく、むしろ、有形無形であれ、評価を得たいという感情が存在することで愛他的な行動を取ることになる。つまり、自分がおこなった他者のための行動によって評価を得るということは、社会心理学で言うところの社会的交換の一つと説明される。[11] 社会的交換とは、対人関係におけるさまざまな交換を包括する概念で、経済的交換も含むが、対人関係における社会的交換については、次章でくわしく論じたい。

消費行動の意味

　自分自身の感情や思いを語ることは苦手で自己や他者について直接語ろうとせずに、自分の持ち物については饒舌に語る。このような人物を精神科医の大平健（1949-）は、その著書の中で、[12]「モノ語りの人々」と呼んでいる。持ち物やそれにまつわる評価によってのみ、人について語り、コミュニケーションをとる人のことである。ファッションへのこだわり、好きなブランド、思い入れなどを通して婉曲的に自身や他者について語ることができるのだ。それだけでなく、推しのアーティスト、グループ、好きなゲームから語ることでその人が見えてくるような場合である。このように、ブランドや自分の持ち物へのこだわりを提示することは、まさに、前述の自己提示の瞬間である。そして、彼らが究極的に憧れ、そのコミュニケーションの中に忍ばせようとしていることは、いわゆる推しと呼ぶ有名人と同じものを持ったり、自分をそこに「寄せていく」ことによる社会的な効果である。それは、単に、ブランド物のバッグを所有して単なる経済力を自慢するのではなく、経済資本を持つこと以上のインパクトをもたらす。[13] なぜなら、それを所有することで得られる表象の物語性にこそ価値が

---

11)　佐藤典子編著『現代人の社会とこころ』弘文堂、2009、PP.207-208。

12)　大平健著『豊かさの精神病理』岩波書店、1990。

13)　実際の貨幣や価格以上の価値を持つことについては、象徴資本の考え方（第7章）を参照のこと。また、それが、ジェンダーの文脈で起きる際には、「ジェンダー

あり、その地位に(近いところに)いることを端的に示すような雄弁さを「そのものが」持ち合わせていると信じられているからである。そこには、仲間内、すなわち、「内集団」にしか分からない記号化された消費の実態がある。ブランド物や話題の店の名前、こうしたものを織り交ぜた写真や文章を映し出して、効果的に演出することで自己提示しながらソーシャルメディアでコミュニケーションをする。それは、有形であれ無形であれ、社会的交換が複雑化することによって、その表現方法の一つである消費行動が変化し、コミュニケーション構築のための戦略として見ることができる。

　かつて、資本家から劣悪な労働条件で働かされていた人々の状況を「労働者の疎外」と呼び、その文脈の中では、人間としての本来の姿を失っていると考えれられて来た。ところが、ボードリヤールが消費社会における疎外と呼ぶ現象は、「自分で自分を疎外すること」を指すとすでに記した。それは、欲望を広告によって醸成され、あたかも、自らが欲しているかのように錯覚する。「今すぐ手に入れなければ」、次に「それを誰かに知らせなくては」と。それは、終わりのないゲームであり、ソーシャルメディアで自らに目を向けさせることが至上命題となり、新しいコミュニケーションとなった現代では、このゲームから降りることは難しい。だからこそ、前項で引用した國分の指摘のように、そこから降りられないこと、それこそが、「自分で自分を疎外する」ことになってしまうのだ。同時に、疎外されているという考え方は、疎外されていなければ、本来、何かがあるはず、という考えを生み出すとすでに述べた。そして、本来の何かを探してみようという考えを思いつかせる。しかし、本来ある（べき）ものが疎外されていて欠落したのではなく、疎外を考えることで本来的なものがあるのではないかと考えてしまっているだけなので実際には何もない。いつまでも「本来」を求める果てしないゲームは続き、疲弊してしまうのだ。

　今日、ネット上だけで完結する人間関係に欠如しているのは生身の感覚

　資本」が生じている。これについては、佐藤典子著『看護職の働き方から考えるジェンダーと医療の社会学──感情資本・ジェンダー資本』専修大学出版局、2022第 1 章を参照のこと。

だ。しかし、精神的、物質的な不足を瞬時に埋めてくれるテクノロジーと商品経済に支配されるようになったことで、際限のない享楽の追求と、その露出（見せびらかし）、および他者と「平等」に享楽する権利の要求によって特徴づけられる心的経済が促進され、その隙間は埋められていると見なされ、その欠落に気付かないのだ。

第13章　親密関係におけるコミュニケーション：知らずに搾取・支配する関係と共依存

　本章では、恋愛関係とくに性別役割分業に——知らず知らずのうちに——基づいた男女関係や家族とくに親子を主に取り上げながら親密な関係性の中でのコミュニケーションの難しさがどのような状況で生じるのか、考えてみたい。

性別の「らしさ」がもたらす社会的なやりとり

　知り合いの家族に赤ちゃんが誕生したとして、まず、気になるのは、赤ちゃんの性別ではないだろうか。実際、赤ちゃんが生まれたら性別と名前を届け出ることが必要だ。[1] さて、この生まれたての赤ちゃんの性は、誰の目から見ても明らかですぐにわかると思われていないだろうか。このように、私たちの性別は、男と女の二種類で生殖機能の違いが区別されていると思われている（だからこそ、男女で社会的な役割が異なることが当たり前だと考えている人もいるのだが、それについては後述する）。その性別

---

1)　カナダのブリティッシュコロンビア州で 2016 年 11 月に誕生した赤ちゃんに、性別を明記しない健康カードが発行された。性別を特定せずに登録された子どもは、恐らく世界で初めてといわれている。自身がトランスジェンダーである親は「私が生まれた時は医師が性器を見て私が誰であるかを推定した。その推定は生涯を通じて私に付きまとった。その推定は間違っていたので、以来、私は多大な修正を行わなければならなかった。性別は成長して自分で自分を認識できるようになった時点で、本人が決めるべきこと」と主張している。健康カードが届いたのは 2017 年 4 月で、性別欄には「U」と記載されていた（「Unspecified（特定せず）」、または「Unknown（不明）」を意味すると思われる）。健康カードはカナダで公的医療保険制度を利用する際に提示する必要があるが、出生証明書の入手は難航しているという。https://www.cnn.co.jp/world/35103780.html

であるが、妊娠中の定期通院における画像診断で判明することが多い。もしくは、誕生した際に、新生児の外性器を見て判断される。ただ、問題であるのは、外性器の違いがはっきりしない場合である。赤ちゃんの性腺の発達が未熟でどちらかの性にはっきりと当てはまらず、判断がつかない場合は、どうするのだろうか。そう、「どうするか」なのだ。それは、どうにかして生まれた後に「人間の手で」決めなくてはいけない。つまり、そのままにしておくことはできないのである。一旦、保留にしたり、分けないでそのままにしたりしておくことはしない。そこで、多くの場合は、性腺(睾丸や卵巣)の構造を見て医師が性別を決定する。ということであれば、性は、多くの人にとって直ちに判明する当たり前なことなのではなく、場合によっては、医師が、わざわざ決定するものなのだと言うこともできる。誰の目にも明らかなように異なっているから、そう(女あるいは男)なのではなくて、性が分かりづらいもしくは分からないとしても、分からないままにしておかずに、何らかの違い、根拠を見出してどちらかに分けようとする。すなわち、日々、私たちが依拠している性の違いは、あたりまえに存在すると思われている外性器の見た目やそれに伴うと思われている生殖機能によって、誰の目にも明らかに存在しているという「思い込み」からできていると言えるだろう。

　そして、その生殖機能そのものは、人の一生の中で、数えるほどしか使

---

2)　分子生物学者の福岡伸一は、『できそこないの男たち』(光文社、2008)で、男を男たらしめるのは、Y染色体中の性決定遺伝子であるSRY遺伝子で、これの有無によって両性具有になる。たとえば、遺伝子型44＋XXに紛れ込むと、睾丸とペニスを有するXXmale(女性型男性)となり、逆にXYの遺伝子型であってもこの遺伝子が欠如した場合、XYfemale(女性型男性)となり、外見は女性化する。特に、このような場合は、性器と性腺の機能が連動していないため、不妊のケースとなる。であれば、性の根拠となっている生殖機能がそもそもないので、その分け方に根拠があると言えるのだろうか。その場合、いろいろな性のあり方があるとしても、2つにしか分類されない、ともいえるだろう。男と女が生殖するのだから、性は2つに分けられるべきだ、という意見もあるだろう。しかし、2つに分けるという常識自体も、このような性の未分化が存在する以上、分け方自体は自然ではなく、人間が決めたことなのである。

われなくなっている。それにもかかわらず、生殖機能によって明白に分けられていると思い込んでいる性別は、生まれてから死ぬまで、生殖とは関係のない日常生活の中で、「女だから」「男だから」と生き方の制約をもたらす。新生児の名づけから服装、長じれば、言葉遣い、日本では学校の持ち物の色分け、遊び、趣味や嗜好まで、生活自体が性別によって分けられる。その中で、たとえば、「女は優しい」「男は強い」といった、「……である」といったように記述的に示される命題を「性差」といい、そこから派生してきて、「女はこうすべき」「男はこうすべき」という規範として表される命題を「性（別）役割規範」という。生殖機能の差異は、性を分割するために考えられた一つの根拠であって、「性差」そのものではない。それでも、性差と性別役割は連動して考えられてしまい、性別によるコミュニケーションの違いを正当化してしまう。このように、社会的・文化的に作られている知識や規範、常識としての性別の「らしさ」を表した言葉として「ジェンダー」がある。この言葉が示すのは、性別とは、私たちが生殖に意味づけをするという社会的・文化的営みによって始めて意義が見出される、社

---

3)　心理学の初期において、性差は生物学的差異に基づくもので不変かつ普遍的なものとされ、個人差を生み出す重要な変数をみなされ、性差心理学という分野が登場したが、E.E. マッコビーと C. ジャクリーンが過去の性差研究の文献を再検討した結果、実証研究結果は必ずしも一貫せず、一般的に信じられるほど心理学的性差は顕著ではないことがわかった。同様に、男脳・女脳といった概念を提示する研究も存在するが、その根拠は、本文で提示した性別の分割が人為的である以上に信憑性は乏しく、裏付ける研究も少ない。科学的な視点での研究も客観的であるとは言い難い。参考資料として、斎藤環著『関係する女　所有する男』（講談社、2009）を挙げたい。

4)　ジェンダーとは、本来、名詞に性別がつく言語において文法用語として名詞の性の類別（classificaton）を表していた。たとえば、フランス語やスペイン語、イタリア語などは、名詞に性別がある。男性名詞、女性名詞、ドイツ語はそれに加えて中性名詞に分かれている。では、その名詞が男性らしいと男性名詞になるかといえば、そのような区別はなくて、たとえば、フランス語で「猫」は男性名詞であるが、ドイツ語では女性名詞である。このように、その理由が分からないにもかかわらず、性が分かれていることを示す。

会的なことがらなのだ、ということである。

「であること」性差と「であるべき」性規範のちがい

　男性はこういうものだから（＝性差）、こういう役割がある（＝性役割）。だからそれは、男性として守らなくてはならない（＝性規範）。これは、女性に対しても言えることで、性別によってそれぞれの規範が見受けられる。たとえば、女性は優しい。だから女性はケアするのだ。よって、女性がケアをしなくてはならないのだ、といったマインドセットである。上記のように、生殖に関連して性が明示されるのだとすれば、確かに、女性は、出産する。しかし、女性が優しいかどうかは別問題であるし、言い換えれば、男性が優しくないこともない。そもそも、優しいとは、主観的であり、何がどうであれば、そう言えるのか、いつもいつも確固たる定義があるわけではないのだ。とはいえ、女性が出産し、子育ての事例が歴史的にも世界各地にもあるせいか、女性と優しさは結びつく。最初は根拠がないことでも、定着するとそれは常識として拘束力を持ち始める。他の選択肢を選びづらくなってしまうからだ。それはさらなる規範意識をもたらし、誤認が再認を呼び、再認が誤認をもたらし構造化する[5]。誤認とは、事実をとらえ損ねている、つまり事実でないにもかかわらず、事実であるかのように「そうである」と思われているため、——それに類する事例が数多く存在していることで——再認、すなわち、そうであることが証明され、多くの人が納得してしまうのだ。そして、それは、社会的に根付いてしまう。やがて、こうした価値観の定着が、性においては、簡単に優劣とそれによる差別をもたらすのである。最初は誤認であったとしてもしっかりと根付いてしまった規範[6]が「そのように」存在するのは性差があるから当然のこと

---

5)　第3章の人種による差異に注目したマーケティングの事例を参照のこと。

6)　次のような事例もある。アラブ紙アルハヤトが 2008 年 6 月 15 日に伝えたところによると、女性による車の運転が禁じられているサウジアラビアで、首都リヤドの北部、ブライダ出身の女性が夫を迎えに行くため車で 10 キロほど走ったところでパトロール中の警察官に制止させられ、身柄を拘束された。女性の「法的後見人」である夫は、二度と彼女に運転させないとの念書に署名させられたが、

であり、男性だから、女性だから、こうでなくてはならないといったよう
にである。しかし、これまでみてきたように、その基準そのものがあいま
いであるのに、私たちは、なぜ、このようなことを当たり前だと思ってい
るのだろうか。

出産育児をする女性の「らしさ」とは

　女性はこうあるべき、という伝統的な性規範、とくに、母となった女性
に対する規範は強固なものがある。たとえば、迷子になっている小さな子
どもがいるとしたら、その子どもの親——とりわけお母さん——を探すで
あろう。しかし、子どもの面倒をみるのは、母親だけなのだろうか。父親は？
　あるいは引率している先生がいるのかもしれない。子どもの面倒をみる
ことは、母親の役割であり、それが当たり前である、それゆえ、子どもに
事件・事故が起きれば、母親の責任になると考える人も少なくないだろう。
それではなぜ、私たちは、このように子どもと母親の関係を自明視するよ
うになったのだろうか。他者が親子に目を向ける場合でも、親子同士でも、
コミュニケーションにおいて、母が子どもの面倒を見るべきという価値観
が前提となっているのではないだろうか。しかし、フランスの哲学者で歴
史学者のエリザベート・バダンテール（1944-）が示す歴史的事実は、そ
れとは異なり、中世においては、「母親が育児をしない母親だからといっ
て誰も悪く言ったりはせず、子育てについて母親に責任があるとは考えら
れていなかった」という。そして、母親には、母性（あるいは、母性本能
という場合もあるが）があり、子育ての責任は女性である母にあるといっ
た考え方は、広く、ヨーロッパで 18 世紀以降になって広まった考え方だ。
バナナの輸入業者から歴史家となったフランスのフィリップ・アリエス

今のところ、女性が釈放されたのか、起訴されるかは不明。イスラム教国のサウ
ジアラビアでは、宗教的な理由から世界で唯一、女性が車の運転をすることを禁
じていたが、男性家族の同伴があれば、認められるようになった。佐藤典子著『看
護職の働き方から考えるジェンダーと医療の社会学——感情資本・ジェンダー資
本』専修大学出版局、2022、PP.251-253。

7)　エリザベート・バダンテール著、鈴木晶訳『母性という神話』筑摩書房、1998。

（1914-1984）も、「子ども」が社会的にどのように扱われてきたかを歴史的な事実を丹念に紐解きながら記した著書『〈子供〉の誕生』において、「子供は親の愛情の対象ではなく、また、18世紀頃まで、乳幼児は乳母に預けられ、それは、貴族にあこがれるブルジョワジー（小市民階級）にも広まったが、乳幼児の死亡率は高かったにもかかわらず、その習慣をやめようとする者はいなかった」と記している。もし、女性にあるいは母親に母性本能というものがあるのなら、そこに預ければ死んでしまうかもしれない乳母に自分の子どもを預けるだろうか。アリエスの社会史研究の記録は、母性が本能でなく、近代以降に出現した性規範の一つであることを明確に表している。[8]

コミュニケーションの構えとしての性別カテゴリー：「カテゴリー化」は「ステレオタイプ」へ

私たちは、男性／女性というように当然のように性を分けて考えているがそもそも、なぜ、それを分けることができるのか。外界のものを認知してそれが何か分かるということを、私たちはどのようにおこなっているのであろうか。そもそも、外界のものを認知してそれが何か分かるということはいかにして可能なのだろうか。実は、社会の中で、何かを認知しているということは、ただそれが何であるか／何でないか知るということではなく、それがどう理解されているか、人びとの把握の仕方も知ることである。それができるということが、その社会、文化の中の特定の役割を取得したことで、その人のカテゴリー化[9]に成功したことを意味する。この認知

---

8)　フィリップ・アリエス著、杉山光信、杉山恵美子訳『〈子供〉の誕生――アンシャンレジーム期の子供と家族生活』みすず書房、1980。母性本能が歴史的構築物であるという点については、佐藤典子著『看護職の社会学』専修大学出版局、2007、PP.60-70。

9)　たとえばある人を「社長」と呼ぶことに必然性があるとすれば、それは、「社長」というカテゴリーに入った人なのである。それは特定のヒトを呼ぶための記号ではない。その呼び名には、いつ、何を、どのようにすればいいのかといった「社長」という日常を生きるための実践的なやり方もセットになっているのだ。会社内で、

システムは、それについての何らかの特徴、たとえば、見た目によってなされる。このカテゴリー化を通して、その世界の膨大で複雑な「刺激」を整理、分類し、意味づけて認識し、たとえば、男性／女性というように当然のこととして性を分けて考える。とすれば、生まれついて、その文化、その社会で生活することで、「AはBである」たとえば、「男は強い」と教わる。そして、そこに暮らす他の人々も「男は強い」と認識する。こうして「男」が「強い」と認識されていれば、「男が強く」なければおかしいし、「男は強く」なくてはならなくなる。それ以外のカテゴリーが見当たらないのだ。個々の個性や好みは二の次になる。カテゴリー化が行なわれることによって、「男は強い」ということは、当たり前のこととして流通することになるからだ。もっとも、流通するからこそ、多くの人々がそれを当たり前のこととして認知し、「男は強い」といったカテゴリー化ができるといえるであろう。また、カテゴリー化することは、ある者、あることにレッテルを貼るだけではない。カテゴリーを当てはめた者がその社会にとってどのような存在で、そのカテゴリーに所属する場合、そこでどう振舞うのか、あるいは、そのカテゴリーの、その存在に対してどのように振舞えばいいのか、そのカテゴリーをめぐる考えや営みに私たち自身が取り込まれていくということである。

カテゴリー化の一例としての成功の回避

　コミュニケーションにおいて、女性が、女性のカテゴリーの中で見られていたいという欲求は、成功に対して不安を抱き、成功を回避するという行動に現れることがあるという。アメリカの心理学者マルティナ・ホーナー（1939-）[10]は、同じくアメリカの心理学者デイビッド・マクレランド（1917-

---

　　取引先の企業や関係する場所で、いつ、何を、どのようにふるまえばいいのかがインストールされているのである。そして、「社長」と呼ばれるとき、こうした実践的なやり方とともに、ものごとを理解して社会的に望まれたように行動しているのだ。第2章などを参照のこと。

10)　　Horner, M. S., Femininity and Successful Achievement: A Basic inconsistency, In J. M. Bardwick, E. Douvan, M. S. Horner, & D. Gutmann (Eds.), *Feminine*

1998）が考えた競争の動機づけの概念、「成功希望」と「失敗恐怖」の2つに加え、女性の場合、成功を避けたいという「成功への恐れ」ともいうべき新たなカテゴリーが考えられるとした。成功が可能な時、若い女性はその成功に続いて起こると予想されるマイナスの結果に不安になり、うまく達成しようとする努力が妨げられる」とし、「このような恐怖を持つのは、多くの女性にとって、競争的達成の活動における成功の見通しは、とりわけ男性と対抗して達成がなされる場合には、社会的に拒否されるという脅威や女らしさを失うことなどといったマイナスの結果を連想させるからである」。それは、女性のカテゴリーに入れられ、それにふさわしいように教え込まれた性別役割分業に則って女らしくいなければならないと自らを律する感情と、評価の基準とされてきた男性と対等に評価されるような能力をもつことへの期待を調和させようという女性のジレンマから生じると考えられている。すなわち、女性は、仕事の成功よりも、女らしさを優先するのだ。それは、第7章冒頭の「場の理論」が女性を女性らしさの場に置くからであり、その仕事の適性の問題以前に本人は元より周囲の人間も女性と仕事の成功に違和感を持ってしまう。すなわち、成功が自分自身にふさわしいと思えないのだ。

「女性の話は長い」のか

　2021年東京五輪・パラリンピック大会組織委員会会長だった森喜朗元首相が、同委員会が女性理事を増やす方針を示したことについて「女性がたくさん入っている理事会は時間がかかります」といった発言をし、世界的な問題となって辞任した。この発言に対し、多くの有識者が「女性は話が長い」は根拠のない偏見に過ぎず、科学的研究でも否定されていると指摘した。だが、この問題の本質は、なぜ、こうした「事実ではない事柄、根拠のない事柄」が、まかり通って、真実だと思われているのかというこ

Personality and Conflict, Belmount: Brooks/ Cole Publishing Company 1970. および Horner, M. S., Toward an Understanding of Achievement-Related Conflicts in Women, in *Journal of Social Issues*, 1972, 28(2), PP. 157-175.

とだ。これに対して、精神保健福祉士で依存症の治療施設で働いている斉藤章佳は、「森氏が参加するような会議は、だいたいが最終的な意思決定の場でしょう。そうした場に参加する女性が数として少ない」ため、女性が発言するだけで目立つというのだ。そして、「ふり返ればその女性の話ばかりが印象に残り、それが『話が長かった』という印象にすり替わってしまうことは容易に想像がつく」［斉藤章佳　2023：17］と言う。前述の成功の回避でも示した通り、ステレオタイプとしての女性は、「意思決定の場で“女性である”というだけの理由で発言がしにくくなり、“いないこと”にされ、発言したものの軽んじられたり眉をひそめられたりといったことを、多くの女性が社会のなかで日々経験している」［同：18］と斉藤は指摘している。また、2023 年 9 月に行われた第 2 次岸田第二次改造内閣で、岸田文雄首相が 13 日に開いた記者会見で、「女性ならではの感性や共感力も十分発揮していただきながら、仕事をしていただくことを期待したい」と過去最多に並んだ女性閣僚 5 人の登用に関して述べたことについて、ソーシャルメディア上で「絶望的に古臭い」「時代錯誤」などと反発が相次いでいるように、性別を問わず活躍が期待されている場で、敢えてその「性別」に言及することで「能力＜性別」と誤認させこそすれ、言及すること自体がかえってその「性別」を低く見積もっていることを露呈してしまうことに総理は気づいていないようであった。第 7 章「ジェンダースタディー①」のフランスのマクロン大統領の「女性は他者」発言と同類だ。このように、森元総理に限らず、岸田現総理も「女性を差別している」という認識は全くなく、むしろ、評価しているとさえ思っている様相を呈していて、身近にいる女性個人を差別する意識がなかったとしても、女性という全体を差別的に考えていると思われるような発言をしており、それらは個人と全体に対して同時並列で行われていることが特徴である。

　斉藤は続けて言う。「社会において女性が不利益を被っている現状を追認するだけでなく、そうした偏見をさらに強化するものでしかなく、『女性の発言時間を規制』という発想に至っては、女性を意思決定の場から排除するよう促しているに等しい」［同］と断罪する。それが、男性側にそ

の意識がなくても、なのである。自覚がなくても女性の発言を軽んじる男性が多い現実はあり、それが当たり前のように行われると、斉藤いわく、そのことに「私たちは疑問を持ちにくくなる」（本章「『であること』性差と『であるべき』性規範のちがい」で述べた「誤認—再認」の構造化によるものである）。そのため、「この状態を『変えなければ』とは思わない」［同：20］という。教育機関でも、2018年の医大の入試で複数の大学が女性の点数を一律に減点していたことも記憶に新しいが[11]、学校生活においても、リーダー的な役割に選ばれる生徒は男子が多く、大学の体育会においても、部活によっては、女子部員が手作りのお守りを男子部員に差し入れすることが——個人の意志ではなく伝統的に——行われていることもあるという。進路を決める際にも、男子の兄弟にのみ高等教育機関に進学させたり、大学の場所や専攻科を性別によって女子は限定されたりするなど、社会学で言う「意欲の冷却効果（アスピレーションのクーリングダウン）」現象も枚挙に暇がない。

「男性は下駄を履いている」の真意

斉藤は、こうした男性優位の現状を個別事例や「男性も女性も大変であるのだ」といったジェンダーによるそれぞれのちがいととらえるのではなく、はっきりと「男尊女卑」という価値観から生じていることであると主

---

11) 複数の大学医学部において組織ぐるみで、女子受験生の点数を操作し、敢えて不合格にし、その分、男子学生を繰り上げ合格にし、当然のことながらその事実は長年にわたって隠蔽されてきたのだが、2018年に明らかになった。東京医科大学、順天堂大学、聖マリアンナ医科大学のいずれも、元受験生が裁判を起こし、勝訴している。東京地裁は東京医科大学が当時、医学部入試で2次試験にあたる小論文試験で男性受験生のみを対象に浪人年数に応じた加点を実施していたと認定。二審の東京高等裁判所は「性別による点数調整は不合理な差別的取り扱いにあたる」と認めたうえで、一部の原告について、一審より賠償額を増額する判決を出した。判決については、https://fairexam.net/lawsuitrecords/「医学部入試における女性差別対策弁護団」より。佐藤典子著『看護職の働き方から考えるジェンダーと医療の社会学——感情資本・ジェンダー資本』専修大学出版局、2022、P.79。

張する。「日本で女性の大臣が少ないのは、それにふさわしい器量ではないからだ」「役職に就くことを男女同数にとむりやり変える（＝女性の役職者を増やす）ことでレベルが下がったらどうしてくれるのだ」といった言説がまかり通ることもその表れなのではないかとよく言われるが、それに対して、斉藤は、すでに、この社会において、男性であるだけで「下駄を履かせられている」のだと表現する。この「下駄」といった言い回しは、「男性特権」すなわち男性であるというだけで自動的に付与される権力、優位性、恩恵のことを指し、それは、男性本人の承諾のないまま気づかないうちに与えられ、履かされていることがほとんどだという。そして、「その気づきにくさこそが特権を特権たらしめている」と述べている ［同：106-107］。とはいえ、斉藤は、「それに男性が気づいていないわけではないはずで、下駄を履いていることを認めたが最後、それを失ってしまうと知っているからではないか、そのために、下駄を履いている事実を否認するのではないか、否認している人ほど、下駄に依存している」と指摘する。一方で、その履かされている下駄がとてつもなく生きづらい状況を作っていることもまた事実であろう。2021年の新春の駅伝大会で駒澤大学の監督が、ここぞという場面で「男だろ」と言って選手を鼓舞するシーンがあった。発破をかけられた選手もそこで「スイッチが入った」と振り返っていた。このように、「男だろ」と言われて奮起する気持ちは、「男である以上、勝たなければいけないのだ」ということと同時に、「勝たなければ男ではない」という強迫的な心理状態にも陥らせる。勝ち続けること、第一線に居続けることを当たりまえに強いられている状況がワーカホリックの問題を引き起こしているとも言える（ワーカホリック、依存症については後述）。こうした定型的なジェンダー観は、以下に述べるような女性であるならこうすべきという「女らしさ」の窮屈さ、男性と比べての相対的な社会的評価の低さを呼び起こすだけでなく、男性に対しても、下駄の特権と同時に、下駄を脱ぐことも許されないというように選択の余地がない（一方で、周りと同じように、仕事に邁進することで、承認欲求が得られるということもあり、仕事依存にも拍車がかかるのだが）。その競争や男性特権を好まない男性は男らしくないと言われて、存在を否定される。

嗜癖と共依存

●依存症とは

　また、斉藤が働いている依存症の治療施設において、何らかの依存症に陥っている患者たちの共通点として、斉藤は、ジェンダー的な価値観を強迫的に刷り込まれていることが多いと指摘する。男女の賃金格差をとっても、諸外国に比べ大きく開いていて、男性を 100 とすると女性は、75.2 となっている[12]。これは、斉藤によれば、「男性が総じて女性より仕事がデキて稼げるからでなく、男性により多くの給料が支払われる構造が社会のなかにあるから」［斉藤前掲書：21］なのである。そして、このように男性が「仕事こそ評価されるフィールド」であるからこそ、「ワークアディクション」いわゆる「ワーカホリック」[13]的環境の中にいたとしても、さして問題であることとはすぐに思い至れないのではないかと斉藤は仮説を立てる。というのも、男性のアルコール依存症患者において「仕事」というのは多くの人に共通して見られるキーワードだからだ。依存症は、WHO（世界保健機関）が定める「国際疾病分類（ICD）」に基づいて診断される。2018 年の第 11 版では、「強迫的性行動症」（セックス依存症）や「ゲーム障がい」（ゲーム依存症）が加えられた。依存症につながる理由は一つだけとは限らないものの、何らかの依存症患者と診断されなくても、長時間労働はもちろん、前残業と呼ばれるような早い出勤と遅い時間の退勤（いわゆる普通の残業）、休日出勤や休暇の返上も当たり前で休む暇なく働いている状況は、特に珍しくないであろう。このようなワーカホリック的な働き方を斉藤は、疾患と見なされてはいないものの、「自傷行為的な働き方」と評している。また、依存症は、斉藤によれば「否認の病」であり、「自分が依存症であることを受け入れられない、認めたがらない」特徴がある

---

12) 内閣府男女間賃金格差 https://www.gender.go.jp/research/weekly_data/07.html
13) アメリカの心理学者で宗教教育者でもあるウェイン・オーツ（1917-1999）が 1971 年に出版した著書の中で使用した造語で、ワーク（仕事）とアルコホリック（アルコール依存症）を組み合わせて作った。

［同：36］。つまり、それは、「やめようと思えばいつでもやめられる程度のものであるのに、依存していると指摘するのは、大げさなことである」ということなのだ。周囲から見ても、むしろ、いつでも対応してくれると思われ、高い評価を受けることもしばしばある。このように、仕事場における評価が高いことが、ワーカホリックにおいて、損なわれている心身の健康に気づきにくい状況を生み出していると言えるであろう。斎藤は、いまだにワーカホリックは、依存症に認定されていないものの、単に長い時間働いているというだけでなく、「自分自身を心身ともに死に追いやるような働き方をやめられないこと」だと説明する。さらに、依存症自体も「おしなべて死につながる病であることから、"慢性自殺"とも言われ、健康を損なったうえでの病死だけでなく、精神的に追い詰められての自死も含む」［同：38］という。しかし、一方で、一見、矛盾しているようにも思えるが、「人は生き延びるために依存症になる」側面もある。それはなぜか。それは「何かに耽溺し条件付けの回路が出来上がると、ドーパミンが過剰分泌される」のだが、それによって自分自身を「麻痺」させ、生き延びることが可能になるからだ［同：68-70］というのだ。ドーパミンとは、「快感を増幅する中枢神経系に存在する神経伝達物質で、快楽神経系と呼ばれる神経路のスイッチを入れる役割」を果たしていて［同：63］、「人間の行動の条件付け（癖付け）の引き金になるもの」と言える。神経細胞間に放出されたドーパミンを次の神経細胞の受容体が受け取り大脳基底核に達し、「快感・意欲を生む、活動的になる、気分がハイになる（多幸感）といった作用があり」満足感が得られるようになるのだ。しかし、ドーパミン受容体は、次第に麻痺して、大脳基底核に達する情報回路（報酬回路）の反応が鈍化し、なかなか満足せず、快楽を得る行為を果てしなくやり続ける。このドーパミンの耐性のために、依存症における問題行動がエスカレートすると考えられると斉藤は説明する［同：63-64］。それゆえ、アルコールや薬物によって、麻痺させる、もしくは、万引きやギャンブル、痴漢行為を成功させることで万能感、承認欲求が満たされるというのだが、斉藤によれば、この「ドーパミンの報酬（承認欲求）が金銭の報酬よりも強いものとなることがある」［同：66］からである。であるとすれば、報酬系

を求め続ける、すなわち、麻痺させ続けることをやめられないでいることは、——自覚はしていないものの——、それが「苦痛を一時的に緩和する最良の方法」となっているからではないかと斉藤は仮説を立てる。そして、ここから導かれる考察は、「依存症の本質は『快楽』ではなく『苦痛』」であり、「この負の強化メカニズムは、『自己治療化説』といい」、「自身の心理的・身体的な痛みを緩和、または低減するために、何らかの精神作用物質や行為に依存するという仮説」であると斉藤は指摘する［同：71］。何らかの手段を使って（＝依存して）その苦痛の記憶、生きづらさを「麻痺」させて生き延びるという現象なのだ（第11章の「責任と意志」の関係性を参照のこと）。それゆえ、その心理的・身体的痛みの原因が何であるのかを考えることも個々の依存症を理解するうえで必要になってくる。依存症というと意志が弱いといったイメージがあるが、実際は、それとは裏腹に責任感が強く、まじめで頑固、助けを求めにくい属性があり、一方で、おしなべて自尊感情が低い傾向にあると斉藤は述べている。よって「自尊感情と依存症のリスクとは反比例の関係」［同：72］にあり、自己を否定する気持ちが依存症の入り口になることは多数、見られるという。

　また、依存症患者の特徴は、コミュニケーションにおいて、自尊感情の低下［同］と「いつでも（薬物やアルコール）はやめられる」「もっとひどい暴力・DVはある（大したことがないから問題ない）」「お前が俺を殴らせた」「いかにも盗ってくれといわんばかりの陳列だ」など、他責の感情も少なくない。さらに言えば、他責の感情は、こうしたコミュニケーション不全を他者に責任転嫁することによって、自責の念を低下させる効果がある。このように、依存症は、決して一人だけで陥るのではなく、他者との関係性——決して他者が有責であるという意味においてではなく——によって起こると考えれば、他者とのコミュニケーション、社会的相互作用の不全が源となっていると言えるであろう。そして、依存症を継続させてしまう原因の一つとして挙げられるのは、その他者との関係が、切れないからである。というのも、その関係性が依存症から脱出するための援助行為ではなく、むしろ、依存状態におき続けることに一役買ってしまっていることがあるからである。それが、共依存である。

　続いて、共依存の関係について論じる前に、その関係性をつなぎ止めて
いる嗜癖について説明していきたい。

●嗜癖（addiction）とは

　コミュニケーションは、相互的な社会作用と考えられるが、そこには、
頼る／頼られる関係も入り込んでいる。それは、助け合いといったポジティ
ブな印象をもたれることも少なくないが、一方で、それなしではいられな
くなったらどうであろうか。愛情や友情といった否定しがたい言葉を盾に
して、その人そのものを束縛してしまう可能性があるのだ。もっと言えば、
人間そのものの拘束というより、人間関係そのものを必要としているがゆ
えに、その拘束はわかりづらい。そのため、関係性維持を目的として、心
そのものを駆け引きに使うことがある。それが行き過ぎると、嗜癖という
言葉で表われされるのだが、嗜癖とはいかなるものか。嗜癖とは、何らか
の強迫観念にとらわれておこなうある種の強迫行為のことで、特に主体に
とって快体験が存在するものを指す。嗜癖は、主体的に好んでその行動を
取ることが特徴的である。精神科医の斎藤学（1941-）によれば、人は、
飲料アルコールとしてのエタノールには中毒（酩酊）し、その中毒が主体
に陶酔（快体験）として感じられて嗜癖が生じる。これから述べていく共
依存は、典型的な人間関係の嗜癖の一つで、家族間や近親者などに多く見
られ、外見からは、親密さの反映と見られることも少なくない。嗜癖は、
アメリカのセラピスト A. シェフが、「文化的な病」と呼ぶのだが、それは、

14）　中毒（intoxication）とは異なる。中毒は毒を摂取した結果として生じる好まし
　　くない生理的変化であり、中毒した主体が意図したその結果を招いたかどうかは
　　問われない。

15）　快の感情を伴わない場合は、強迫神経症ととらえられる。たとえば、手洗い強迫、
　　掃除強迫などである。

16）　その行動が、薬物や食物のような物質の摂取の場合、「サブスタンス・アディ
　　クション（物質嗜癖）」、ギャンブル、仕事、買い物などの行為の過程の場合、「プ
　　ロセス・アディクション（過程嗜癖）」という。シェフ著、斎藤学監訳『嗜癖す
　　る社会』誠信書房、2006、PP. x-xi。

17）　シェフ前掲書。

どのような社会関係にあるかによって出てくる症状が変化するからである。

●共依存（co-dependency）とは

人間関係の嗜癖である共依存は、アルコール依存症を治療する過程で見出だされた。アルコール依存症は、当初、嗜癖者自身の意志の弱さが原因だと考えられていた。ところが、実際、施設などに入院や隔離などしてアルコール依存症患者自身を治療しても、もとの家庭や家族と過ごすと、再度、アルコール依存症になってしまう。つまり、家族そのものがその嗜癖の後押しをしていたことがわかったのだ。そして、嗜癖者自身の依存性に対して、むしろ家族などの近親者が「嗜癖者のケアをすることにより」依存し、その嗜癖つまり依存の形成を維持させ、家族や近親者が、その依存性を高める働きをしていることが分かったのである。嗜癖者を支える家族や近親者は、そのコミュニケーションの中で、嗜癖者の依存心に応えながら自分の存在理由を確かめ、それによって嗜癖者に依存する。家族のコミュニケーションの中でこのような役割をする人をイネブラー「後押しする人」と言う。それゆえ、まず、嗜癖者がいて、その嗜癖者をケアする家族がいるのではなく、実は、お互いがお互いを必要として、依存関係を成り立たせている——共依存——させていたのだ。嗜癖という病は、家族などの人間関係とそのコミュニケーションの中にこそ、問題の本質があるのである。この発見は、認識上の大きな転換をもたらし、両者の正確な関係性の理解を可能にした。たとえば、DVといわれるドメスティックバイオレンスの夫婦、カップルにおいて、暴力を振るう側は、暴力を振るっても謝れば許してもらえるということを学習することにより、行動の傾向を身につける（＝相手の許しを学習する）。一方、暴力を振るわれる側は、暴力を振るわれるよりも、自分が必要とされなくなることへの恐怖があるので、相手に許しを与えることによって、関係性を保とうとするのである。このように考えると、尽くすコミュニケーションの行き着く先の一つが共依存と考えることもできるだろう。共依存は、相手の言いなりになることで、その相手から自分への関心を引き出すコミュニケーションである。言うことを聞いていれば、尽くしていれば、自分に関心を持ち、見捨てられることはな

い。そういう駆け引きの中に本質があるのだろう。

　誰かに愛されたい、思われたい、大事にされたいという思いが大半を占める親密関係は、絶え間ない感情的緊縛をもたらす。そして、その最も分かりやすい表象が相手に何かを差し出すことである。相手のためにケアをするという行為そのものではなく、その関係性を継続することが評価されるようになるのである。女性のアルコール依存症や万引き依存症、ギャンブル依存症の原理は、先述の斉藤章佳いわく、ケア役割を抜きにして語ることはできないという［斉藤章佳前掲書：136-137］。ここでのキーワードは「コントロール」すなわち、何かを為し得ることと言えるであろう。育児にしても介護にしても、女性が担うことが自明視されるケア、家事全般は、他者のためにしていることがほとんどである（もちろん、女性自身が自身の生活維持のためにおこなっている要素もあるが、そのことであれば、男性の一人暮らしも同じことであるゆえ、その点については、ここでは除外する）がゆえに、思い通りに完遂することは難しい。つまり、相手が本人の思うとおりに身体を使えない、高齢者や乳幼児などへのケアやいわゆる「名もなき家事」と言われるような「料理」「洗濯」「掃除」をするための、準備段階やした後の片付け、次に行うための段取りを含めたものまで入れれば、その家事作業には終わりがない（正しく言えば終わっても次がすぐに始まってしまう）。このように、思った通りに進まないケア全般、生活維持のための家事は、達成感が得られにくい。オーストリア出身の思想家イヴァン・イリッチ（1926-2002）の言うように、「シャドウ・ワーク」と呼ばれ、「支払われない労働」であることが自明視されている。それは、してもらう側（もしくは、してもらうことが当たり前だと世間に思われている）——その多くは男性——だけでなく、する側も社会的に経済的に対価を得ることはないと思っている、もしくはあきらめているほど、その作業の必要性に比べれば、社会的評価は低い[18]。このような状況の中で、アルコールに耽溺し、感覚を麻痺させたり、また、万引きにしてもギャン

---

18)　イヴァン・イリイチ著、玉野井芳郎、栗原彬訳『シャドウ・ワーク』岩波書店、2006。

ブルにしても、うまくいくこと、勝つこと自体は実際にはコントロールできないはずなのに、（あるいはだからこそ）わずかなお金を賭けて大勝したりすれば、それは、偶然でしかないにもかかわらず、自分の力でそうなったという確かな手ごたえを感じてしまうと斉藤は指摘する［同］。つまり、その偶然を偶然と思えないほど、現実検討能力を低くさせてしまうのは、「その人の自尊感情が低いから」だという。そして、その自尊感情の低さの原因を前述のように斉藤章佳は、日本における男尊女卑の価値観に見出す。というのは、ジェンダーが強いる「女らしさ」「男らしさ」のパターンや性別役割分業——すなわち、男性は社会的地位が高く（本人の意思とは関係なく下駄を履かされ）、女性は相対的に低い状況にあること——が、それぞれのジェンダーに合った形で自尊感情を低め、依存症を招きやすくし、その「性らしさ」に没入させる社会の仕組みとなっているからである。それは、互いに相手への依存を求める結果となってしまうことも少なくない。なぜなら、その共依存は、男尊女卑といった従来の性別役割分業を踏襲しているがゆえに、一見、違和感がないからである。

親密な関係が共依存へ

共依存の発見や関係の断絶つまり、依存の解除は双方にとって大変、困難である。なぜなら、家族が家族のために尽くす関係性は美談のように聞こえるからである。しかし、前述のように共依存関係という視点から考えると、お互いに依存することで誰かが誰かのために自身の生活を犠牲にし合う関係ともいえる。共依存的な関係を結ぶということは、自分が相手から見捨てられないことにつながるだけでなく、相手をケアする美徳を持ち合わせた人間（特に、女性は、女性らしさを想起させる、尽くす人としての社会的評価）と見なされる手段ともなる。場合によっては、相手の健やかさよりも、依存状態におくことを優先することで、自分への評価を優先することもありうるのだ。物質的な搾取は、道徳的に見て問題があるとすぐに分かるが、親子関係における共依存などは、愛情と名づけられたコミュニケーションにおける搾取であり、ケアが愛情ととらえられ、無償である

から尊いとみなされ、価値を持つ[19]。共依存の関係が男女間に存在すれば、「男らしさ」「女らしさ」といった価値観によって支えられた現実の行為——男性は人生に勝ち続けなければいけないという強迫観念によって働きすぎて依存症になり、女性は、女らしさの発露としてその男性を支える愛情深い人としての共依存——は、美談として語られ、依存症を重篤なものにしてしまう。男性が過労するほど働かなくてもいい、女性だからケアをしないといけないのではない、と思えることによって、変化の準備は整う。さらに言えば、男性ならではの下駄を、好むと好まざるとにかかわらず履かされている「男らしさ」の現実は、「低い自己評価と高いプライド」[同：168-169]の持ち主が、「らしさ」に過剰適応してしまうゆえに依存症になってしまうと斉藤章佳は述べている。生きづらさがその原因であるとはいえ、男らしさにとらわれるがゆえに、暴力や性犯罪を起こすことは正当化されるはずがない。自分の生きづらさが原因であるといっても、だからと言って、他者を心身ともに害していいとはならないことは自明のことだ。たとえ、意図的ではないにしても、その男らしさの生き方ゆえに、他者を傷つけたことの責任は社会的に求められるであろう。とはいえ、その謝罪の一環の中で、それを認めることでさらに自分の承認——男らしさによって社会的に逸脱したことに気付いた自分認めてほしいなど——を求めようとすることもあるので注意が必要だと斉藤章佳は指摘している。なぜなら、気づいた自分を認めてほしいと言うこと自体が不遜で傲慢でそのために傷ついた周囲の人に対する気遣いより自分が優先されているからである。

　カテゴリー化がステレオタイプを作るように、性差の決定は性役割を作る。そして、性役割は、自らの意思であるかのように内面化され、それが性役割行動として固定化していないと不安になるほどである。こうした状況が共依存をもたらすのであるが、こうした嗜癖に陥ったら、そもそも、なぜ、自分がこのような役割を持っているのか考えることで状況を打破する助けになるであろう。

---

19)　上野千鶴子著『家父長制と資本制　マルクス主義フェミニズムの地平』岩波書店、1990、P.39。

パートナー選びとコミュニケーション

　男女が同じ教育を受け、就職における格差も以前に比べて表面上は減少の兆しがある今、男性に食べさせてもらうためだけにコミュニケーションで女性らしさをアピールして結婚する、すなわち、永久就職するという考えを女性が持つことは——不景気な現代社会で希望はしていたとしても実現するとは思っていないので——減っているのではないか。その現象の背景には、男性に養ってもらえば一生食いはぐれないということが幻想に過ぎないということを目の当たりにするような現実が山のようにあるからだ。であるとすれば、結婚することによって、女性らしさを世間に提示するコミュニケーションができる反面、自己実現の場であり、経済的な自由の象徴である仕事を辞めても、それに見合う社会的交換が果たして自分の身の上でおこなわれるのか、現代では、心許ない。ロマンティックラブは実現したい。しかし、妻になり、自動的に嫁になることによって、現代女性が失う物は少なくない。学生時代も職場でものびのびとやってきたにもかかわらず、結婚することによって、妻の座と引き換えに、女性規範、妻規範、母規範にがんじがらめになる。このような伝統的な価値観から自由になりたくても、家事はなくならないし、保育園などに預けやすくはない。義父母がどのような価値観の持ち主かも分からない。男性にしても同じだ。地域によっては、現代でも伝統的に、結婚して一人前という見方をされる中で、独身でいることの居心地の悪さがある。では、お見合いなどで、誰でもいいから世話された人を、と思っても、相手の女性と見合っているのか自問自答してしまう。これは、お見合いが結婚するための近道であった時代では考えられなかった変化であろう。性差もそれに伴う性規範や性役割も自明のことではない。そして、家族といえば、男女のカップルからなると思われてきたことも、必ずしもすべての人が指向するのではないことが分かった。私たちは、さまざまな規範を身につけ、それに基づいて関係性を深めるべくコミュニケーションしているのだが、変わり行く社会の中で、どのような恋愛をし、どのような家族を形成するか、その中でどのように生きるか、コミュニケーションのあり方にも絶対的なあり方は存在せ

ず、私たち自身の認識や態度も変化していくのである。であれば、男女ともに、相手に尽くすコミュニケーションによって、自分の評価を底上げしようとしたがゆえに、自分を自分で見捨てるようなコミュニケーションはしなくて済むのではないか。

第14章 これまでのコミュニケーション論を振り返って

　これまで序章から14章にわたって昨今のコミュニケーションを難しくしていると思われる要因を考えてきた。たとえば、二項対立を考える章では、多数派でないと認められない、いわゆる論破されたら終わりとなってしまい、窮屈だ。どちらかに当てはまらない場合だってあるはずなのに、である。また、多様性と言ってもらっても少数派は、そもそも、同じ土俵に上れていない。多数派に情けをかけてもらえばよいといった単純な話ではない。しかし、情報が次から次へと流れていく現代において、こうしたコミュニケーションにまつわる難しさをあれこれ考える暇もすでにないのかもしれない。タイパすなわち、タイムパフォーマンスだって考えなくてはいけない。いまや瞬時に判断できないといけないのだ。そこでは、熟考している暇はない。何であれ、常に拙速なのだ。とはいえ、現代のデジタルネイティブは、手紙や電話など、すぐに答えが出ない、相手がつかまらない、知らせや留守番電話のメッセージを読んだり聞いたりしたかもわからないような、のんびり答えを出していた時代を知らない（もしくは、既読かどうかわからないメールもそうかもしれない）。さらにいえば、現代は、生活圏だけの人間関係だけが人間関係ではない。そこには距離感の問題すなわち、生まれた時からグローバルな世界に生き、インターネットでどこまでもつながる社会に住んでいる人々と20世紀型の、原則が対面コミュニケーションが主流であった人々はあまりにも前提が異なる。ケータイは小学生から、義務教育からタブレットを操ってプレゼンテーションを行い、ソーシャルメディアにも通じる。また、何かを知るための情報量も、圧倒的に20世紀生まれと異なる。YouTube、Google、どのようなことも指先1つで情報が手に入る時代に生まれている。もちろん、その速さも全く20世紀生まれの思っているものと比較にならない。

自己の内面を知るしんどさはどこから来るのか：自己肯定感の沼

　このような時代にあって、第一に、人は、なぜ、コミュニケーションを重視し、コミュニケーション能力という言葉まで流通させてしまったのか。そして、なぜ、このような窮屈さの中で息苦しくなっていなければならないのか。それについての一つの答えは、次のような自己観が形成されてきたことと関係があるのではないか。

　たとえば、自己肯定感という語が、自己の認識を「高めておくべき」という価値観をすでに孕んでいることから、「自己肯定感は高くなければならない」、という考えを持って人は生きていかなければならない。自暴自棄になることは勧められることではないが、だからと言って、むやみやたらと自己肯定感なる実体のない、よくわからないもの、を高めることに腐心するという風潮は不思議なものだ（不思議な風潮、という他人事で終わればよいのだが、その実体のない「自己肯定感」が低いということが、何か後ろめたい気持ちになった時、「自己肯定感が低い」と予め、コミュニケーションをとる際に言明したりすることによって、予防線を張ることができ、多くのことを要求されなくて済む戦略もあるだろうが）。

　「自己肯定感を高める」という、認知行動療法的なスローガンは、どこに行っても善きことととらえられる取り組みであり、他者とぶつかることなく、個々人を啓蒙し、社会の要請に応えるものとして、教育の現場でも導入されている。コミュニケーション能力（というものがあると仮定して）を高めることにもおのずと役立つと考えられている。「自己肯定感を高める」試みは、自己評価の低い者にも自分自身の力で自己肯定感を高め、社会的に評価される契機になると信じさせることができる福音にも聞こえる。しかし、自己肯定感を高めるはずの取り組みは、学校生活において、また職場において、順応した後に自らが置かれるであろう環境について考えても、結局は、何がどうなればよいのかわからないままであるから「自己肯定感が低い」ことの呪縛からは逃れられない。対人恐怖の気持ちはぬぐえないのだ。

　「自己肯定感を高める」というプロジェクトは、多くの人にとって、す

でに自己肯定感が低いことが前提の考えであることから、一所懸命になればなるほど、抽象的な価値観の中にあって、困難な状況に陥る。しかし、社会生活に不安感を持つ多くの人々は、なんとかして、自力で対処しようと、いわば、第8章で取り上げた平井の論文にあるように「『社会的なもの』の自己コントロール」を目指す。その社会的な価値観に自らが合致するように努力する。自己肯定感がどうであれ、私たちは、生きることをやめることはできない。であれば、必要とされることは、「『社会的なもの』の自己コントロール」でもなければ、むやみに、「社会的レジリエンス」を要求されることではないのではないか。そして、自己コントロールは、自己の内面を覗かずにはいられない。では、どのようにして、自己の内面を知ることがもてはやされるようになったのか。

　第6章、第8章で主に取り上げたフーコーだが、その遺言で出版が禁止されていたシリーズ完結編となる『性の歴史IV　肉の告白』の邦訳が死後30年経って出版されたが、そこでは、初期キリスト教の教父たちの文献を詳細に読み解き、特に、カトリックが信者に強いてきた聴罪司祭への「告白」（実際には告解という）のメカニズムが明らかにされている。神父が信者に強いる、絶え間なく自己を省察・検証させ、己を暴露させる告白が定着していったプロセスは、さまざまな迫害を経た教会とローマ帝国が、個人の心の内側のすみずみまでを自動的に支配する仕組みを巧妙に作り上げた歴史とも通じる。そのことで、旧訳聖書の冒頭に書かれている原罪（失楽園のアダムとエバ以来、人間は生まれながらにして罪を背負っているという考え）についての解釈をある種の心の問題としてとらえ直させることに成功した。それは、人間は罪を犯してしまうかもしれないという心の不安を絶えず抱えさせられ、常に注意していなければいけないという考え方だ。一つひとつ、何々がいけないというより、漠然とした不安のような罪責感をいつも心に抱えて生きることを強いられてきたのである。こうしたキリスト教由来の西洋的自己観を彫琢した結果、常に自己点検し、自己開示をする自己像が理想とされ、「コミュニケーション能力」や「自己肯定感」といった言葉に汲々としながらネオリベラリズムが要請する、

「自分自身の企業家」¹⁾——誰かに評価してもらうというよりは、むしろ、自分自身が価値ある何者かとなってそれを対外的にアピールする人——を尊ぶ今日の傾向につながっているのではないだろうか。

　一方、フーコーは、千葉によれば「あくまでも自己本位で罪責性には至らないような自己管理する」ことに「興味を向けている」と指摘し、千葉は、「内面にあまりこだわりすぎず自分自身に対してマテリアルに関わりながら、しかしそれを大規模な生政治への抵抗としてそうする、というやり方がありうる」と提言する。この「そうする」とは、「自己との終わりなき闘いをするというよりは、その都度注意をし、適宜自分の人生をコントロールしていく」ことである。「それは、新たに世俗的に生きることであり、日常生活のごく即物的な、しかし過剰ではないような個人的秩序付けを楽しみ、それを本位として、世間の規範からときにはみ出してしまっても、『それが自分の人生なのだから』と構わずにいるような、そういう世俗的自由」[千葉雅也　2022：104-107]²⁾なのだと説明する。既存の価値観にとらわれすぎて、自分を見失ってしまうのではなく、距離をとって、生きていくことができるということなのだろう。気負わずに、また、周りの価値観に振り回されずに、自分のペースで行うことができるようになるのではないか。

心の闇の向こうに見えるもの

　とはいえ、絶え間なく、情報にあふれた社会は、私たちの内面を揺さぶり、コミュニケーションを求めてくる。テクノロジーによって時空間のみならず、人間関係における距離も飛躍的に縮まったように感じられるが、それは、人々の内面を決して豊かにはせず、インターネット上に溢れ出た他者の自己確認のなかに溺れるようにして生きているとも言えるのだ。そこでは自他ともに「いいね」や“♡”でポイント化され、数字でしか評価され

1)　これについては、佐藤典子著『看護職の働き方から考えるジェンダーと医療の社会学——感情資本・ジェンダー資本』専修大学出版局、2022、PP.51-59。

2)　千葉雅也著『現代思想入門』講談社、2022。

ない関係性になる。コミュニケーションそのものが消費の対象すなわちモノでしかない。それは、心が消費の対象となり、正しさが決定され、誰もが同じ心の状況を持つことがあるべき姿になってしまったからなのではないか。これまで、秘事とされてきた人の内面だからこそ、小説のテーマになり、文学が生まれたのだが、すべてが露わになってしまう時代では、秘匿されるものがない。だからこそ、ライトノベルでは、露わになってしまった「心の中」ではなく、異世界や転生といったキーワードで「ここではないどこか」の物語が大量生産されているのだろう。

　このような世界観を第10章で取り上げた立木は露出という言葉で表していたが、現代という時代は、極限まで皮がむけた皮膚のように、風が吹いたり、何かが当たったりすれば、痛むような皮膚感覚で、ぎりぎりのところ——まさに薄皮一枚、あるいは、首の皮一枚のところ——で、踏みとどまっていて、すぐに心の中を覗き込まれてしまうような恐怖感と共にある。メールやソーシャルメディアで常につながっていて、新しいメッセージが来たら、常にお知らせされ、強制的につながらざるを得ない。わざわざオフラインにしないと、平穏は訪れない。何もかもいつでも露わにしないと許されないような、強迫的な日常があり、コミュニケーションもその中で行われることが前提になってしまっていることも原因であろう。

同調圧力の沼から脱し、「弱い世間」に身を置くこと

　また、良かれと思って言ったのに、何をやってもかみ合わない、悪く受け取られてしまう、まったく評価されない、意図していないことで攻撃されてしまうなど、たくさんのコミュニケーションの矢が自分に攻撃的に向いているように見えたらどうするか。そして、こうした普段のコミュニケーションによって、心が弱ってしまったらどうするか。舞台演出家の鴻上尚史は脳に関する執筆をおこなう中野信子との対談で、「『弱い世間』を見つけましょうと伝えたいですね。一つの強力な『世間』しか持たないと息苦しいに決まっている」と述べている。「弱い世間」とは、「絵が好きなら月に一回は絵画教室に行ってみたり、楽器を久しぶりに手に取って、月一回でもバンドで練習したりするとか、緩い結びつきの『弱い世間』を作るこ

と」を提唱する。「いつもと違う道を通って、普段入らないような店に入って、おいしい食事を食べて店の人と話をしてみる」など「暗黙の了解的なコミュニケーションから自分をずらしていく」という方法もあるという。また、鴻上は、「2020年に改定された光村図書の6年生の国語教科書に『大切な人と深く繋がるために』とのタイトルで、コミュニケーションについて寄稿し」、「『コミュニケーションが得意というのは、誰とでもすぐに仲良くなれることだと、みんなは思っているけれど、コミュニケーションが上手いというのは、もめた時になんとかできる能力がある人ですよ』」と書いたところ、幼い時から友達と喧嘩してはいけないと言われ続けてきた小学生たちから「『ぶつかることは悪いことじゃないんですね』」との手紙が送られてきた［鴻上尚史・中野信子　2023：108-110］[3]と述べていた。

　具体的な「弱い世間」に身を置かなくても、多様な人々の価値観があることを理解はできなくても知ることができれば、生きづらさも低減するのかもしれない。それは、絶対的な正解はないという当たり前のことであり、私自身が知らなくても絶対的な正解があるのだろうという根拠のない思い込みをすることで、思考停止してしまうことを避けるためなのだ。私は分かっていなくても、正解が、真理がこの社会のどこかにあると無根拠に思い込んでしまうことは、自分の弱さを正当化し、刻々と変わる社会の状況に自分自身で対峙していく勇気を捨ててしまい、自分の生き方を放棄することにもなる。このようなことが実際に起こった例として、鴻上が挙げる次の事例を紹介したい。1970年代の日本で、「連合赤軍」という新左翼集団が、山の中で同じ集団の同志を次々に「総括」という名のもと、リンチにかけ、十名以上を殺していった過程で、他のメンバーが何を考えていたのかというインタビューがある。その中に、「革命運動に必死だった」や「ちゃんと総括しないと自分が責められる」といった証言の他に、「幹部の人たちは、私達の知らないことを知っている。私はマルクス主義をよく理解していない。だから、指導部にちゃんとついていこうと思った」というものがあったというのだ。次々と仲間が殺されていくけれど、これは、指

3)　鴻上尚史、中野信子著『同調圧力のトリセツ』小学館、2023。

導部の深い考えがあるに違いない、私の理解が及ばないだけなんだ、とい
う告白だと鴻上は解説する。つまり、人を殺していることに納得はしてい
ないが、しかし、これは、自分たちが理解できない、指導部だけが理解で
きる何か深い理由があるのだから、従うべきだ、とその先を考えず、思考
停止してしまったということだ。末端のメンバーが「人を殺すのは間違っ
ている」と反論したかったとしても、「お前はマルクスの何を読んだ？」
「前段階武装蜂起論に対して、お前はどう思う？」「日本帝国主義の一番の
経済的問題はなんだ？」と詰め寄られては、「自分は何も考えていない。
とても考えが浅い。何も言えない」となるのは「一般的な感覚だ」［同：
214-215］と鴻上は述べている。けれども、「心の闇」を光の下に晒そう
としても、何もないのであるから悲劇は拡大していく。

　実は、日常生活の中でもこのようなことは起きているのだ。自分自身が
始めたこと、意図したことではないが、黙って見過ごすことができないよ
うな事態。それについて、異議を唱えることも、その集団から逃れること
も難しい。もし、反対するような態度を見せたら何を言われるか、何を
れるか分からない。だから黙って見ておこう、そっとしておこう、気づか
ないようにしておこうというように思ってしまうのだ。学校や会社の中の
いじめがそうだ。そこでは、こうした同調圧力が通奏低音のように響き続
け、意識的ではないにせよ、反論しないことで、同調したことになり、ゆ
くゆくは、自分自身も不利な状況に追い込まれ、自己責任論の蓋が開いて、
飲み込まれていく。なぜなら、自信のなさ、自尊感情の低さが、自身の行
いを正しいと思えない、確信のなさとなって自らを蝕んでいくからだ。

科学では割り切れないこと

　だからと言って、人間の社会的関係、コミュニケーションを科学で解明
することはできない。科学で明らかにすることは、個別性、具体性、関係
性など、空間や時間などを排除したものである。しかし、エビデンス主義
の今日では、何かと法則に当てはめて理解しようとする。個人のコミュニ
ケーションは、唯一、その時の出来事であるから、相容れないにもかかわ
らず、にである。たとえコミュニケーションの最中に脳波や心拍数を測っ

ても、その変化がその時にあったとしても、その意味付けをするのは、その当事者以外の人間や機械であって、意味がない。もちろん、当人にもわからない。「○○のとき、顔が紅潮する」ことが観察されたとしても、その意味付けは後から（たいていの場合、他者が行うこと）であり、また、「○○の時、顔が紅潮する」という時の○○の意味付けはすでになされていて、情報として獲得しているかもしれない。であれば、その文化的意味を身体化（紅潮）することは可能だ。特定の人種への嫌悪、特定のカテゴリー化された人物との諍い（民族、人種、宗教）などは、これにより、説明できる。ブルデューが、ハビトゥスで表そうとしたカテゴリー化とステレオタイプも社会的な意味づけであって、生まれつきのものではない。

　しかし、今日、科学的な定義によって示されるある定義に当てはまらないデータは、アウトライヤーとして排除されてしまう。けれども、かつては、そうした多数派にならない属性であったとしても、「それはそのようなもの」として、直ちに排除の対象にはならなかった。病理ではなく、性質として認識されていたと言えるであろう。科学万能のまなざしは、ある種の正解の中だけで物事を認知するため、実際の人間のさまざまな性質からはみ出ることが当然であるにもかかわらず、科学の射程に入らないだけで、排除されてしまうのだ。言い換えれば、物事をありのままに見て、誰もが一人ひとりの見方で見ることを許さないゆがんだ世界観でもある。こうした科学偏重の考え——このことはどのような世界でも常に存在するのだが——その歪みを自覚しない世界において、コミュニケーションはいったいどうなってしまうのだろうか。

　たとえば、近代化する社会で、従来の封建的な宗教的世界とは異なり、前述の「連合赤軍」のように、どこかに正解や真理があるかもしれない、それを自分がたまたま今、知らないだけだというのは、謙虚であるように見えて、自分のその時その時の判断を他者に委ねてしまい、思惟が不十分であると言えるであろう。それは、宗教観が支配していた西洋キリスト教の中世の時代だけでなく、科学万能主義の現代においてもその傾向は見られる。昨今、科学の価値観は、西洋キリスト教に次ぐ、ある意味新しい

宗教として君臨しているといっても過言ではない。社会学者の大澤真幸が
その著書で繰り返し述べているように、宗教の時代には、真理は自分たち
が理解できなくても聖職者たちが理解している、誰かが知っていることで
人々は安心していた。やがて、科学の時代になり、それは、真理ではなく、
常に仮説でしかなく、経験を積み上げていくだけであるのだと気づく。し
かし、そのプロセスは、まるで、かつての宗教の時代の真理と同じである
かのように、万能主義に陥っていて——万能主義に陥っているという自覚
すらなく——それ以外の考えを排除するまでになってしまった。前述の「連
合赤軍」の「総括」のように、思考を停止させてしまったと言えるであろ
う。たとえば、近年、解明が進んでいると言われる、脳科学という分野は、
人々の身体や行動を科学の知性、言葉で語る。そして、人間のどのような
行動でも説明できるかのように錯覚されている。前述の鴻上は、このよう
な風潮を「その研究結果に身を任せてしまおう、『脳科学』という神にひ
ざまずいてしまおうという、陶酔にも似た感覚」と表現する。それは、「自
己を『脳科学』に明け渡す感覚、自分自身を『脳科学』に支えてもらおう
という感覚と言える」。鴻上によれば、人類は、何度もこの感覚を経験し
てきたと思っているという。「さまざまな神への過度の忠誠もそうですが、
国家やマルクス主義、陰謀論もまた、自己を明け渡す甘美な感覚を人類に
与えてきた」［同：220］というのだ。もう、一つずつ自分で考えなくて
もいいのだという思いである。一方「自己を明け渡す快感の後に、人類は、
何度も厳しいしっぺ返しを経験してきた」ことも事実である［同：221］。
それゆえ、「過度に信仰した宗教も国家もイデオロギーも陰謀論も、やが
て暴走し、人々の生命を奪ってきた」。それなのに、「脳科学」など、科学
そのものに、科学者でない人々は、真っ向から反論することはできない。
できるのは、鴻上いわく「批判的な感覚と受容的な感覚の綱渡りを続ける
ことだけ」である［同：218-222］。なぜなら、科学であれば、仮説なの

---

4)　佐藤典子著『看護職の働き方から考えるジェンダーと医療の社会学——感情資
　　本・ジェンダー資本』専修大学出版局、2022、第3章を参照のこと。
5)　大澤真幸著『資本主義の〈その先〉へ』筑摩書房、2023。

であるから、反証可能性を持ち得ているからである。断定され、それ以外の例外、反証を認めないものは、逆に、科学とは言えないのだ。そのような自称「脳科学」の言説に接したとき、「違和感や居心地の悪さ」に敏感になっていなければいけないだろう。「腹に落ちない感覚」[同：221]、頭でしか理解できないような感覚にも注意を払わなければならない。

「コミュニケーション能力」の言葉によって生きづらくなること

　昨今のコミュニケーション関連の書籍には、「コミュニケーション能力」なる言葉を意識して、コミュニケーションを技術的に解明し、分子化して、単純化された記号のやり取りとしてマニュアル化すれば、そこにある社会的関係がどのようなものであれ、あるいは、どのようになるのかは全く関知せず、伝えられると思っているノウハウ本が少なくないことはすでに述べた。100人いれば100通りのコミュニケーションの形があるにもかかわらず「○○力」といったワードでインパクトを出すだけで、分子化された動作のマニュアルをコミュニケーションの方法だと主張するのであるから。

　「コミュニケーション能力」とは、序章で取り上げた教育学者の中村高康が述べているように、「この能力を首尾よく測るということがおそらく難しいことだということは、少し考えれば誰にでもわかりそうなことである」。なぜなら、「コミュニケーションは個人に内在する能力としては本来測りようがないもの」だからだ[中村高康　2018：54-55]。しかし、コミュニケーション能力という能力が自明のこととして想定されていた。では、この矛盾は何を意味するのだろうか。ここでは、それが、二つの意味で難しいということから考えてみたい。

　1つは、繰り返しになるが、序章で述べたように曖昧過ぎて測れないということ。「何がどうなればコミュニケーション能力があると言える」と具体的な指標を持ち出しては誰も何も言えないということだ。もう1つは、中村が指摘するように、この「コミュニケーション能力」なるものは、文部科学省や経済産業省、OECDなど、国家主導の官製プロジェクトとも言うべきありようを呈し、「そのようないわゆる社会人」を養成すること

が望まれているのだが、一方で、前述のように、何をどうしたらよいのかは曖昧なままなのだ。このように、曖昧な基準の「コミュニケーション能力」なるものを持って働くことが望まれているものの、第8章で取り上げた社会学者のエヴァ・イルーズらが言うように、そこでは、「個人の責任が強調されている」［カバナス＆イルーズ　2022：97］。否、この曖昧な基準ゆえにこそ、個人が責任を取る帰結となる、と言った方がいいかもしれない。なぜなら、イルーズらによれば、働く上での「外的コントロールからセルフコントロールへの漸次的な移行は、過去40年間の組織理論および経営（マネジメント）理論の進化のなかでも、もっとも重要な特徴の一つだと言える」［同］からであり、たとえば、フーコーの理論的蓄積から考えれば、こうした「自己管理」は、「個人が自分の人生を意志でコントロールできるという、間違っているがイデオロギー的には調整された主張に寄与し、その結果自分に起きたできごとはすべて自分に責任があるという考えに陥りやすくなる」［同：129］からである。その「イデオロギー的には調整された主張」である「新自由主義」は、「流動性が高く、リスキーで、規制が緩和され、個別化した消費中心の経済環境をもたらし、そのなかからリチャード・セネットの言う『フレキシブルな資本主義』という新しい体制、あるいはボルタンスキーとシャペロが名づけた『資本主義の新たな精神』が台頭した。この新たな精神の登場に続いて、組織生活の本質の絶え間ない変化、さらに雇用の保障と安定という考えがここ数十年間でどんどん崩壊したことの結果として、新しい労働倫理が登場した」［同：96］からである。すなわち、この「新しい労働倫理」——うまくいくまでセルフコントロールし、レジリエンスで頑張り通し、うまくいかなければ、自己責任で会社からも国家からも見放される——を機能させるのに「コミュニケーション能力」なる能力は、ある種の調整弁としてちょうどいい能力と考えられているのだ。繰り返しになるが、コミュニケーション能力なるものは曖昧な基準なので、何がどうすればとは語れないが、セルフコントロールが時代の趨勢なので、自分で頑張って、できなかったらレジリエンスでもっと頑張って、本当にできなくなったら自己責任でゲームオーバーとなるからだ。

世界によって自分が変えられないためにすることは？

　とはいえ、コミュニケーションがうまくいけば、いろいろなことがうまくいくと思っている人もいるだろう。しかし、コミュニケーションがうまいということは、自分の思っていることを、はきはきとアナウンサーやYouTuberみたいに話すようになれることではない。条件反射のありきたりな言葉を言う人や対する人によってあからさまにリアクションを変える人よりも、発話がたどたどしくても、声が大きくなくても、今思っていることに誠実に返してくれていれば、どのようなあり方であっても信頼関係は持てるのではないか。コミュニケーションは、自らの伝えたいことを、相手を慮りながら伝えるだけではなく、相手の言うことを聞くことでもある。とはいえその際に、その当たり前のことを実施するには、相手が自分とは異なる考え方をする、また異なる価値観を持っている人間だというごく当たり前のことが忘れられがちである。当然のことながら知識や経験が豊富であれば、多くの人に対応できるような幅の広げ方ができるかもしれない。そのことによって相手とのコミュニケーションの質も変わってくるだろう。

　とはいえ、コミュニケーションにおいて、相手が間違っていると思ったり、相手の言うことすることに納得できなかったりしても、それはそうたやすく変えられない。周囲の人々が持っている主流の価値観はそうたやすく変えられないからだ。しかし、自分がそれによって流される、変えさせられる、そのようなことを拒否することはできる。自分が相手によって不本意に変わってしまわないようにすることはできる。相手の言いなりにならないこともコミュニケーションの成立である。破綻ではない。「あなたの行動がほとんど無意味であったとしても、それでもあなたはしなくてはならない。それは、世界を変えるためではなく、世界によって自分が変えられないようにするためである」。インド独立の父、マハトマ・ガンジーの言葉である。[6]

　中島岳志著『保守と立憲　世界によって私が変えられないために』スタンドブックス、2018、P.167。

あとがき

　人間の相互作用がなければ、いかなる社会も誕生しないし、存続もしない。しかし、人間個人が作ってきた社会秩序は人間自身をはるかに凌駕し、超越した存在として常に立ちはだかり、普遍的なように錯覚される。だからこそ、その秩序の外に抜け出ることは、どのような社会に住む者であっても難しい。それ以前の社会のあり方を歴史の中に見たとしても、あるいは、現在、他の国や地域の社会のあり方を見たとしても、普遍的でないことはすぐわかりそうなものであるのに、自分の住む社会の秩序には従わざるを得ない何かが働いている。

　2018 年から 2019 年にかけて行っていた社会学の研究会では、さまざまなテーマ――看護職の過労の状況や摂食障害や強迫神経症の当事者研究、高齢社会や感情労働など――をそれぞれ研究していたのだが、一見、研究対象やその属性などはバラバラで統一感がないかのように見える研究テーマであったが、そこに一本通る軸のようなものとして「人々の生きづらさ」があるのではないかと思い、副題につけることにした。このような生きづらさがキーワードの時代を生きるにあたり、一番、大変そうなのは、時代の変化によって生きづらくなってきた過程を知らない若い世代なのではないかと思った。彼女たち・彼たちは、生きづらい世の中がデフォルトになってしまった 21 世紀に生まれ、生きづらいのだけれども、逐一、目標を持って頑張らなくてはいけない。絶えず自己点検をして、その「目標」を追って生きていかなければならないのだ（実際、今の小学生は、将来に向けて、「キャリアパスポート」なるものを年間行事のたびに書かされている！）。大学生など 20 年程度の人生経験では、誰であれ、それまでの

1)　日本社会学会 2019 年大会　テーマセッション「社会的包摂・社会的排除を考える社会学」報告要旨集。https://jss-sociology.org/research/92/index2.html

経験から立て板に水のように今後の目標、志望動機はそうそう出てこない。出てこなくて当然だ。しかも、それをいい感じに個性的に表現して、進学や就職を勝ち取らなくてはならない。今回、その生きづらさを考える手立てとして、最も直接的に影響を与えているのは、対面であれ、ネット上であれ、誰かとのコミュニケーションなのではないかと思い、テーマに選んだ。実際、序章でも書いたように、大学入学のための志望理由には、そのほとんどに「大学生活でコミュニケーション能力を伸ばしたい」と書いてある。なぜ、コミュニケーションなのか、そして、どのようなコミュニケーションを目指しているのか、そこは、当然すぎて、そもそも問題にならないくらいなのだ。しかし、本書で何度も引用した哲学者の國分功一郎や同じく千葉雅也の書籍には、共通して「『目的』を持たないようにすること」が書かれていた。目的を持つことで、失われてしまうことがある。それは、第11章で記したように「意志」の所有によって、過去の自分との切断を強いられるからなのではないだろうか。その結果、第13章の斉藤章佳の仮説のように、逆説的ではあるが、生き延びるために過去を遮断して依存症に陥ってしまうことがあるのではないだろうか。

　もし、よいコミュニケーションがあるとすれば、相手次第でむやみに自分（のとくに過去）を変えないで相手とやり取りすることなのではないだろうか。自分の気持ちに耳を澄ますことを第一にし、自分の気持ちを曲げたり、自分に嘘をついたりしていては、生きている甲斐がない。一人しかいない自分の味方になるのは自分しかいないのだから。ここまでの15章を読めば、自分を変えなくては、よいコミュニケーションができないと思わないであろう。むしろ、自分自身を社会に合わせて変えることの弊害の方が現実社会には多く、実際、変えてしまった（あるいは変えざるをえなくなってしまった）ことで、生きづらくなっていることは少なくないのだから。今いる環境が自分自身に合っていないのであって、無理だと思う気持ちがあれば変わる必要はない。自分のような人がこれでいいのと思ったとしたら、十分周りに配慮できているわけだから、それ以上、自分を変える必要がない。合う環境を探せばいい。もちろん、そういう人は、きちんと自分の将来に向かって準備し、必要な努力をするのだから、その点は心

配ない。自分に自信がないとしたら、それは、普通のことである。とくに、まだ若くて自信を持っているとしたら、そこで成長が止まってしまうかもしれない。ないと思っている方が、良い変化つまり伸びやすいはずである。むしろコミュニケーションの中で自分のための答えを見つけるのだ。

　大人（その一部かもしれないが）に自信があるように見えるのは、①いろいろやってきて、自分にとってこれはこのくらいといった限界が見えているので、じたばたしなくなった（＝むやみに高みを目指していない）。②不安で自信がないけど、バタバタする体力がなくなったと言えるのではないか。欠点があっても、できないことがあっても、自分で自分に満足できなくても、そう思えるのであれば、これから変わることができるということだと思う。後から見て何も変わっていないとしても、それは、生きてこられたのだから全く問題ない。本人が変わろうと思わない限り、変わらない。変わろうと口で言っていても、実際に行動に移さないのは、変わらないでいた方がいいと思って何もしないからなのだから、本人が本人の意思で変わらない、それは、本人の選択だ。まずは、環境に合わせて自分を変えようとして、それがとても窮屈だとしたら、それは、合わない環境であると気づこう。無理をして合わせなくては、と思う必要は全くない。幸い、今のところ、日本は平和な社会で、学校や職業、職場を選択できる。であるなら、自分に合う環境を探した方がいい。生きることは、そのままの自分に合う環境を探す旅（実際の旅に出なくても、環境を変える）に出ることである。

　日本のハイコンテクストなコミュニケーション社会を生きる私たちが、そのやり取りの中に込めている意味は、多様で重層的で、時に分かりやすく、時に分かりにくい。それは、世代や地域、ジェンダーの層による違いもあるのだが、そのやり取りそのものが、各層において、何らかの文化的な規則を持っていること、それを戦略的に使うことで象徴的な資本としているからだ。また、こうした時代を生き抜くために、コミュニケーションにおいて、あるいは生き方そのものにおいて、自己肯定感を高める、やみくもに幸せと呼ばれるものを求める、ポジティブな思考を身につけることが、周囲からの働きかけや社会の常識となることの窮屈さ、そして、それ

を当然のこととして自明視されること、あるいは強要されることの不信感であるとイルーズの著作は考えさせてくれる。

2024 年の日仏会館での講演会で終演後、イルーズとさまざまな話をしたが、日々、私たちがおこなっている身近なコミュニケーションにおいて感情が過大に評価されている現状に憂いていた。たとえば、マッチングアプリがもたらす簡単な出会いと別れ、使っていると幸せになれるというアプリの存在、感情に訴えることで成り立つ大衆政治の隆盛などについてである。世界全体が「かまってほしがっている」ようだと話していた。

本書の入り口はコミュニケーションであり、それにまつわる問題が中心のように受け止められるのではないかと思うが、コミュニケーションという具体的な事例から実はこれからの社会においては、これまでの近代社会にみられたような物質的な経済的財の不平等やそれによる支配的社会システムではなく、非物質的で抽象的な不平等な支配が基本となるような社会への移行なのだという、現代社会の持つ根本的問題への認識に導くような構成になった。そこから現代社会の持つ根本的な、しかも物質的、経済的価値の世界にどっぷりとつかっている 21 世紀の近代社会の人々には、ほとんど気づかれていない非物質的で抽象的、象徴的な不平等や権力による支配が基本的なシステムへと展開しているところが最も書きたかったところだ。では、その支配的なシステムに巻き込まれずにコミュニケーションを行なうことは可能なのだろうか。最後にこの点について考えてみたい。

コミュニケーションを「交通」という語で表す柄谷行人が『ヒューモアとしての唯物論』[2]の中の「交通空間についてのノート」という論考がある。その中で、フランスの科学史家で科学哲学者のミシェル・セール（1930-2019）のテーゼ、「コミュニケーションを行なうことは、旅をし、翻訳を行ない、交換を行なうことである。つまり、『他者』の場所に移行することであり、秩序破壊的というより横断的である異本としての『他者』の言葉を引き受けることであり、担保によって保証された品物をお互いに取引することである」という文章を引用している。それは、虚心坦懐に周りの

---

2)　柄谷行人著『ヒューモアとしての唯物論』筑摩書房、1993。

目を気にすることなく、心の赴くままにコミュニケーションをすることができるというメッセージではないだろうか。コミュニケーション能力というものがあるとすれば、自分自身と同じ価値観を他者が有するとは限らないのだという前提の中で、自分の前提を場合によっては変えたり、敢えて変えなかったりすることで人とのつながりを生み出していくことだからである。なんといっても、コミュニケーションは、自己にのみ、その取り分があるのではなくどのように見積もっても半分は、相手の取り分なのだから、自分自身にとって楽しい（少なくとも辛くない）関係性で気楽に「相手の言葉」を引き受ければよいのではないか。もちろん、引き受けたくなければ、その自由、権利も保証されている。ハイコンテクストな日本語の深読みは敢えてしなくてもよい、そういう関係性の中でコミュニケーションをすることも可能だと思うのである。そうすれば、自分のペースで他者の言葉を引き受け、他者の場所に移行し、自分の世界を広げていくことができるのだから。

　最後に、専修大学出版局局長の上原伸二氏に感謝申し上げる。大変、適切な距離感を考えて下さり、前回に引き続き、本の出版というコミュニケーションをリードして下さった。以前にも記したが、氏が私の修士論文の「フランスのいかさま医者の社会史」に興味を持って下さらなかったら、今日までの関係性は存在しなかったのだなと思うと、大変ありがたいことだと思う。氏には、表紙のデザインも（前回に引き続いて）考えていただいた。また、完成前から原稿を読んでいただき、内容についてコメントして下さった。後輩で教え子の國井彰子氏とのやりとりも大変楽しかった。カリフォルニアと東京の時間と距離を（そして、長年の関係性も）超えたコミュニケーションを（前回に引き続き）とってもらえた。お礼を申し上げたい。最後に、病床の母、個性的な娘、いつも温厚な夫にもこの本を読んでもらいたいと思っている。娘は、在外研究で滞在したパリの現地校でさまざまな国の子どもや大人と出会い、コロナ禍は、オンラインでチュニジア人にフランス語を習い、ギリシア人に絵画を習った。それは今でも続いており、日本の親戚よりも始終、顔を合わせているくらいである。しかし、先生たちとは各々、一度も対面したことはない。けれども、相手のことも相手の

家族のこともよく知っている。こんなコミュニケーションがある。いつの日か、会ってコミュニケーションが取れることを願って筆をおこう。

参考文献

アーリー・ラッセル・ホックシールド著、石川准、室伏亜希訳『管理される心——感情が商品になるとき』世界思想社、2000

アン・ウィルソン・シェフ著、斎藤学監訳『嗜癖する社会』誠信書房、1992

アントニオ・ダマシオ著、田中三彦訳『意識と自己』講談社、2018

アントニオ・ダマシオ著、田中三彦訳『感じる脳』ダイヤモンド社、2005

アンドリュー・ゾッリ、アン・マリー・ヒーリー著、須川綾子訳『レジリエンス 復活力——あらゆるシステムの破綻と回復を分けるものは何か』ダイヤモンド社、2013

イヴァン・イリイチ著、玉野井芳郎、栗原彬訳『シャドウ・ワーク』岩波書店、2006

エーリッヒ・フロム著、日高六郎訳『自由からの逃走 新版』東京創元社、1980

エーリッヒ・フロム著「マルクス理論に対するヒューマニスティックな精神分析の適用」、フロム編、城塚登監訳『社会主義ヒューマニズム』上巻、紀伊國屋書店、1967、PP. 267-285

エドガー・カバナス、エヴァ・イルーズ著、高里ひろ訳『ハッピークラシー 「幸せ」願望に支配される日常』みすず書房、2021

エドワード・T・ホール著、日高敏隆、佐藤信行訳『かくれた次元』みすず書房、1970

エドワード・T・ホール著、國弘正雄、長井善見、斎藤美津子訳『沈黙のことば』南雲堂、1966

エミール・バンヴェニスト著、河本正夫、岸本通夫、木下光一、高塚洋太郎、花輪光、矢島猷三訳『一般言語学の諸問題』みすず書房、1983

ゲオルク・ジンメル著、元浜清海、居安正、向井守訳『ジンメル著作集 2 貨幣の哲学（上）分析篇』白水社、2004

シモーヌ・ド・ボーヴォワール著、『第二の性』を原文で読み直す会訳『決定版 第二の性 I 事実と神話』河出書房新社、2023

ジェシカ・ノーデル著、高橋璃子訳『無意識のバイアスを克服する 個人・組織・社会を変えるアプローチ』河出書房新社、2023

ジャック・デリダ著、高橋允昭 訳『ポジシオン』青土社、1992

ジャック・デリダ著、藤本一勇、立花史、郷原佳以訳『散種』法政大学出版局、1995

ジャン・ボードリヤール著、今村仁司、塚原史訳『消費社会の神話と構造』紀伊國

屋書店、2015

ジャン゠フランソワ・リオタール著、小林康夫訳『ポストモダンの条件——知・社会・言語ゲーム』水声社、1989

ジョン・ケネス・ガルブレイス著、鈴木哲太郎訳『ゆたかな社会』岩波書店、2006

ジル・ドゥルーズ＋フェリックス・ガタリ著、宇野邦一、豊崎光一他訳『千のプラトー　資本主義と分裂症』河出書房新社、1994

ジル・ドゥルーズ著、宮林寛訳『記号と事件：1972-1990年の対話』河出書房新社、2007

ジル・ドゥルーズ著、財津理訳『差異と反復』河出書房新社、1992

ソースティン・ヴェブレン著、小原敬士訳『有閑階級の理論』岩波書店、1961

タルコット・パーソンズ著、佐藤勉訳『社会体系論』青木書店、1974

デイヴィッド・リースマン著、加藤秀俊訳『孤独な群衆』みすず書房、1964

デヴィッド・グレーバー著、酒井隆史、芳賀達彦、森田和樹訳『ブルシット・ジョブ　クソどうでもいい仕事の理論』岩波書店、2020

ニクラス・ルーマン著、佐藤勉訳『社会システム論』（上・下）厚生社厚生閣、1993、1995

ニクラス・ルーマン著、大庭健、正村俊之訳『信頼——社会的な複雑性の縮減メカニズム』勁草書房、1990

ニクラス・ルーマン著、馬場靖雄訳『社会システム　或る普遍的理論の要綱』（上・下）勁草書房、2020

ハンナ・アーレント著、引田隆也、斎藤純一訳『過去と未来の間　政治思想への8試論』みすず書房、1994

ハンナ・アーレント著、佐藤和夫訳『精神の生活　下　第二部　意志』岩波書店、1994

ハンナ・アーレント著、山田正行訳『暴力について——共和国の危機』みすず書房、2000

ハンナ・アーレント著、志水速雄訳『人間の条件』筑摩書房、1994

ピエール・ブルデュー著、今村仁司、港道隆訳『実践感覚　1』みすず書房、1988

ピエール・ブルデュー著、今村仁司、福井憲彦、塚原史、港道隆訳『実践感覚　2』みすず書房、1990

ピエール・ブルデュー著、坂本さやか、坂本浩也訳『男性支配』藤原書店、2017

ピエール・ブルデュー著、山下雅之訳『美術愛好：ヨーロッパの美術館と観衆』木鐸社、1994

ピエール・ブルデュー著、石井洋二郎訳『ディスタンクシオンⅠ　社会的判断批判』藤原書店、1990

ピエール・ブルデュー、J-C・パスロン著、石井洋二郎監訳、戸田清、高塚浩由樹、

小沢浩明訳『遺産相続者たち　学生と文化』藤原書店、1997

フィリップ・アリエス著、杉山光信、杉山恵美子訳『〈子供〉の誕生——アンシャン・レジーム期の子供と家族生活』みすず書房、1980

マーシャル・マクルーハン、クエンティン・フィオーレ著、南博訳『メディアはマッサージである』河出書房新社、1995

マーシャル・マクルーハン著、栗原裕、河本仲聖訳『メディア論　人間の拡張の諸相』みすず書房、1987

マジョリー・F・ヴァーガス著、石丸正訳『非言語コミュニケーション』新潮社、1987

ミシェル・フーコー著、慎改康之訳『性の歴史　IV　肉の告白』新潮社、2020

ミシェル・フーコー著、田村俶訳『狂気の歴史　古典主義時代における』新潮社、2020

ミシェル・フーコー著、渡辺守章訳『性の歴史 I　知への意志』新潮社、1986

ミシェル・フーコー著、蓮實重彦、渡辺守章監修『ミシェル・フーコー思考集成　IX——1982-3　自己／統治性／快楽』筑摩書房、1999

ユルゲン・ハーバーマス著、細谷貞雄、山田正行訳『公共性の構造転換』未来社、1994

ユルゲン・ハーバーマス著、藤澤賢一郎、岩倉正博、徳永恂、平野嘉彦、山口節郎訳『コミュニケイション的行為の理論　中』未来社、1986

リチャード・レイヤード、デイヴィッド・M・クラーク著、丹野義彦監訳『心理療法がひらく未来——エビデンスにもとづく幸福改革』ちとせプレス、2017

リンダ・スコット著、月谷真紀訳『性差別の損失——なぜ経済は男性に支配され、女性は排除されるのか』柏書房、2023

レジャーヌ・セナック著、井上たか子訳『条件なき平等　私たちはみな同類だと想像し、同類になる勇気をもとう』勁草書房、2021

綾屋紗月、熊谷晋一郎著『発達障害当事者研究——ゆっくりていねいにつながりたい』医学書院、2008

安藤俊介著『アンガーマネジメント入門』朝日新聞出版、2016

池谷裕二著『進化しすぎた脳　中高生と語る［大脳生理学］の最前線』朝日出版社、2004

伊藤亜紗、中島岳志、若松英輔、國分功一郎、磯﨑憲一郎編『「利他」とは何か』集英社、2021

上野千鶴子著『家父長制と資本制　マルクス主義フェミニズムの地平』岩波書店、1990

宇都宮京子、西澤晃彦編『よくわかる社会学　第3版』ミネルヴァ書房、2020

榎本博明著『「おもてなし」という残酷社会』平凡社、2017

大澤真幸著『資本主義の〈その先〉へ』筑摩書房、2023

大澤真幸著『社会学史』講談社、2019

大平健著『豊かさの精神病理』岩波書店、1990

柄谷行人著「交通空間についてのノート」『ヒューモアとしての唯物論』筑摩書房、
　　1993

川本彩花著「ハーバーマス：コミュニケイション的行為」デュルケーム／デュルケー
　　ム学派研究会著、中島道男、岡崎宏樹、小川伸彦、山田陽子編『社会学の基本　デュ
　　ルケームの論点』学文社、2021、PP. 216-220

北村光二著「コミュニケーションとは何か」『季刊人類学』京都大学人類学研究会編、
　　1988、19(1)、PP. 40-49

『現代思想　いまなぜポストモダンか』vol.49-7、青土社、2021

高誉文著「災害研究における『レジリエンス』に関する文献レビュー」『共生学ジャー
　　ナル』第 8 号、2024、3 月、大阪大学人間科学研究科共生学系

國分功一郎、千葉雅也著『言語が消滅する前に——「人間らしさ」をいかに取り戻すか』
　　幻冬舎、2021

國分功一郎、熊谷晋一郎著『〈責任〉の生成　中動態と当事者研究』新曜社、2020

國分功一郎著『暇と退屈の倫理学　増補新版』太田出版、2015

國分功一郎著『中動態の世界　意志と責任の考古学』医学書院、2017

國分功一郎著『哲学の先生と人生の話をしよう』朝日新聞出版、2020

鴻上尚史、中野信子著『同調圧力のトリセツ』小学館、2023

小浜逸郎著『「責任」はだれにあるのか』PHP 研究所、2005

斉藤章佳著『男尊女卑依存症社会』亜紀書房、2023

斎藤環著『関係する女　所有する男』講談社、2009

斎藤環著『心理学化する社会　癒したいのは「トラウマ」か「脳」か』河出書房新社、
　　2009

酒井隆史著「匿名性　ナルシシズムの防衛」公益財団法人たばこ総合研究センター
　　編『談　100 号記念選集』水曜社、2014、PP. 137-151

佐藤典子著『看護職の働き方から考えるジェンダーと医療の社会学——感情資本・
　　ジェンダー資本』専修大学出版局、2022

佐藤典子編著『現代人の社会とこころ』弘文堂、2009

武田砂鉄著『わかりやすさの罪』朝日新聞出版、2020

武井麻子著『思いやる心はきずつきやすい：パンデミックの中の感情労働』創元社、
　　2021

立木康介著『露出せよ、と現代文明は言う　「心の闇」の喪失と精神分析』河出書房
　　新社、2013

千葉雅也著『現代思想入門』講談社、2022

土居健郎著『甘えの構造』弘文堂、1971

戸田久実著『アサーティブ・コミュニケーション』日本経済新聞社、2020

友枝敏雄、浜日出夫、山田真茂留編『社会学の力――最重要概念・命題集』有斐閣、2017

外山みどり著「責任の帰属と法」菅原郁夫、サトウタツヤ、黒沢香編『法と心理学のフロンティアⅠ巻　理論・制度編』北大路書房、2005

中島岳志著『保守と立憲　世界によって私が変えられないために』スタンドブックス、2018

中島義道著『時間と自由　カント解釈の冒険』講談社、1999

中根千枝著『タテ社会の人間関係』講談社、1967

中村高康著『暴走する能力主義――教育と現代社会の病理』筑摩書房、2018

橋爪大三郎著『権力』岩波書店、2023

平井秀幸著「ポスト・リスクモデルの犯罪者処遇へ?――新自由主義・レジリエンス・責任化」『犯罪社会学研究』日本犯罪社会学会、No.41、2016

平井秀幸著『刑務所処遇の社会学――認知行動療法・新自由主義的規律・統治性』世織書房、2015

藤森かよこ著『馬鹿ブス貧乏で生きるしかないあなたに愛をこめて書いたので読んでください。』ベストセラーズ、2019

福岡伸一著『できそこないの男たち』光文社、2008

穂村弘、中島たい子他著『どうして書くの?』筑摩書房、2009

増田貴彦著「『異文化』を知ることで育む人間力」佐藤典子編著『現代人の社会とこころ』第10章、弘文堂、2016

松田美智子他著「高齢者福祉施設で従事する対人援助職者が共感疲労に陥らないためのサポートシステムの解明」『天理大学学報』第68巻第1号、2016

三上剛史他著『社会学の世界』第3部2章「ルーマンのシステム理論」八千代出版、1995

宮台真司著『透明な存在の不透明な悪意』春秋社、1997

文部科学省『小学校・中学校・高等学校キャリア教育推進の手引』文部科学省、2006

山田真茂留著『集団と組織の社会学――集合的アイデンティティのダイナミクス』世界思想社、2017

鷲田清一著『「聴く」ことの力――臨床哲学試論』TBSブリタニカ、1999

佐藤　典子（さとう　のりこ）

千葉経済大学教授。

慶應義塾大学、お茶の水女子大学大学院、日本学術振興会特別研究員、フランス・パリ社会科学高等研究院、東京大学医学系研究科特別研究員等を経て千葉経済大学専任教員。博士。

2020〜2021年フランス国立東洋言語文化研究所（INALCO）招聘教授。

主な著書に、『看護職の社会学』専修大学出版局、『看護職の働き方から考えるジェンダーと医療の社会学──感情資本・ジェンダー資本』専修大学出版局。編著に、『現代人の社会とこころ』弘文堂。

コミュニケーションの困難
生きづらさを考える 14 考察

2024 年 6 月 27 日　第 1 版第 1 刷

著　者　　佐藤　典子

発行者　　上原　伸二

発行所　　専修大学出版局

　　　　　〒 101-0051　東京都千代田区神田神保町 3-10-3

　　　　　株式会社専大センチュリー内　電話 03-3263-4230

印　刷　　モリモト印刷株式会社
製　本

看護職の働き方から考えるジェンダーと
医療の社会学　　感情資本・ジェンダー資本
佐藤　典子　　A5判　260頁　2860円

看護職の社会学
佐藤　典子　　A5判　262頁　2860円

山地と人間
専修大学文学部環境地理学科 編　　四六判　268頁　2640円

占領改革と宗教　　連合国の対アジア政策と複数の戦後世界
中野　毅・平良　直・粟津　賢太・井上　大介 編著　A5判　690頁　6600円

合成生物学は社会に何をもたらすか
島薗　進・四ノ宮　成祥 編著　　四六判　182頁　1980円

過労自死の社会学―その原因条件と発生メカニズム
小森田　龍生　　A5判　224頁　2860円

なぜ社会は分断するのか
情動の脳科学から見たコミュニケーション不全
伊藤　浩志　　四六判　312頁　3080円

増補改訂版　つくられた放射線「安全」論
島薗　進　　A5判　268頁　3080円

原発と放射線被ばくの科学と倫理
島薗　進　　A5判　304頁　3080円

※価格は税込